总 序

中央民族大学是我们党为解决民族问题、培养少数民族干部和高级专门人才而创办的高等学府。建校六十多年来，中央民族大学认真贯彻党的教育方针和民族政策，坚持社会主义办学方向，坚持为少数民族和民族地区发展服务的办学宗旨，培养了成千上万的优秀人才，取得了许多具有开创性意义的科研成果，创建和发展了一批民族类的重点学科，走出了一条民族高等教育又好又快发展的成功之路。

今天，荟萃了56个民族英才的中央民族大学，学科门类齐全、民族学科特色突出，跻身于国家“211工程”和“985工程”重点建设大学的行列。中央民族大学已经成为我国民族工作的人才摇篮，民族问题研究的学术重镇，民族理论政策的创新基地，民族文化保护和传承的重要阵地。

教师是学校的核心和灵魂。办好中央民族大学，关键是要有一支高素质的教师队伍。为建设一支能够为实现几代民大人孜孜以求的建成国际知名的、高水平的研究型大学提供坚实支撑的教师队伍，2012年4月，学校做出决定，从“985工程”队伍建设专项经费中拨出专款，设立“中央民族大学青年学者文库”基金，持续、择优支持新近来校工作的博士、博士后出站人员以及新近取得博士学位或博士后出站资格的在职教职工出版高水平的博士学位论文和博士后出站报告。希望通过实施这一学术成果出版支持计划，不断打造学术精品，促进学术探究，助推中央民族大学年轻教师成长，形成长江后浪推前浪、一代更比一代强的教师队伍蓬勃壮大的良好局面。

青年教师正值学术的少年期。诚如梁启超先生脍炙人口的名言所祈愿：少年智则国智，少年富则国富，少年强则国强，少年独立则国独立，少年自由则国自由，少年进步则国进步，少年胜于欧洲，则国胜于欧洲，少年雄于地球，则国雄于地球。希望在各方面的共同努力下，在广大青年教师的积极参与下，《中央民族大学青年学者文库》能够展示出我校年青教师的学术实力，坚定青年教师的学术自信，激发青年教师的学术热忱，激励广大青年教师向更高远的学术目标攀登。唯有青年教师自强不息，中央民族大学的事业才能蒸蒸日上！

中央民族大学青年教师学术著作出版
编审委员会
2013年6月19日

序　言

改革开放以来，我国经济高速发展，总量规模不断攀升。如今，我们正处在转变经济发展方式的关键期，经济运行从总量平衡向结构协调升级，集约型发展方式将替代粗放型发展方式，生产要素投入将以人力资源为主，产业科技含量和投资技术深度都在不断提升，这些都对人才供求结构提出高级化要求。

因经济实力不足，我国高校过去以科学学术型高等教育为主，职业技术型高等教育仅限于中专技校层次。职业技术型高等教育发展滞后，造成我国产业工人技能等级比例结构颠倒。现阶段，我国技术工人有7000多万，初级工比例高达60%，中级工占35%，高级工仅占5%。这种现象难以适应产业结构高级化的现实需要，科学学术型高等教育与职业技术型高等教育之间的差距日益凸显。

人才成长有两种类型，即人才和“人材”。职业技术型高等教育在高等教育基础上，以应用型知识和技能的传播教育为主，培养高素质应用性人材。发展职业技术型高等教育是我国财政经济工作的新重点。我一直以来主张，在科学学术型高等教育进入巩固数量提高质量的阶段后，应将我国高等教育规模扩张重点放在职业技术型高等教育上。

张玉刚博士论文选题我是非常关注的。他本身在高校从事教育管理工作，对高等教育有比较深刻的认识，具有丰富实践经历。他从本科硕士阶段一直从事财政理论与政策的学习，本书是在他博士论文基础上修改而成的。

本书系统分析了我国发展职业型高等教育的现实必要性、可能性，从公共产品理论、外部性理论、教育与经济增长理论、人力资本理论、成本分担与补偿理论、决策力与执行力理论等方面探寻职业技术型高等教育发展的理论渊源，吸收借鉴发达国家发展职业型高等教育的经验，提出中国应立足于基本国情，构建新型职业技术型高等教育体系，涵盖学位制度、发展道路、人才培养模式、专业课程设置、招考制度、办学体制以及管理体制等基本问题。按照“现实性和前瞻性兼顾”，“间接调控为主、直接支持为辅”原则，提出通过财政体制的理顺、绩效预算管理的实施、捐赠收入的增加、产学研一体化、调动民间资本、推行“校董制”等市场经济手段发展职业型高等教育。

在张玉刚博士著作出版之际，我作为导师为之作序，一来表示祝贺和鼓励，二来表示鞭策。我相信，本书的出版有助于引起政府对职业型高等教育的重视，并为相关政策的出台提供有益的参考。希望张玉刚博士能够把这个对中国经济发展方式转变有意义的研究继续下去。

财政部财政科学研究所博士生导师

2013 年 1 月 14 日

摘 要

改革开放以来，中国的高等教育获得了长足发展，为经济社会提供了大量的智力支持。然而，经济发展方式的转变要求人才培养要实现从“量”向“质”的飞跃，即合理的人才结构比数量的简单增长意义更大。过去的三十余年，中国各类人才的培养无一例外地依靠学术型高等教育，有限的职业型人才在夹缝中求生存、求发展。如今，我们需要更多的职业型人才来满足日益改变的人才需求结构。马克思在《资本论》中指出，“需要是同满足需要的手段一同发展，而且是依靠这些手段发展的”。在这样的背景下，本书旨在通过研究，转变社会传统观念，区分传统意义上的高等职业教育与职业型高等教育，倡导职业型高等教育持续性发展；提出要建立“二元”高等教育体制，即学术型高等教育与职业型高等教育并重，相互促进，共同发展；厘清职业型高等教育发展的理论、现实依据，借鉴发达国家经验，明确其发展的必要性和可能性；探讨支持其发展的分类财政政策，发挥财政资金的“汲水”功能，更好地使用教育资源，最终促进国家经济发展方式转变。

发展职业型高等教育具有理论意义与现实意义。首先，它适用并发展着马克思的生产消费理论，即生产直接是消费，消费直接是生产。每一方直接是它的对方。生产创造出、生产出消费。具体而言，职业型高等教育的生产赋予了职业型教育消费的内涵、消费的性质，使消费得以完成，并创造出职业型教育的消费者。其次，发展职业型高等教育验证了舒尔茨的人力资本理论，即人力资本是一切资源中最重要的资源，教育可以提高人的认知能力，从而可以提高劳动生产率；教育投资可以转化为经济收入，人力资本投资是效益最佳的投资，人力投资的目的是为了获得收益。人口质量重于人口数量，高技术知识程度的人力带来的产出明显高于技术程度低的人力；人力资本投资的作用大于物力资本投资的作用。再次，发展职业型高等教育体现了教育规律与经济规律的统一。无论是自然科学还是社会科学均表现出从抽象的学术知识向一般的应用知识过渡的特点，科学是基础，解决基本问题。技术包含科学的成分，突出应用性。科学是潜在的社会生产力，而技术则是社会直接生产力。大力发展职业型高等教育，培养高级应用技术型人才，高速有效地实现科技成果的转化和应用，提高经济增长的知识和技术附加值显得尤为重要。

从现实意义上看，第一，发展职业型高等教育，可以促进经济社会转型。在由计划经济体制向市场经济体制的经济转型过程中，职业型高等教育作为一项制度安排，需要并促进了经济发展方式由粗放型向集约型转变，促使了产业类型由劳动密集型逐步向资本密集型并最终向知识密集型转变。对于解决社会阶层的分化、贫富差距悬殊、收入分配不均具有不可替代的作用。第二，职业型高等教育的发展可以缓解我国经济社会的“二元化”与高等教育发展的“一元化”之间的矛盾，通过建立“二元”并存教育结构促进城乡二元结构的消解。第三，发展职业型高等教育是更新社会观念的前提。对转变当代极度膨胀的学历主义、文凭主义和“高消费”的用人观念具有潜移默化的作用。

本书阐述了三个创新点：第一，厘定了职业型高等教育的概念，建立了与学术型高等教育并列的职业型高等教育体系，阐述了职业型高等教育与学术型高等教育的内在联系，对职业型高等教育的学位制度、人才培养模式、专业设置、课程体系、考试招生制度、办学体制改革、管理体制改革等作出内涵式的规定，特别是建立职业技术学位的做法具有可操作性。第二，强调职业型高等教育人才培养的理念，提倡以“厚基础，宽口径，学理论，重实践”的标准，培养职业型人才，从而改变职业型教育只能培养“人材”而不能培养出“人才”的现状。第三，针对职业教育学院和职业型大学这两种不同的发展道路，要突出财政政策的主导地位，直接资金支持与间接调控手段并用，协调好财政资金的支持、引导和鼓励作用，分层次、区别化地实施，不能单纯地依靠财政拨款，更要通过财政体制的理顺、绩效预算管理的实施、捐赠收入的增加、产学研一体化、调动民间资本、推行“校董制”等市场经济手段，探索财政支持职业型高等教育发展的新思路。

通过分析得出，职业型高等教育不是依附于学术型高等教育体系内的，两者应该是并列共生关系，职业型高等教育有自己的内涵规定，区别于传统的高等职业教育，职业型和学术型是高等教育不可分割的两个方面。学术型大学有助于高等教育水平的提高，职业型大学有助于高等教育的普及。缺少学术型，就不可能有科学、思想和文化的繁荣，不可能有人类历史的进步，职业型教育也会失去发展的动力；缺少职业型，知识的普及和运用则无从谈起。学术型教育是“源”，职业型教育是“流”，两者互为对方的发展条件。既然职业型教育与学术型教育是辩证统一的，二者之间就可以实现等值和沟通。职业技术学位的建立是职业型高等教育发展的根本保障，在中国具有建立并获得充足发展的条件，应当改变学术学位“一统天下”的局面。

职业型高等教育是一种准公共产品，具有正外部性，能给受教育者本人和家庭带来预期收益的同时，也能为社会带来较大收益。为此，应由政府、市场、企业、个人共同承担教育成本。职业型高等教育可以提升中国的国际竞争软实力，有助于以信息化带动工业化、以工业化促进信息化，走出一条科技含量高、经济效益好、资源消耗低、环境污染少、人力资源优势得到充分发挥的新型工业化道路。职业型高等教育可以在一定程度上调整资源配置和产业结构，协调区域经济发展，并最终解决收入分配不公的问题。同时，职业型高等教育的发展离不开法律的基础和制约作用。

从最终的落脚点——财政政策的实践看，职业型高等教育发展的财政政策不仅要集中说明财政应该担负的责任，更应从价值判断和社会政策的角度给予职业型高等教育以必要的地位。职业型高等教育发展道路不同，财政政策的主导地位不变，有些政策是普遍适用的，有些是分层次、区别化的。财政支持职业型高等教育的发展不是一切从头开始，而是以现有的高等教育财政政策为基础，进行必要的调整，从调整资源配置结构入手，从而促进职业型高等教育的发展。财政支持职业型高等教育的发展更不能走“财政包打天下”之路，国家、企业、个人根据受益程度按比例承担费用，发挥好财政资金的杠杆主导作用，突出企业资金的主体地位，调动好个人出资的积极性。

关键词：高等教育；职业型高等教育；财政政策；职业技术学位

Abstract

Chinese higher education has made great strides after implementing the policy of reform and opening – up, and it also has offered substantial intellectual resources to the economic society as a support. However, the emphasis of training talented people is required to shift from quantity to quality by the change of mode of economic development, which is to say that a rational organization of talents holds more significance than an increase in the amount of talents. During the past thirty years in China, talents employed for all needs, without exception, came from academic higher education, while a small part of vocational talents struggled for a crack of hope for development. Nowadays, we need more vocational talents to meet the demands which keep changing with each passing day. As is pointed by Marx in Das Kapital, "need grows together with the means that would fulfill it and on the very means lies the growth of need." Against such a background, the paper is expected to attain the following goals: firstly, to advocate a sustainable development of vocational higher education by the means of distinguishing vocational education in a traditional sense and vocational higher education, of which the result is to convert the traditional concept in society; secondly, to propose an establishment of a binary system, where equal importance is attached to both academic higher education and vocational higher education, thus they can produce mutual promotion and have common development; thirdly, to certify the necessity and probability of the development of vocational higher education through displaying relevant theories, actual states and foreign facts; fourthly, in discussing instrumental financial policy, to stimulate a change in the mode of nation's economic development, which as an ultimate end, is closely related to the exertion of financial capital's draw water capacity and better use of educational resources.

Developing vocational higher education is of significance theoretically and practically. Firstly, developing vocational higher education has applied and enriched the Theory of Production and Consumption by Marx — production is consumption in itself and vice versa. Production creates and produces consumption. Specifically, the production of vocational higher education defines and characterizes its consumption, helps to finish consumption process and further creates its consumers. Secondly, developing vocational higher education is quite a demonstration of the Theory of Human Capital: since human capital is the most important kind of resources and human's cognitive ability can be improved by education, education may raise productivity; investment in human resources will bring utmost profits; population quality weighs more than the quantity, thus human resources highly qualified with technological knowledge produce more output in a remarkable way than lowly qualified human resources; investment of human capital plays a major role in comparison with that of material capital. Thirdly, developing vocational higher education presents a unity of law of education and economy. Both natural and social science are showing a tendency to transit from abstract academic knowlodge to general practical knowledge. Science is fundamental to solving basic problems. Technology contains scientific components and emphasizes the applicability. Science means potential social productivity and technology direct social productivity, so it's rather important to develop vocational higher education with great efforts, to train batches of talents qualified with sophisticated technology and to finish the transformation of scientific and technological achievements into practical productive forces.

Viewed from the perspective of practical significance, developing vocational higher education can promote the transformation of economic society. As a regulation being conducted in the economic course of turning planned system into market mechanism, developing vocational higher education has given impetus on a change from extensive to intensive management of economy, as well as a change from labor - intensive to capital - intensive finally to knowledge - intensive industry. What's more, developing vocational higher education plays an indispensable role in solving problems, such as the splitting - up of social classes, wide gap between the rich and the poor and unfair income distribution. Secondly, developing vocational higher education can ease up the conflict between binary economic society and integrated higher education. Thirdly, developing vocational higher education is the prerequisite of renewing society's idea, especially for the conventional employment principles, such as certificate - ism (to value applicants' education credentials to an unreasonable extent) and payment - ism (to believe that only one offers high payment can he employ qualified people).

The paper will elaborate three innovative ideas. Firstly, the paper offers a conception of vocational higher education, constructs a system of vocational higher education which is coordinate with academic higher education, explains inherent connections between them and gives a series of intension definitions, like academic degree system of vocational higher education, system for training talented people, specialty setup, curriculum design, examination and enrollment system, reformation of running – school system, reformation of regulation system and so on. Secondly, the paper stresses the conception of talented people cultivated by vocational higher education. To put it further, the principles obeyed in cultivation of qualified vocational talents should be laying solid knowledge foundation and unifying theory and practice. Thirdly, the paper has put forward two ways of developing vocational higher education. One way is to separate vocational education institutes from the extension of academic colleges and the other way is to found independent vocational colleges. Different ways of developing vocational higher education have decided correspondingly different financial policies to conduct. The dominance of fiscal policy is to be highlighted. Financial allocation should not be the only answer when exploring how to develop vocational higher education. Welcome should be given to new ideas about reformation of financial system, income from donations, integration of Enterprises, Campuses and Research Institutes, mobilization of nongovernmental capital, establishment of a board of trustees in college or so.

As a result of careful analysis, it's known that vocational higher education and academic higher education are discrete education systems in nature, but are closely connected in their development. Academic colleges will contribute to enhance the level of higher education while vocational colleges will help to popularize higher education. Without academic colleges, it would hamper theoretical knowledge being applied to aspects of social life. In a word, academic education serves as the source (origin) and vocational the course (development), if compared with a river. Academic education provides with conditions where vocational education can survive and develop. Similarly, vocational education works as a vital channel for realizing academic education's contribution to social production. Obviously, the dialectical relationship of vocational and academic education makes their conversion and interaction possible. Yet there is one point worth noticing. Admissible vocational degrees can change nowadays academic – degree – oriented state.

Vocational education is semi – public goods with positive externality that is profitable for both education – receivers and society, so it's up to the government, market, business and individuals to assume educational costs in a joint effort. Vocational education can not only sharpen China's international soft competitive edge, but also pose mutual stimulus between industrialization and informationization. Relying on vocational education, China is walking on a path towards a newly – industrialized system of high scientific technology, favorable profits, low resource consumption, little environmental pollutions and fully – exploited human resources. Besides, vocational education can optimize the allocation of resources, adjust industrial structure, coordinate regional economic development and finally solve the problem of unfair income distribution. The advantages mentioned above of developing vocational education will only be realized under the support and regulation of law.

As for the practice of fiscal policy, all resolutions' foothold, fiscal policies for the development of vocational higher education should specify due duty of finance, as well as guarantee vocational higher education necessary recognition and legal status. Which fiscal policy to choose is decided by the way vocational higher education develops. With the dominant position of fiscal policy being unchanged, some fiscal policies are universe while some for specific purpose. Therefore, to support vocational higher education, fiscal policies should be adjusted on the basis of existing higher education fiscal policies, rather than contrived from the scratch. The government, business and individuals need to shoulder education costs in proportion to respective profits received instead of counting on government's finance alone whose leverage is to stress the dominant status of business capital and to arouse the enthusiasm of individual investigation.

Key words: higher education, vocational higher education, financial policy, vocational degree

目　录

第一章　绪　论

第一节　概念厘定：职业型高等教育、学术型高等教育及两者的关系

在18世纪，大学是高等教育机构的唯一组织形式，那时的高等学校指的就是大学。此后，随着高等教育外延不断扩展，高等教育的内涵也发生了变化，高等学校不断分化，从社会的边缘走向社会的中心，逐步融入社会生活之中。

高等教育的一个本质属性是专业教育。高等教育虽然保留了部分基础教育的使命，如加强普通教育基础，提高科学和人文素养，学会生活和做人，但它与基础教育最大的不同在于，它更加强调为某个专门职业做准备，强调专业能力的形成，学会工作和做事。[①] 在信息时代，高等学校功能进一步拓展：既承担以知识技术本身为对象的探索、发现、生产；更肩负着以人为对象的知识传播、应用的使命，并且高等学校的“所学”最终应与职业界的“所用”接轨。

联合国教科文组织（UNESCO）于1997年第29届大会后修

① 浙江大学课题组：《中国高等学校的分类问题》，北京：高等教育出版社，2009年，第19页。

订公布了国际教育分类标准 ISCED（international standard classification of education），将教育分为 7 个层次（ISCED0 - ISCED6），高等教育位于其中的 ISCED5 和 ISCED6 两个层次。ISCED5 为高等教育的初始阶段，包含 ISCED5A 和 ISCED5B 两个类型。ISCED5A 以学术教育为主，为学生获得更高层次的教育做准备，学生也可从事对技能需求较高的职业。ISCED5A 要满足 4 条标准：一是学生要进行不少于 3 年的理论学习；二是任课教师一般应具备高级学术型学位；三是学生获得学位要完成研究项目或论文；四是学生具备接受更高层次教育的基础条件。ISCED5B 与 ISCED5A 相比突出实用性、技术性、职业性这三个特点，并满足 3 条标准：一是教育内容更具应用导向和职业特点，不强调学生的继续学习能力；二是学习理论知识的年限不少于两年；三是教学环节的设计旨在使学生能够胜任某个具体的工作岗位。ISCED6 为高等教育的深化阶段，旨在使学生获得从事高级研究工作的能力和资格，致力于前沿的、创新性的研究。ISCED6 要满足 3 条标准：一是学生的研究能力通过论文的方式衡量，要求研究成果具有创新性；二是学习只是其中一个内容，科学研究是重点；三是使学生具备在较高层次，如教学、科学研究活动，或在政府决策部门从事研究工作的能力和资格。如果按照国际教育分类标准，高等教育被明确划分为学术型与职业型。ISCED5A 和 ISCED6 的主要目的是培养学术型人才，而职业型人才主要由 ISCED5B 培养。ISCED5B 既是高等教育的重要组成部分，又区别于学术型教育，其目标是培养生产、建设、管理、服务第一线工作的高级技术应用型人才。由此我们得出，这一分类标准对职业型高等教育的地位做出了权威性的确定，将之明确为与学术型高等教育相并列的一种高等教育类型（见图 1 - 1）。

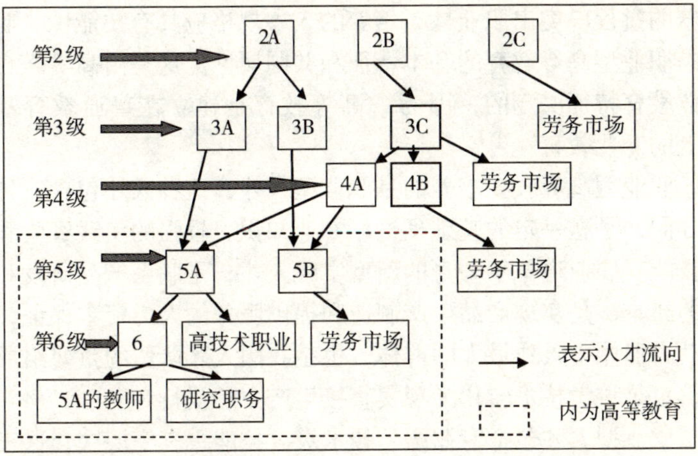

图 1－1 ISCDE97 教育分类系统及其中高等教育部分①

一、职业型高等教育

职业型高等教育应当是在高等教育基础上针对具体职业提供的教育，擅长知识技术的传播、应用和培养高技术高素质应用型人才。它除了涵盖传统的高等职业教育以外，还应该包含学术型高等教育中的职业教育因素，以及为学术型高等教育的发展提供支持的组成部分。②

职业型高等教育是高等教育、职业教育、职业界之间建立沟通与衔接的立交桥，是人力资源开发和促进技能人才成长的一项重要的制度设计。职业型高等教育的培养目标应该体现应用性，

① 浙江大学课题组：《中国高等学校的分类问题》，北京：高等教育出版社，2009 年，第 21 页。

② 张玉刚：《发展职业型高等教育的财政政策探讨》，载《职业技术教育》，2010 年第 31 期，第 5 页。

培养的过程应突出职业性，培养的人才规格应具有技能性。职业性是职业型高等教育的基本特征和共同属性。这是由高等教育的专业教育特征决定的，因为“高等教育是建立在普通教育基础之上的专业教育”。①

职业型高等教育培养的是职业型人才，这种人才包含一种职业导向，是融一定的基础理论、专业知识、较强的实践经验和操作技能、职业道德于一身的新型实践人才，是联系产品研发和生产的纽带，是实现产品生产制造和提供服务的人力资本保证，是劳动力群体中人数最大的群体，也是我国人才队伍的重要组成部分，也是科学技术转化为现实直接生产力的执行者。

职业型人才包括专业级、技术级、技能级三个层次，这三类人才缺一不可，都是建设创新型国家的重要支撑。专业级职业人才包含理论型、实践型两种，一般需要硕士、博士学历；技术级职业人才一般需要本科或专科学历；技能级职业人才一般需要中等职业或高等职业学历。②

一般而言，人的成长有两个阶段：教育阶段、职业发展阶段。从人们的传统观念看，这两个阶段是分开进行的，先进行必要的教育，再到职业岗位上进行终身的发展，二者应该是紧密相连的。可现实中却有太多的“所学非所用，所用非所学”的情况发生。我们所倡导的职业型高等教育既包含教育阶段的多样化知识学习，也包含终身学习和职业发展的完美结合。

---

① 潘懋元：《高等教育学》（上册），北京：人民教育出版社，1984 年，第 3 页。

② 王建华：《高等教育的理想类型》，载《高等教育研究》，2010 年第 1 期，第 1—10 页。

二、学术型高等教育

高深学问虽为大学所固有，学术教育在高等教育中的历史却不长。学术教育源于19世纪的柏林大学。在洪堡教学与科研相统一理念的指引下，学术教育第一次出现在大学里。当时所谓学术教育，也是一种学术专业教育，即将学生的培养与科研训练紧密结合，科研既是教育学生的一种手段也是整个教育的目的。①

学术型高等教育是以学术性为根本特点的。学术性是指大学对学术、理性、知识等目标追求的一种倾向，专门性、理论性和系统性是其显著特征。学术性是高等学校区别于其他教育机构的内在规定性，是大学的安身立命之本，因为“大学所能做的最大服务，国家所仰赖于大学的最重要的服务，社会所不能做只有大学才能胜任的服务，就是其学术性的贡献”。②

学术型高等教育培养的人才能够应对国际经济竞争、社会竞争、文化竞争和高科技竞争，以知识创新为己任，为尽早实现创新型国家作出巨大的贡献。

三、职业型高等教育与学术型高等教育的辩证关系

职业型和学术型是高等教育不可分割的两个方面。学术型大学有助于高等教育水平的提高，职业型大学有助于高等教育的普及。缺少学术型，就不可能有科学、思想和文化的繁荣，不可能有人类历史的进步，职业型教育也会失去发展的动力；缺少职业

---

① ［英］阿什比著，滕大春译：《科技发达时代的大学教育》，北京：人民教育出版社，1983年。

② 同上。

型，知识的普及和运用则无从谈起。学术型教育是“源”，职业型教育是“流”，两者互为对方的发展条件。学术型高等教育的价值取向是认识世界，探究事物的本来面目。注重对从事有关学术性工作能力的培养，以能否继续受教育或从事科学研究为目的。职业型高等教育的价值取向是满足社会政治、经济和文化发展的需要，注重对学生实际动手操作能力的培养，以能否适应社会发展需要为目的。总之，职业型高等教育是在高等教育办学理念不断变化中产生的，它植根于学术型高等教育，是对学术型高等教育的发展应用，绝不能把职业型高等教育与学术型高等教育分割来看待，因为正如马克思所说，事物发展的动力就在于事物自身的内在矛盾和不断地自我否定。

尽管两者之间存在统一的辩证关系，但职业型高等教育与学术型高等教育在历史的不同时期具有动态发展性，交替处于主流地位。古希腊的哲学学校和修辞学校追求高深学问，进行闲暇教育，为学术而学习，培养自由人，学术性是当时高等教育的标志。当时的学术性强调学术远离社会生活，不以解决实际问题为目标，学术作为目的而存在。以行会组织方式建立的欧洲中世纪大学主要培养牧师、律师、医生等职业型人才，由此开创了职业型大学的时期。到 18 世纪末期，高等教育开始扩展到培养各学术领域的专门人才。19 世纪初，柏林大学的创立突出了大学发展科学的职能，研究高深学问成为德国高等教育的一种模式，学术型占主导地位，但此时的学术是促进教学科研以及人的修养。随着 19 世纪下半叶美国赠地学院的创立和州立大学的崛起，一种专门为工农业生产第一线培育实用人才的新型高等学校很快流行起来，这时，职业型教育在高等教育中凸显其价值。尤其是从 20 世纪中期开始，高等教育以培养各种职业型人才为主进入了大发展阶段。①

四、职业型高等教育与学术型高等教育的融合

既然职业型教育与学术型教育是辩证统一的，发展中呈现出此起彼伏的特点，二者之间就可以实现等值和沟通。传统观点认为，职业型高等教育与学术型高等教育的价值取向不同，很难融合在一起，所以就容易出现高等教育领域中的“重科研轻教学，重学术轻技术”现象。为此，欧内斯特·L. 博耶（Ernest L. Boyer）在1990年出版的《学术的反思：教授的工作重点》中提出了大学术观。主张学术不仅“意味着通过研究来发现新的知识，学术还意味着通过课程的发展来综合知识，还有一种应用知识的学术，即发现一定的方法去把知识和当代的问题联系起来，还有一种通过咨询或教学来传授知识的学术。”② 在这里，学术分为三个类型，一是探究的学术，二是应用的学术，三是教学的学术。探究的学术指传统的科学研究；应用的学术指将科学研究得出的知识运用到实践中；教学的学术则是知识的运用和传播过程。研究不只是单一化、高层次、发现型的科学研究，还包括职业研究、应用研究、教学研究等，它们并无高低贵贱之分。在博耶的大学术观下，学术型与职业型的矛盾得以化解，职业型可以包含应用的学术和教学的学术，与传统的学术成为“学术”共同体的两个方面，而非对立之势。

前面我们是从理论的层面分析了职业型与学术型教育融合的

---

① 黄小平，刘郎：《从高教发展史看我国大众化高等教育的质量观》，载《中国电力教育》，2007年第7期，第6—8页。

② ［美］欧内斯特·L. 博耶著，涂艳国、方彤译：《关于美国教育改革的演讲》，北京：教育科学出版社，2002年，第88页。

合理性，那么国外的实际情况是怎么样的呢？联合国教科文组织认为，职业型高等教育应从宽广的基础开始，它不仅是帮助就业的手段，而且是普通教育的一个组成部分。要建立教育、职业和社会之间的新型关系，扫除教育水平和类型之间、教育和职业之间以及学校与社会之间的障碍，为此就必须做到：一是把所有层次的技术、职业和普通教育合理地结合起来；二是创建灵活开放的教育结构；三是将工作经验作为学习的一个组成部分，以适应职业和工作的开展需要。联合国教科文组织主张，各类教育之间应该构建有效的内部衔接与联系，为学习者提供无障碍的通常道路，使学习者可以根据自己的能力和需要自由选择。1971 年法国颁布技术教育指导法，确定技术高中与普通高中文凭对等，普通教育文凭与技术教育文凭具有同等价值。20 世纪 80 年代中期，英国确立了职业资格与普通教育文凭等值的制度。1992 年，英国还推出了普通国家职业资格（CNVQ）课程，包括基础、中级和高级三级资格。同时规定，凡获得普通国家职业资格高级资格的学生都可报考大学。德国许多州规定，具有中等职业教育和继续职业培训的学生可报考大学，承认中等职业教育毕业生与普通高中毕业生具有报考大学的同等学历和资格。①

第二节　选题缘由

教育是民族振兴、社会进步的基石，是提高国民素质、促进人的全面发展的根本途径。强国必先强教。优先发展教育、提高教育现代化水平，对全面实现小康社会目标、建设富强民主文明

① 张秀兰主编：《中国教育发展与政策 30 年》，北京：社会科学文献出版社，2008 年，第 244 页。

和谐的社会主义现代化国家具有决定性意义。

职业型高等教育可以加快我国从教育大国向教育强国、从人力资源大国向人力资源强国迈进的步伐；对提高劳动者素质、拓宽就业渠道、促进就业和再就业、转变传统文化观念等经济、社会和文化发展的诸多方面都具有重要的推动和促进作用。因此，职业型高等教育的发展需要财政的大力支持。

职业型高等教育财政政策受经济、政治、文化三方面因素的制约，其中经济的发展对教育财政体制形成具有决定性作用。

1949 年 12 月，中央人民政府教育部在北京召开第一次全国教育工作会议，提出要改变旧中国遗留下来的教育类型比例失调、技术学校数量太少的现状。据当时统计，东北区和华北区中等技术学校所占中等教育的比例分别仅为 7.2% 和 5.6% 。[①]

1951 年 10 月，政务院作出《关于改革学制的决定》，在高等教育方面，新学制规定，各种高等学校附设专修科，修业年限为 1—2 年，招收高级中学或同等学校毕业生或具有同等学历者。为了能够给 1953 年开始的第一个五年计划提供技术人力资源支撑，中央各部委委托各大学设立了第一批专修科，并负责解决设立专修科所必要的经费和房屋设备等问题，专修科的课程则与受委托的大学协商后报教育部批准，其具体内容通常都是削减本科课程、强调实用内容，学习年限一般为 1—3 年，毕业后由有关部委分配工作。[②]

由于短期内迫切需要培养大批专门建设人才，大量举办两年制的专修科成为 20 世纪 50 年代初期高等教育的一个主要任务，

① 纪秩尚、郭齐家、余博主编：《中华人民共和国职业教育法实务全书》，北京：北京广播学院出版社，1996 年，第 21 页。

② 郭扬：《中国高等职业教育史纲》，北京：科学普及出版社，2010 年，第 33 页。

1952 年，全国 138 所高等学校中有 103 所设置了专修科。1953 年 2 月，高等教育部在哈尔滨召开第三届教学研究工作会议，通过研讨形成了《关于专修科问题的决议》。决议中明确了专修科的性质及其与相关教育的关系，指出“高等学校的专修科以培养高级的技术员为目标，专修科是高等学校的一个组成部分，属于高等学校的范围之内”。但同时指出“不少专修科的教学计划是把本科相当专业的教学计划用打折扣的办法压缩而成，各种课程的教学大纲及教材也多是搬用本科教学大纲和教材，使两年制专修科变成了 4 年制本科的缩影”。

改革开放之初，以“收费、走读、不包分配”为特点的地方短期职业大学诞生，正是他们率先打出了“高等职业教育”的旗号。到 1985 年，全国短期职业大学已经达到 118 所。由于职业大学特色鲜明，因此在人才的培养上表现出了多快好省的优势，打破了传统模式，在较短时间内培养出大批人才，满足社会对应用型高级人才的需要。①

在高等职业教育的诞生期，原来的普通高等专科教育也正在沿着同一方向逐步进行着调整和改革。1983 年，国务院批转教育部和国家计委《关于加快发展高等教育的报告》，提出要“增加专科比重”，因为“考虑到目前高等院校中，专科学生较少，而各方面所需的专门人才中又急需补充专科毕业生，因此，各类高等学校所增加的招生任务，特别是工科学校主要应招收专科学生”。

1985 年 5 月发表的《中共中央关于教育体制改革的决定》，在强调“大力”发展职业技术教育的同时，明确要求“积极发展高等职业技术院校，优先对口招收中等职业技术学校毕业生以

① 王千弓主编，张薇之副主编：《高等职业技术教育之探索》，长沙：湖南教育出版社，1991 年，第 44—45 页。

及有本专业实践经验、成绩合格的在职人员入学，逐步建立起一个从初级到高级、行业配套、结构合理又能与普通教育相互沟通的职业技术教育体系”，并提出要“改变专科、本科比例不合理的状况，着重加快高等专科教育的发展”。

1990年11月，国家教委在广州召开了全国普通高等专科教育工作座谈会，会后正式发布了《关于加强普通高等专科教育工作的意见》，指出“普通高等专科教育是在普通高中教育基础上进行的比本科修业年限稍短的专门教育”，其目标是“培养能够坚持社会主义道路、适应基层部门和企事业单位生产工作第一线需要的，德智体诸方面都得到发展的高等应用性专门人才”。

1996年，我国颁布了《中华人民共和国职业教育法》，明确提出“高等职业学校教育根据需要和条件有高等职业学校实施，或者由普通高等学校实施”。这在我国历史上第一次把高等职业学校教育以法律形式固定下来，第一次确立了高等职业教育和高等职业学校在我国教育结构中的法律地位。

通过以上高等职业教育的发展脉络，我们不难看出，从新中国成立之初到改革开放，我国针对经济发展的需要，培养了一定数量的高级职业型人才，但这些人才大约只有10%是通过职业型教育本身培养的，而60%—70%的部分是通过学术型教育培养出来的，也就是通过普通高等学校来完成的。这样的培养过程势必会导致专业不对口，是一种高淘汰率的用人机制。而在发达国家，人才是在培养的过程中实施淘汰，我国的人才培养是严进宽出，国外是宽进严出，我国的淘汰是在毕业以后。从数字上看，发达国家的净毕业率非常低，最高的国家也仅在50%，而在德国和土耳其，净毕业率低于20%，和发达国家80%左右的入学率形成鲜明的对比。[①] 如今我国的经济发展速度更快，需要

① See OECD: Education at A Glance 2007, OECD Publishing, 2007, p. 63 - 65.

更多高级职业型人才，如果职业型高等教育的人才培养采用学术型高等教育培养的老路，对人才和资源都是一种浪费。

随着我国高等教育大众化阶段的到来，高等教育的人才培养并未得到社会和大学生的认可。一面是徘徊于各类求职场所的毕业生求职大军引发的火爆求职场景，一面是合格职业型人才的寥若晨星。这样的反差凸显了我国高等教育人才培养存在的结构性矛盾，即学术型高等教育与职业型高等教育之间的矛盾。长期以来，职业型高等教育仅仅是学术型高等教育的附庸，被认为是“难登大雅之堂”。目前我国是“穷国办大教育”，有限的政府财力不可能完全满足各类学校的要求。在这种情况下，为了保证教育投入的最大效果，体现出公平与效率的恰当结合，应当采取学术型高等教育与职业型高等教育并重的政策。职业型高等教育人才培养以“厚基础，宽口径”为标准，强调通识教育与专业教育的结合，改变过去高职教育只能培养“人材”而不培养“人才”的现状。大力发展职业型高等教育，对于我国这样一个发展中大国来说，是高等教育服务于经济和社会发展的根本所在。

由于职业型高等教育发展的滞后，导致了工人阶层劳动技能总体水准的下降。据统计，我国的技术工人有7000多万，中级工占35%，高级工仅占5%，初级工的比例则高达60%左右。现代社会当中的工人技能等级比例结构应是中级和高级工人占80%以上，而在中国现阶段工人技能等级比例结构却正好颠倒过来。这种现象所带来的是中国经济竞争能力的严重下降，难以适应产业结构的调整和技术结构升级的现实需要，难以适应市场经济激烈竞争的局面。

职业型高等教育的经费投入存在问题。财政资金的主导作用不明显，我国职业型高等教育经费来源中政府拨款不足60%；鉴于我国是一个发展中国家，教育的优先发展十分必要，这就要求在整个高等教育经费中政府拨款要达到一定的比例。张丹、姜晓璐（2009）通过对2003—2007年教育部76所直属高校的收入统计得知，各类投入占直属高校总收入比例基本稳定，政府拨款占50%左右，学杂费占30%左右，其他社会收入占20%左右。普通高等学校财政经费投入尚且如此，备受冷落的职业型高等教育更是低得可怜了。①

经费的紧张使得职业型高等教育承担其培养高级专门职业型人才所需要的硬件和软件，无法从政府拨款主渠道来源上得到保障，只好转而依靠其他渠道，尤其是学费的征收。与学术型高等教育相比，职业型高等教育对于受教育者本人具有明显的个人受益特征，经费来源更强调个人的支付，而学术型教育国家支付的要多一点。但如果学费标准过高，接受职业型高等教育的学生负担过重，超过多数受教育者的经济承受能力，会最终影响职业型教育的发展。

如果说经济上的受制需要慢慢改变的话，那么社会对职业型教育的轻视让我们更感无奈。据统计，2003年9月1日全国高职毕业生的就业率仅为55.9%。与高职就业率相比，2003年9月1日普通高等院校毕业生就业率达83.8%。而在西方国家，如德国、英国、美国、日本等，虽然失业率可能浮动，且各不相同。但总体上，高职毕业生就业率一定高于普通高等院校的毕业生，而且在德国、英国等国家，这一差距是较大的。这一特点不仅仅是当前的形势，而且第二次世界大战以来一直保持这样的趋势，甚至在20世纪70年代，中等职业教育和普通高等教育同时深受重创时，高职的就业率依然高高在上。

2009年2月23日，上海市政府在其政府网站上公布了《持有〈上海市居住证〉人员申办本市常住户口试行办法》。办法规

① 张丹、姜晓璐：《我国高等教育财政投入机制分析——基于教育部76所部属院校相关数据》，载《教育发展研究》，2009年第7期，第44—46页。

定，只要满足持有《上海市居住证》满7年，期间按规定参加城镇社会保险满7年，依法缴纳所得税，被聘任为中级及以上专业技术职务或者具有技师（国家二级以上职业资格证书）以上职业资格，且专业及工种对应，无违反国家及上海市计划生育政策规定行为、治安管理处罚以上违法犯罪记录及其他方面的不良行为记录的人员，即可申请转为上海市常住户口。上海市政府的政策导向非常明确，就是把对上海的“贡献度”作为衡量是否可以转户籍的主要标准。而同时开展的在线调查显示，有47.8%的人认为“职称条件”最难满足。此项政策的出台让想拥有“沪籍”的人欢欣鼓舞，可现实中职业型人才的匮乏，及相应职业技术标准的缺失，使得人们对这一政策的前景充满担忧。

面对新的社会发展背景，俞仲文（2009）认为，我国职业型高等教育要勇敢地承担三大历史任务：一是重新振兴中国的技术教育，了却中国人几百年的痛。有高等科学教育、高等工程教育，当然也应当有高等技术教育。二是重新规划中国的教育版图，形成学术型大学与职业型大学两个板块、两条“高速公路”的结构，以及互相贯通的完整的和理性的教育体系。职业型高等教育的办学模式，不是职业型院校向一般本科院校看齐的问题，而是应用性或地方性本科院校要向职业型高校看齐的问题；不是职业型院校“升本”升到普通本科院校的问题，而是这些本科院校归队的问题，即归队为职业型教育行列的问题。三是重新塑造中国社会的核心竞争力。高级技术人才和高级技能人才将成为又一个重要的实力要素，来再造现代人力资源的理性结构。[①]

一般说来，工业文明催生了职业型教育，而在以农业文明为

① 俞仲文：《改革开放三十年我国高等职业教育跨越式发展的经验与启迪》，载《中国高教研究》2009年第1期，第7—10页。

文化主体的社会，则缺少发展职业型教育的土壤。就具体国家而言，职业型高等教育的发展与本国的文化传统、制度、习俗约束均有很大的关联。以美国为例，在长期的发展过程中，美国人形成了对实用技术的崇拜，他们重术轻学，以实用主义哲学为其文化基础，颁布了“土地赠与法”，建立“农工学院”，颁布了《史密斯—休斯法》《乔治—丁法案》等一系列法案，支持职业型教育的发展。德意志民族历来重视技术的创新和发明，掌握高超技艺的工匠师傅能够获得社会普遍尊重，进而形成了全社会重视职业型教育的局面，更新了国民的社会观念，使得“双元制”职业型教育模式得以创立。在瑞士，很多学生并不追求接受高等教育，而是愿意接受职业教育，家长也建议他们接受职业教育。职业教育的发展，实际上同样能为社会和企业带来巨大财富。从中等教育阶段开始瑞士学生就主动分流（相比之下，中国中学阶段的分流是被动的），从而大大减轻了高等教育的就业压力。我国长期处于封建社会，受儒家文化影响颇深，儒家文化是以农业文明为基础的，宣扬“劳心者治人，劳力者治于人”“万般皆下品，唯有读书高”等理念，推崇身份至上，从而形成了“重学轻术”的社会观念，学生和家长都想挤进那些名牌大学。尽管人才的多样性是任何社会生产力结构中不可缺少的组成部分，但在固有理念的影响下，职业型人才的劳动性质、收入水平以及职业声望乃至社会地位都不会很高，从而致使职业型高等教育的发展缺乏相应的文化氛围。

在此历史背景下，笔者认为，实施必要的财政政策，发挥财政资金的“汲水”功能，对于职业型高等教育的发展至关重要。

第三节　文献综述

一、职业型高等教育与经济发展之间的关系

2010 年 2 月 4 日，温家宝总理在中央举办的省部级主要领导干部深入贯彻落实科学发展观加快经济发展方式转变专题研讨班发表重要讲话。强调要办好职业教育，提出高等教育的质量，为经济社会发展培养大批各类人才。可见，职业型教育对经济发展至关重要。

在谈到经济发展与教育的关系时，刘志民（2007）进行了概括：经济发展对教育具有决定作用，表现在经济发展为教育的发展提供了物质基础，决定了教育的规模、速度和结构的变化，决定教育的内容和方法，决定教育的制度与体制；同时教育对经济发展具有推动作用，表现在教育提高劳动生产率、促进科学技术发展、提升管理效率、通过教育投资直接刺激经济增长。①

但是目前，从教育内部来看，有阻碍经济发展的因素出现，李文利、闵维方（2004）从中国高等教育发展规模和潜力总体上来考察，指出目前中国不少学校缺乏明确的定位，重培养轻就业，重管理轻服务，重内部轻外部，学校管理机构行政化，难以适应市场经济的变化。胡鞍钢（2003）从就业结构提高的角度指出，由于产业间呈现出由劳动密集型向知识、技术密集型的转移。产品中的知识含量与技术含量的不断提高，人力资本的投资将加大，这种产业结构的变化会在产业内部引起劳动要素，即资

① 刘志民：《教育经济学》，北京：北京大学出版社，2007 年，第 82—83 页。

本、原料、劳动力之间的结构变化。

经济的发展需要教育结构的改变，呼唤职业型人才的涌现。叶小明（2004）提出，职业型高等教育必须主动面向国内市场，根据市场和社会的需求，根据经济结构和产业结构的调整，主动为区域的经济和社会发展服务。职业型高等教育还应根据区域经济发展战略，制定长远发展规划，多层次办学。特别是东部发达地区，应充分利用就业渠道畅通的优势，不仅要培养专科层次的职业型人才，还要努力培养本科层次、研究生层次的高等职业人才，以满足高新技术产业核心技术转化为生产力的需要。同时，根据经济发展需要，我们急需建立以职业型高等教育为主体的终身教育体系，建立职业教育与学术教育纵向横向相互衔接、相互沟通的结构体系。①

二、职业型高等教育产品属性的界定

既然职业型高等教育如此重要，国家的财政支出一定要给予必要的支持，按照公共财政理论，根据公共产品的不同性质，提出具体的公共财政政策，那么，我们首先要确定职业型高等教育的产品属性。

布坎南（1991）等西方经济学家大多认为，由于绝大多数类型的教育在技术上是可以实现排他的，并且教育还具有“拥挤的公共产品”的特性，因此，教育是准公共产品。② 阿特金森和斯蒂格利茨（1994）从教育服务（当然包括职业型高等教育

---

① 叶小明：《新时期我国高等职业教育发展方向探讨》，载《教育与职业》2004 年第 5 期，第 6 页。

② 詹姆斯·M. 布坎南著，赵锡军等译：《公共财政》，北京：中国财政经济出版社，1991 年，第 22—40 页。

服务）的直接消费效用出发，将其视为“公共供应的私人产品”。①

国内关于高等教育产品属性从现有文献来看，厉以宁（1999）认为教育服务可分为五种类型。高等教育由于其具有不完全的排他性，属于基本上具有公共产品性质的教育产品。② 王善迈（2000）认为，教育服务在消费上具有一定的竞争性，但在技术上对教育服务进行排除的成本过高，并可能引起教育机会的不公平，增加教育的社会成本。因此，从整体来说，教育是一种具有正外部效应的准公共产品；③ 张少杰等（2008）提出，接受高等教育是一种具有正外部性的行为。为了矫正高等教育的正外部性，使高等教育资源配置总量达到均衡，政府应该对高等教育进行矫正性补贴。④

综合上面的分析，本人认为职业型高等教育虽然具有明显的个人受益特征，但它的正外部性作用明显，具有典型的准公共产品性质。

三、职业型高等教育与收入分配

职业型高等教育不仅促进经济发展，满足人力资本需求，更可以起到调节收入分配，平衡经济发展的作用，在此点上，与直

---

① 阿特金森、斯蒂格利茨著，蔡江南等译：《公共经济学》，上海：上海三联书店，上海人民出版社，1994 年，第 624—637 页。

② 厉以宁：《关于教育产品的性质和对教育经营的若干思考》，载《教育科学研究》1999 年第 3 期。

③ 王善迈：《关于教育产业化的讨论》，载《北京师范大学学报（人文社会科学版）》，2000 年第 1 期。

④ 张少杰、郭雅娴、董碧松：《基于外部性理论的高等教育财政支出研究——日本的经验及启示》，载《特区经济》2008 年第 3 期，第 102 页。

接的财政政策有异曲同工之处。

赖德胜（2001）认为，教育的扩展会对经济产生两种不同效应：一方面，教育扩展使高学历群体规模相对扩大，这种结构效应起初会扩大收入不平等程度，但后来将降低收入不平等程度；另一方面，由高学历劳动力供给的相对增加而产生的工资压缩效应会减少教育的未来收益，从而降低收入不平等程度。他运用49个国家的数据进行检验并得出结论：教育是决定收入分配的重要因素。教育扩展与收入不平等变动之间存在着倒U形关系，即在教育扩展初期，收入不平等会扩大，但是到教育扩展后期，收入不平等会缩小。

张少春（2004）也认为职业教育的发展可以使受教育者从社会保障对象转变为自食其力的劳动者，有利于减轻社会保障压力，进而优化收入分配结构。①

四、发展传统职业型高等教育的财政政策

首先来看财政投入。针对高等教育不断增加教育投入的需要，吕炜教授等（2008）根据我国经济体制改革的渐进性特征及转型经济国家特殊性提出了高等教育财政拨款的5条原则，即公益性原则、导向性原则、公平性原则、差异性原则、绩效性原则。② 除了这5点基本原则，学者们还从财政投入、拨款体制、经费筹措、成本补偿、财政管理等方面对财政支出进行了细致的研究。由于职业型高等教育面向社会、面向人人，完全依靠政府

① 张少春：《发挥财政职能作用促进我国职业教育改革和发展》，载《中国职业技术教育》2004年第20期，第11—12页。

② 东北财经大学完善体制阶段的和谐社会建设与公共财政安排课题组：《论我国高等教育财政拨款制度的完善》，载《财政研究》2008年第11期，第40、42页。

投入，很难实现，为此要发挥财政资金的“汲水”功能。张少春（2004）指出发挥财政资金“引子”与“种子”作用，重点安排职业教育的起步资金，以点带面，促进、带动和引导社会各方面力量对职业教育的投入，让外资、民间资本等社会资源进入职业教育市场，共同推动职业教育的发展。①

关于投入方式的选择，张少春（2004）认为要更多地采取以奖代补、奖补结合方式支持职业教育发展的同时，也要采取直接投入、差额补助、贴息等多种形式。②

财政投入的不断增加并不能掩盖我国教育财政拨款体制存在的弊端，王晔（2009）认为我国高等教育拨款对不同类型高等学校的定位模糊，导致相应的财政支持政策缺乏针对性。高职学院努力挤入大学行列，普通应用型高校努力挤入重点研究型高校行列，这就模糊了各类高校的办学定位，由此形成的支持体系，产生的支持政策都缺乏针对性。为优化拨款机制，按照制度建设带动财政投入的思路和科学理财的要求，应该做好相关制度设计。首先，科学划分高等院校的类型，明确财政支持的重点。整合专项资金，明确支持重点，逐步减少专项拨款，给高校更多的资金使用自主权，同时，加强对高校财务的管理。③

其次，通过成本补偿来增加职业型高等教育的资金投入。邓娅、闵维方（2001）根据我国地区经济发展差异，对经济发展水平和高等教育成本补偿水平进行的理论和实证研究表明，我国各地区间高等教育的生均教育经费与人均国内生产总值成正相关，学费水平与人均国内生产总值成正相关，学费水平与高等教

---

① 张少春：《发挥财政职能作用促进我国职业教育改革和发展》，载《中国职业技术教育》，2004 年第 20 期，第 11—12 页。

② 同上。

③ 王晔：《进一步完善高等教育财政拨款体制》，载《光明日报》2009 年 7 月 7 日，第 11 版。

育生均成本成正相关，学费水平与人均可支配收入成正相关。为此实施高等教育成本补偿属地化在我国经济发展的现阶段是不可避免的政策选择。毕鹤霞（2008）通过研究认为，国际上公认的高等教育财政模式主要有两种：政府主导型和成本分担型。[①]政府主导型财政模式强调，国家控制高等教育财政，政府是唯一的办学主体和投资主体。其理论基础是“社会责任说”，指的是政府公共资助的高等教育模式，这种模式可以被看做是“国家控制”。成本分担型财政模式强调，原由政府承担的教育费用可通过一定的方式，如收取学费而得到一定程度的补偿。其理论基础是成本分担理论，它的提出者约翰斯通教授指出，高等教育成本应该由政府（纳税人）、学生、家长、高校和捐赠人等多方面来承担，其中主要指向学生和家长收取学费，也包括向学生提供以学生贷款为主的经济资助。

充足的投入，有效的拨款，多渠道的经费，合理的分担，都离不开公开透明的财政管理体制。张耘（2007）强调必须明确各级政府、教育主管部门对教育的责任和分工。[②]中央政府应当在保证效率的基础上维护全国范围内的教育公平，积极发展职业教育；地方政府应当按照中央政府的政策，将财政资金安排在实施素质教育，深化教育体制改革，加快教育结构调整，促进各级各类教育协调发展等方面。在教育财政管理上，代表政府管理和行使财政权力的各级财政部门，应当按照客观经济规律和教育规律的要求，利用价格、税收、市场准入和退出条件、补贴等各种经济杠杆，控制和引导职业型教育的经济行为，并进行预算资金

① 毕鹤霞：《高等教育财政模式与高等教育体制模式关系研究——兼论政府与高校间的经济关系》，载《清华大学教育研究》2008 年第 4 期。

② 张耘：《完善我国公共教育财政体制的几点思考》，载《中国教育报》2007 年 10 月 10 日，第 3 版。

的绩效问责。但从实际情况看，谢虹（2007）认为对职业型高等教育的投入评价存在三个难点：一是高等职业院校的使命是培养一定数量和质量的适应社会经济发展需求的技能型大学生并进行一定的科学研究和社会服务，其产出不能用货币和经济指标进行度量，具有不完全性和不确定性；二是发展水平参差不齐、专业方向各有不同，对指标的选择要求较高；三是资金渠道及资金结构多元化，财政资金的效益难以单独度量。针对上述难点，谢虹提出可以从高等职业院校资金运作能力及高等职业院校教育发展能力两方面评价支出绩效。①

除了上述传统的财政手段，越来越多的人看重捐赠或慈善事业在教育发展中的独特地位。阚阅（2009）通过研究指出，与其他一些国家高校严重依赖政府拨款的情况不同，捐赠是美国高校尤其是私立高校的重要经费来源。例如，康奈尔大学全部经费预算中有11%来自捐赠，而普林斯顿大学更是达到47%。随着中国新社会阶层的崛起，我国的捐赠收入应该为职业型高等教育发展贡献力量。②

五、职业型高等教育的办学体制

发展职业型高等教育需要经济领域的支持，更需要全社会的观念转变及体制创新。李新民、黄慧丹（2004）认为，应尽快完善政府主导，行业、企业和社会力量共同参与的多元化办学体制和多渠道筹措经费的机制，鼓励多种经济企业独立或参与办

① 谢虹：《高等职业教育财政支出的绩效评价体系研究》，载《教育与职业》2007年第14期，第20—22页。

② 阚阅：《金融危机中的美国高等教育财政》，载《教育发展研究》2009年第9期，第72—75页。

学。真正落实学校的法人地位，使职业学校成为面向市场、灵活办学的主体。调动全社会参与的积极性，进一步激发教育活力，满足人民群众多层次、多样化的教育需求。①

在处理政府、市场与学校三者之间的关系上，刘国永（2008）指出，高等教育备受社会指责，究其根源还是与我们高校的定位有关。沿袭几十年计划经济体制的管理模式，政府和教育行政部门对高等教育的那种“主管”和“统管”的心态和行为至今没有实质性改变，还是习惯于以审批和指令的方式对人事、招生、专业设置、拨款、评价等方面进行干预和管理，政府和教育行政部门几乎包揽了学校从举办到管理的一系列权力。导致学校缺乏办学自主权，对政府和教育行政部门过分依赖。郭传杰（2009）认为高效的管理体制应该是政府、市场与学校各归其位。评价权应该交给市场，管理权交给政府，办学权则交给学校。中央政府统一领导和管理国家教育事业，制订发展规划、方针政策和基本标准，优化学科专业、类型、层次结构和区域布局。整体部署教育改革试验，统筹区域协调发展。地方政府负责落实国家方针政策，开展教育改革试验，根据职责分工负责区域内教育改革、发展和稳定。

人才培养方式转变是职业型高等教育发展的最终落脚点，没有合格的人才产生，财政投入的效果可想而知。纪宝成（2009）主张中国的高考应该分成两类：一类是普通高等教育的高考，一类是高等职业教育的高考。随着教育改革的深化和人们观念的转变，家长就不一定让孩子非要上最名牌的大学，可以上最名牌的职业技术学院。这样就能够形成多元化的人才培养模式，这是大众化高等教育阶段最重要的特征之一。多元化的人才培养方式，

① 李新民、黄慧丹：《法国职业教育改革及对我国的启示》，载《宁波职业技术学院学报》2004 年第 4 期，第 46—48 页。

多元化的人才培养目标，也就是有多元化人才培养质量和标准。因为研究型人才、岗位型人才和操作型人才的标准是不一样的。如果这样评价一个大学生的话，社会的心态就会平和得多，也会科学得多。俞仲文（2009）则认为处理好各类大学培养通才和专才的关系，明确更多的大学承担的是培养专才的任务，或者说是培养一专多能、几专多能的“专才”中的“通才”的任务。避免“大批事没人做，大批人没事做”的现象发生。① 左小蕾（2009）也提出了我国未来的经济发展需要更多技术方面的专才，这样做会使人才生态分布更合理，更合乎我国未来的经济发展战略。

六、加强促进职业型高等教育发展的立法工作

发展职业型高等教育的财政政策需要国家以立法的形式得以确立。目前，我们在这方面还有不足，李新民、黄慧丹（2004）指出，我国虽先后颁布了《关于教育体制改革的决定》《关于大力发展职业技术教育的决定》《中华人民共和国职业教育法》《关于积极推进劳动预备制，加快提高劳动者素质的意见》，但由于缺乏具体的落实措施，有关职业型教育的法律执行不力。② 各级政府应把职业型教育纳入当地经济和社会发展的总体规划中，使经济建设转而依靠科学技术进步和提高劳动者素质的轨道上来。

另外，在加快慈善、捐赠法规的建立上，学者们提及的不

① 俞仲文：《改革开放三十年我国高等职业教育跨越式发展的经验与启迪》，载《中国高教研究》2009 年第 1 期，第 7—10 页。

② 李新民、黄慧丹：《法国职业教育改革及对我国的启示》，载《宁波职业技术学院学报》2004 年第 4 期，第 46—48 页。

多。因此，建议尽快制定《教育捐助法》，使高校捐赠成为社会广泛认可的风气，从而得到最根本的制度保证。

第四节 研究内容、方法及创新点

一、研究范围与限制

职业型高等教育财政研究是运用经济学和财政学的理论和方法，研究职业型高等教育活动中的财政问题，集中于货币化的教育投入即教育经费的筹措、分配和使用，着重于政策实际。本书重点研究两个问题：第一，在经济、社会、文化因素的共同制约下，我国发展职业型高等教育的可能性和必要性；第二，从系统和发展的观点出发，初步探讨使用各种财政政策手段支持职业型高等教育发展的具体措施。

本书在研究过程中遇到的主要困难有两点：一是本书的论证过程缺乏尽可能准确的第一手数据及资料，这方面的搜集整理有难度；二是对本书中可能使用到的定量分析方法，还需要进一步的研究学习。

二、研究方法

职业型高等教育的发展涵盖经济学、财政学、教育学、管理学、政治学、哲学等多个学科，是一个含有多种因素的复杂系统，通过系统分析法，可以多层面、多视角分析职业型高等教育的内在逻辑关系；运用比较分析方法，对不同时期、不同国家的高等教育财政支出进行分析和比较，能够得出制约职业型高等教育的深层次原因。运用定性分析和定量分析相结合的方法，通过对高等教育支出的相关数据进行分析，列出高等教育绩效评价的指标。

三、研究思路与本书构架

本书主要解决两个问题：一是为什么发展职业型高等教育；二是支持职业型高等教育发展的财政政策研究。共包括六章的内容，第二章至第五章是围绕第一个问题阐述的。第二章从回顾高等教育的发展历程开始，进而明确高等教育发展中存在不可回避的基本矛盾，那就是学术型高等教育的“独领风骚”和职业型高等教育的发展滞后。第三章从经济学、财政学、教育经济学、哲学、管理学的视野来探寻职业型高等教育必然发展的相关理论依据。第四章从关系我国未来发展的几个突出问题入手：国家安全、资源配置、区域经济协调发展、收入分配、产业结构调整看发展职业型高等教育的现实必要性。第五章从美、德、日等国家发展职业型高等教育的相关经验，来明确我国政策的走向。第六章和第七章是围绕第二个问题阐述的，是本书的创新之处，也是点睛之笔。第六章初步构建了适合我国现实情况的职业型高等教育体系，涵盖学位制度、发展道路、人才培养模式、专业课程设置、招考制度、办学体制以及管理体制等基本问题。第七章从发展职业型高等教育的两条不同道路入手提出有针对性的财政对策，重点强调财政政策的实施应坚持“有所为有所不为”的原则，发挥财政的杠杆作用，向社会汲取发展资本，有重点、分层次地发挥好财政资金的调控作用。

四、创新点与不足

本书的创新主要有三点：第一，厘清了职业型高等教育的概念，建立了与学术型高等教育并列的职业型高等教育体系，阐述了职业型高等教育与学术型高等教育相辅相成的内在联系，对职业型高等教育的学位制度、人才培养模式、专业设置、课程体系、考试招生制度、办学体制改革、管理体制改革等做出内涵式的规定，特别是建立职业技术学位的做法具有可操作性；第二，强调职业型高等教育人才培养的理念，提倡以“厚基础，宽口径，学理论，重实践”的标准，培养职业型人才，改变职业教育只能培养“人材”而不能培养出“人才”的现状；第三，提出了发展职业型高等教育的两条不同道路，一条是学术型大学延伸出来的职业教育学院，另一条是建立独立的职业型大学。针对不同的发展道路，财政政策的实施应有层次性，不能单纯地依靠财政拨款，更要通过财政体制的理顺、绩效管理的实施、捐赠收入的增加、产学研一体化、调动民间资本等市场经济手段，探索财政支持职业型高等教育发展的新思路。

不足之处：本书的着眼点目前还只能放在全国这样一个全局的层面，缺少对各个地区、个别学校的分类细化研究。

第二章　我国高等教育发展的历史回顾与现状分析

第一节　改革开放以来高等教育的发展回顾

改革开放30多年来，我国经济、社会各方面都取得了举世瞩目的成就。高等教育的发展也走过了一条不平凡的道路，高等教育的规模从稳定发展到急剧扩张，实现了从精英化向大众化的跨越。1978年，全国本专科在校生共有85.63万，研究生1.09万；[①] 到2008年，各类高等教育在校生人数超过2697万，高等教育的毛入学率达到了23.3%。[②] 在高等教育领域，无论是最根本的教育理念、发展方向还是具体的教育管理体制、投资体制、办学体制、结构调整、人才培养、办学规模、办学水平、办学层次都发生了深刻的变化。

---

① 王英杰、刘宝存：《中国教育改革30年：高等教育卷》，北京：北京师范大学出版社，2009年，第2页。

② 韩进主编：《中国教育统计年鉴2008》，北京：人民教育出版社，2009年，第23页。

一、普通高校本专科招生数和毕业生数的发展变化

1977年，我国恢复了高考制度，当年全国录取本专科生27.3万，次年增至40.15万，此后几年，由于报考人数的下降，招生人数也有所下降。直到1984年，重新上升到47.52万。1997年，普通高校本专科招生数突破百万，达到100.04万。从1999年开始，我国的高等教育开始了大规模的扩招。1999年，全国共招收本专科学生154.86万，增长率更是达到了的42.9%（见表2—1）。

表2—1　1977—2008年普通高校本专科生招生数变化

年份	本专科招生数（万人）	年增长率（%）
1977	27.30	—
1978	40.15	47.09
1979	27.51	-31.49
1980	28.12	2.23
1981	27.88	-0.87
1982	31.50	12.99
1983	39.10	24.13
1984	47.52	21.53
1985	61.92	30.32
1986	57.21	-7.62
1987	61.68	7.83
1988	66.97	8.58
1989	59.71	-10.84

续表

年份	本专科招生数（万人）	年增长率（%）
1990	60. 89	1. 97
1991	61. 99	1. 81
1992	75. 42	21. 67
1993	92. 40	22. 51
1994	89. 98	-2. 61
1995	92. 59	2. 90
1996	96. 58	4. 31
1997	100. 04	3. 58
1998	108. 36	8. 32
1999	154. 86	42. 90
2000	220. 61	42. 46
2001	268. 28	21. 61
2002	303. 76	13. 23
2003	382. 17	25. 81
2004	447. 34	17. 05
2005	504. 46	12. 77
2006	546. 05	8. 25
2007	565. 92	3. 64
2008	607. 66	7. 38

数据来源：中国教育统计年鉴 1977—2008。

从表 2 - 1 可以看出，1977—1998 年的 22 年间，招生数变化较为稳定，虽然有些年份稍有回落，但基本上呈稳步上升趋势。从绝对数量上来看，1979—1983 年低于 1984 年、1986—1987 年略低于 1985 年、1989—1991 年略低于 1988 年之外，其余各年总体上处于上升趋势。

1977—1998 年，招生总数从 27.3 万增加到 108.36 万，22 年间增长 397%，年平均增长 18%。而 1998—2008 年间，招生总数从 108.36 万增长到 607.66 万，11 年间增长 561%，年平均增长 56.1%。

从 2004 年以后，本专科招生数的增长速度开始放缓，2007 的增长率仅为 3.64%。可以说，我国高等教育的跨越式发展过程已经结束，现在已经进入逐步发展、稳定规模、调整结构、提高质量的阶段。

在本专科招生数上升的同时，我国高等教育的毛入学率也发生了显著变化（见表 2—2）。

表 2—2　1991—2008 年我国高等教育毛入学率变化

年　份	高等教育毛入学率（%）
1991	3.5
1992	3.9
1993	5.0
1994	6.0
1995	7.2
1996	8.3
1997	9.1
1998	9.8
1999	10.5
2000	12.5

续表

年 份	高等教育毛入学率（%）
2001	13.3
2002	15.0
2003	17.0
2004	19.0
2005	21.0
2006	22.0
2007	23.0
2008	23.3

数据来源：中国教育统计年鉴2008。

毕业生的数量反映了高等教育为社会经济发展和建设输送人才的数量。30多年来，我国高校毕业生数量的变化基本上与招生数的变化呈相似的变化趋势。1977年，我国高校本专科毕业生数仅为19.44万人，2008年上升至512万人，[①] 增长了26倍多。

二、普通高校数量与在校生数的发展变化

1977年，我国只有普通高校404所，到2008年普通高校数量达到2263所，[②] 30多年间，增长了5.6倍；普通高校本专科在校生人数从1977年的62.53万人增长到2008年的2021.02万

---

① 韩进主编：《中国教育统计年鉴2008》，北京：人民教育出版社，2009年，第23页。

② 韩进主编：《中国教育统计年鉴2008》，北京：人民教育出版社，2009年，第21页。

人，增长了 32 倍（见图 2—1）。

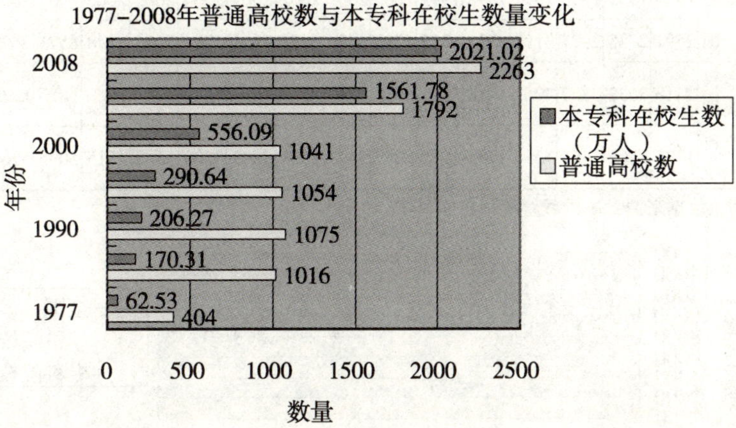

图 2—1　1977—2008 年普通高校数与本专科在校生数量变化

校均规模的变化反映了高等教育规模发展的模式。在改革开放初期，我国高校的校均规模较小，长期徘徊在 2000 人以下。1991—1999 年，校均规模从 2000 人增长到 4000 人，2008 年全国平均达到 8679 人。[①] 从 1994 年开始，本科院校的校均规模始终高于专科院校的校均规模，从 1994 年的相差 2080 人扩大到了 2008 年的相差 6533 人，而且专科院校的校均规模始终低于全国的平均水平。由于普通本科院校通常是以培养学术型人才为主，这在一定程度上说明了学术型高等教育在我国的高等教育中占据了绝对的比例（见表 2—3、图 2—2）。

① 韩进主编：《中国教育统计年鉴 2008》，北京：人民教育出版社，2009 年，第 21 页。

表 2—3　1994—2008 普通高等学校校均规模

年份	1994	1995	1996	1997	1998	1999	2000	2001	2002	2003	2004	2005	2006	2007	2008
全国	2591	2758	2927	3112	3335	3815	5289	5870	6471	7143	7704	7666	8148	8571	8679
本科院校	3418	3632	3857	4062	4418	5275	6916	8730	10454	11662	13561	13514	13937	14057	12097
专科院校	1338	1405	1466	1594	1701	1975	2282	2337	2523	2893	3209	3909	4515	5095	5564

数据来源：中国教育统计年鉴 2008

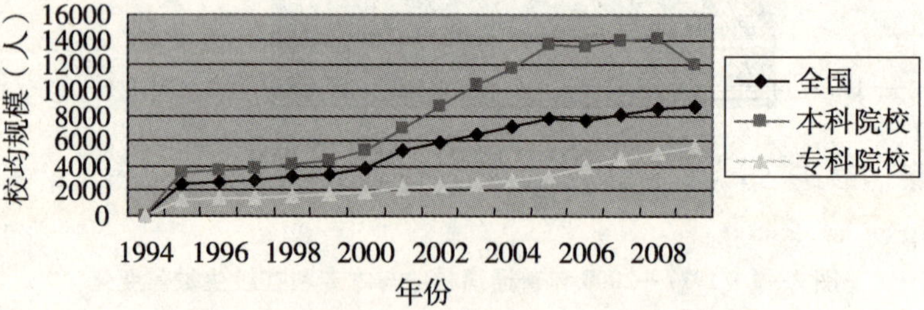

图 2—2　1994—2008 普通高等学校校均规模

三、研究生教育的发展规模

1980 年，我国颁布了《中华人民共和国学位条例》，并于 1981 年 1 月 1 日正式实施，此后，我国的研究生教育规模开始稳步增长（见表 2—4）。

表 2—4　1982—2008 年研究生数量变化情况

年　份	在校生数（万人）		招生数（万人）		毕业生数（万人）	
	硕士生	博士生	硕士生	博士生	硕士生	博士生
1982	2.53	536 人	1.08	302 人	—	—
1983	3.64	737 人	1.55	172 人	—	—

续表

年　份	在校生数（万人）		招生数（万人）		毕业生数（万人）	
	硕士生	博士生	硕士生	博士生	硕士生	博士生
1984	5.63	0.12	2.27	0.05	0.27	39 人
1985	7.52	0.36	3.73	0.26	1.67	287 人
1986	9.33	0.57	3.48	0.22	1.52	284 人
1987	10.45	0.90	3.31	0.36	2.03	464 人
1988	9.84	1.05	3.09	0.33	3.47	0.16
1989	8.79	1.10	2.50	0.28	3.29	0.20
1990	8.07	1.13	2.62	0.33	3.15	0.25
1991	7.55	1.23	2.54	0.42	2.92	0.26
1992	7.94	1.46	2.83	0.50	2.30	0.25
1993	8.88	1.76	3.57	0.62	2.52	0.29
1994	10.50	2.27	4.17	0.90	2.42	0.37
1995	11.64	2.88	3.99	1.11	2.71	0.46
1996	12.68	3.52	4.66	1.26	3.40	0.54
1997	13.57	3.99	5.03	1.29	3.91	0.73
1998	15.31	4.52	5.73	1.50	3.81	0.90
1999	17.85	5.40	7.18	1.99	4.42	1.03
2000	23.31	6.73	10.29	2.51	4.76	1.10
2001	30.65	8.59	13.28	3.21	5.47	1.29
2002	39.21	10.87	16.42	3.83	6.62	1.46
2003	51.41	13.67	22.00	4.87	9.22	1.88
2004	65.43	16.56	27.30	5.33	12.73	2.34

续表

年份	在校生数（万人）		招生数（万人）		毕业生数（万人）	
	硕士生	博士生	硕士生	博士生	硕士生	博士生
2005	78.73	19.13	31.00	5.48	16.21	2.77
2006	89.66	20.80	34.20	5.60	21.97	3.62
2007	97.25	22.25	36.06	5.80	27.04	4.14
2008	104.64	23.66	38.67	5.98	30.11	4.38

数据来源：中国教育统计年鉴1982—2008。

从研究生教育规模的发展大致可以分为四个阶段：1978—1985年是快速发展阶段，招生数从1.07万人上升到1985年的3.99万人，平均年增长率为53%。由于研究生教育的快速发展，一些基础设施滞后于研究生规模的需要，从而影响了研究生的培养质量。从1986年起，研究生招生规模开始缩减，硕士生人数从1985年的3.73万人降至1991年的2.54万人，缩减了近42%。1992年，我国开始从计划经济体制向市场经济体制转变，为研究生教育的发展提供了契机。从1992—1999年，研究生教育规模进入持续增长期，硕士生招生数从1992年的2.83万人增长到1999年的7.18万人，增长了2.54倍，博士生招生数从1992年的0.5万人增长到1999年的1.99万人，增长了近4倍。1999年以后，随着本专科生的扩招，研究生教育也进入急速发展阶段，2008年硕士生招生数为104.64万人，是1999年的5.85倍；2008年博士生招生数为23.66万人，是1999年的4.38倍。

除了大力发展博士生教育、优化研究生教育层次外，我国研究生教育的类型也越来越多样化。《学位条例》颁布之初，我国研究生教育以培养教育和科研人才为主，授予学位的类型主要是学术型学位。20 世纪 90 年代初，为加速培养经济建设和社会发展所需的高层次应用型专门人才，设置了专业学位。专业学位分为学士、硕士和博士三种，但一般只授硕士学位，只有少数专业（如建筑学、临床医学等）授予学士、硕士或博士学位。[①] 从 1991 年设置工商管理硕士开始，截止到 2008 年 3 月，我国共设立了工程、农业推广、兽医、风景园林、法律、临床医学、社会工作、口腔医学、公共卫生、教育、体育、汉语国际教育、军事、艺术、工商管理、翻译、公共管理、会计、建筑学等 19 个专业硕士学位和教育、临床医学、口腔医学、兽医等 4 个博士专业学位以及 1 个建筑学学士学位。2010 年 1 月，国务院学位委员会第 27 会议审议通过了金融硕士等 19 种硕士专业学位设置方案，决定在我国新增设置金融、应用统计、税务、国际商务、保险、资产评估、警务、应用心理、新闻与传播、出版、文物与博物馆、城市规划、林业、护理、药学、中药学、旅游管理、图书情报、工程管理等硕士专业学位。[②] 新增专业硕士学位从 2011 年开始招收研究生。

第二节 我国高等教育的现状分析

第一节的内容让我们从数据上了解了 30 多年来我国高等教育发展的数量变化，但是这不能掩盖高等教育发展过程中存在的深层次问题，如果缺乏对现状的分析，解决不好这些现实问题，

---

① 王英杰、刘宝存：《中国教育改革 30 年：高等教育卷》，北京：北京师范大学出版社，2009 年，第 12—13 页。

② 《关于印发金融硕士等 19 种专业学位设置方案的通知》，中华人民共和国教育部网，2010 年。（http：//www. moe. edu. cn/publicfiles/business/htmlfiles/moe/moe_823/201007/92739. html. ）

势必会影响到高等教育的未来发展。

一、我国高等教育内部存在趋同现象

当前，我国高等教育已经进入大众化阶段，在各种官方和非官方大学排名公布后，相当数量的高等学校面临着向“上层”发展的压力。面对环境压力，过去的学院升格为大学，过去的普通大学向着重点大学迈进，重复设置专业，层次结构、科类结构重叠，大学纷纷追求更高的地位和身份，由此造成了当前高等院校趋同化发展的现实困境，这是一方面。另一方面，我国东、中、西部高等教育学科结构和层次结构具有较高的趋同性，缺乏必要的分化和一定的地域特色，是一个非常值得注意的现象。由于中国不同地区之间在社会经济发展的程度和阶段上都存在非常大的差异，所以，这种高等教育的不同地区之间的趋同性将直接影响高等教育与地方社会经济发展之间的关系。高等教育的趋同现象并非中国所独有，世界范围内同样存在。

随着社会的多元化，人们更多地关注高等教育的多样化发展，期望高等教育与社会经济的发展相适应。伴随着多样化的发展进程，我们惊奇地发现各国的高等教育又在互相的模仿中表现出了一致性倾向，可以把它定义为趋同现象。趋同现象与多样化相伴而生，不仅过去是这种特点，而且共同影响着高等教育未来的发展方向。“多样化成了关于高等教育前途讨论的一块奶油蛋糕，无论个人和社会有什么新的需要，只有一个解决问题的秘诀：多样化。”① 伯恩鲍姆（R. Birnbaum）从制度多元化、社会多元化和系统多元化三个角度论述了多样性的重要。他使用生物

① ［南斯拉夫］德拉高尔朱布·纳伊曼著，令华等译：《世界高等教育探讨》，北京：教育科学出版社，1982 年，第 146 页。

进化的例子说明，生物进化带来了生物系统的相对稳定，当一种组织在为了获得更多的资源而分化时，就直接促进了系统的进化，那些最适应特定环境的组织生存下来，而不适应的则被淘汰。① D. B. 约翰斯通认为尽管存在着与多样化相反的趋势即大学漂移（university drift），也就是许多高等学校竭力仿效名牌大学的办学模式，以获得更高的学术声誉和更多的学术选择。但高等学校多样化的总趋势并没有改变：各类高等教育机构之间的差别是不可避免的，而且也是恰当的，因为有些高等教育机构的主要使命是为了实现高等教育的大众化，满足人们的入学需求，有些主要是为不同的行业或职业服务，还有些是以知识的创造和科学探究为首要使命的。② 高等教育系统应该是科学的、生态的、多样的自由天地，每一种教育形式都有自己的发展空间，犹如生态系统注重生物的多样性一样。从上述观点可以看出，复杂的社会和分化的经济市场显示出种类繁多的需求，这些需求恐怕是单独一种类型的高等教育机构所不能满足的，所以需要多样化，多样化是高等教育发展的必然方向，也是社会的多元需求使然。

与多样化发展并存的趋同现象是高等教育发展过程不可避免的情况。所谓趋同，表现出来的就是相似性的增加。具体到高等教育，趋同有两种类型。

第一种趋同是高等教育发展的必然规律，来源于高等教育的内涵决定。这种趋同发展与高等教育的多样性发展一样，与高等教育的扩展有关系，最终是为了建立一种比较开放、多元和灵活的高等教育体制服务。马丁·特罗对高等教育的多样化趋势与趋

---

① 张建新：《走向多元———英国高校分类与定位的发展历程》，载《比较教育研究》2005 年第 3 期，第 69 页。

② ［美］D. B. 约翰斯通著，沈红、李红桃译：《高等教育财政：问题与出路》，北京：人民教育出版社，2003 年，第 344 页。

同发展进行了研究，他指出："一方面，由于不同的大学在市场竞争中追求的是不同的市场份额和市场细分，从而在高等教育部门内部取得了不同的成果，地位较低的高校为了获得相对比较优势，必然向着多样化的方向前进。另一方面，高校之间的相互竞争，促使不同地位的学校走上了近似的发展道路，相互模仿，追求'大而全，小而全'，致使整个高等教育系统的差别又趋于缩小，向着名牌大学的特点和风格发展，而忽视了院校自身的定位和差别化发展。"① 通过特罗的话，我们不难理解，高等院校的分化现象和趋同发展是自我发展、自我否定的结果，是在激烈的市场竞争中产生的。因此，它们是高等教育发展过程中的常态现象。

第二种趋同则是在各种外力作用下由第一种趋同演变而来的，具体表现为同质化现象。如果第一种趋同我们认为它是必然规律的话，那第二种趋同现象主要是由高等教育发展的外部因素导致的，这些因素作为一个整体在发挥作用，任其发展将会导致盲目的趋同，造成高等教育发展的恶性循环，使得高等教育正常的多样化目标大打折扣，这是高等教育发展过程中急需解决而不可回避的问题。②

对于趋同问题，新制度学派有自己的观点。他们认为"组织的趋同性问题"根源在于"合法性机制（legitimacy）"。"合法性机制"认为当一个社会的法律制度、社会规范、文化理念、风俗习惯或某一具体的组织形式成为"广为接受（for granted）"的事实后，就成为制约人类行为与观念的无形力量，要求所有组

① ［美］伯顿·克拉克著，王承绪等译：《高等教育新论——多学科的研究》，杭州：浙江教育出版社，2001 年，第 145 页。

② 汤晓蒙．《高等教育趋同现象探析：新制度学派理论的视角》，载《教育发展研究》2009 年第 3 期，第 18—22 页。

织和个人接受这种共同观念。① 合法性机制认为，组织的趋同不仅是自身发展的产物，而且受到客观环境的制约。组织的客观环境有“技术环境”和“制度环境”之分。“技术环境”是指组织可利用的内外部资源市场，以及组织本身的投入产出能力。具体到高校，技术环境包括学校内外部可以利用的一切资源以及学校内部的治理结构及其具体的运行机制。“制度环境”是指高等教育要受到社会的法律制度、社会规范、文化理念、风俗习惯等社会共同理念的制约。②

新制度学派提出，技术环境与制度环境对组织具有不同影响。技术环境强调组织内部成本的降低、资源的充分利用和效率的最大化，而制度环境则要求组织符合社会共同观念。由于制度环境对组织的作用和影响力要远远大于技术环境，因此会导致组织过于适应制度环境而影响其效率，尤其是当制度环境出现问题或从长远看不符合组织发展时更是如此。③

除了技术环境和制度环境导致趋同现象的产生外，强迫性机制、模仿机制和社会规范机制对于大学的趋同也是有促进作用的。④ 强迫性机制（coercive）是指法律或具有法律效力的规章制度，是具有普遍约束力的共同观念，要求任何组织和个人必须服从。比如，由政府部门推动的高校本科教学水平评估，由于评估结果与学校获得的资源紧密相连，使得高校内部的无序竞争和

① 周雪光：《组织社会学十讲》，北京：社会科学文献出版社，2003 年，第 75—87 页。

② 曹正汉：《无形的观念如何塑造有形的组织——对组织社会学新制度学派的一个回顾》，载《社会》2005 年第 3 期，第 209 页。

③ 汤晓蒙：《高等教育趋同现象探析：新制度学派理论的视角》，载《教育发展研究》2009 年第 3 期，第 18—22 页。

④ 周雪光：《组织社会学十讲》，北京：社会科学文献出版社，2003 年，第 75—87 页。

过分趋同问题更加凸显，这种强迫性机制无疑导致各类高校更高层次的趋同发展。而由国家控制的考试制度使高等教育教学内容遵循固定的标准，这无疑又强化了高校趋同的力量。模仿机制（mimetic），即各类组织习惯性地模仿本领域中成功者的做法。高等院校模仿来源于重点院校的示范力量，通过高水平的科学研究能力、高质量的人才和良好的社会声誉，重点院校获得了巨大的外部资源。在我国，模仿性趋同的方向主要是职业型院校模仿学术型院校，普通院校模仿重点院校，民办院校模仿公立院校。社会规范机制（normative）认为共同的社会观念制约着高校的思维方式。目前，我国高校的专业设置、课程体系、教材选择、人才培养模式看似不同，实际差异并不大。

通过以上分析，我们知道，要解决高等教育发展的趋同问题，必须从最根本的制度入手，建立有利于高等教育多元化发展的技术环境和制度环境，改变传统的评估制度和资源分配制度。制度改变的目的就是为了通过改变环境从而改变组织行为，但这并不意味着组织在环境不变的情况下就无所作为，也就是说我们要发挥组织在制度环境中的能动性。组织在环境中并不只是一味服从，要勇于突破，寻求新的发展方式，从而改变环境的制约。

通过对高等教育的趋同现象分析，笔者认为高等教育需要多样化。发挥高等教育对高素质职业型人才的培养作用也十分重要。完成高质量的工作有赖于高质量的劳动大军，而高质量的劳动大军的培养正是由学术型高等教育和职业型高等教育共同完成的。在我国，这需要一个前提，就是高等教育特别是大学自身要先做出改变，逐步发展职业型本科，实施职业型高等教育的主体是职业型大学。现在的专业硕士教育就是职业型人才向纵深发展的方向，而高素质的复合型人才则是职业型人才横向发展的方向。

二、我国高等教育自主权的“不自主”

过去的30多年中，社会主流的政治观念影响着我国高等教育政策的基本价值取向。如同在经济领域一样，对数量、规模、速度的片面追求会损害公平，在高等教育出现了规模扩张之后，教育质量、教育品质、教育结构的问题强烈地显现出来。教育的治理方式也吸引着人们越来越多的目光，政府、市场、高校三者之间如何有效地参与高等教育，有限的教育资源如何实现最有效的配置，都关乎高等教育的未来发展。

长期以来，高等教育的发展受到太多外部因素的影响和制约，教育本身具有的内部机制和内在动力受到了无形的摧毁。政府享有独一无二的决策权力，决策过程缺乏高校和社会力量的积极参与，这种行政驱动、层层下压的政策过程，使得政策信号很容易被放大，使教育的发展进入“运动式”状态。结果，高校扩招、高校合并等本身具有合理性的决策，变成了千篇一律竞相模仿的运动，从而损害了高等教育的品质和丰富性。

高校扩招政策的初衷和基本方向应当说是正确的，深得民意支持。但在政策出台和执行过程中，陷入了“运动式”的行政驱动和片面追求数量增长的传统模式，没有协调好扩招的速度与方式、高校的科类与层级分布的关系。与高校扩招相伴的是大学的合并、重组。众多的中专、大专院校被升格、重组为新大学。这种升格风同时助长了高等学校盲目追求高层次、大规模、研究型、综合化的风气，造成高校定位和发展模式的趋同，各层次学校不安其位，难以形成特色和优势。尽管国家在扩招中将发展职业型高等教育作为重要方面，但由于没有政府财政支持，老百姓并不热衷的职业教育收费标准反而比本科教育更高，这种“自杀性”政策遏制了职业型高等教育的正常发展。①

自上而下、由行政驱动的高等教育扩招，由于超过了学校的容纳能力，刚开始时受到很大的质疑，高校比较被动，但情况随即发生改变。由于扩招可以带来很多短期利益，高校可以收取高额学费，改善财政状况，政府可以以房地产开发模式建大校园、建大学城，地方政府和高校在这轮扩招中获益最大，被调动出极大的积极性。高校的规模、发展速度、毛入学率马上成为新的政绩指标，各地开始了关于毛入学率的竞争。高等教育扩张的问题之一是扩招的模式。国外实现高等教育大众化，以发展二三年制的社区学院、高等职业教育为主，以培养职业型人才为主。中国这一轮高校扩招采取了本科、专科、研究生等各个层次同步扩张，研究型大学和地方普通院校同步扩张的无序做法。对不同层级、不同类型的高等教育发展未加区别，在高校层次结构的调整上很不理想。

三、我国高等教育面对的新挑战

（一）高等教育规模仍将扩张

1973年，美国学者马丁·特罗提出了高等教育大众化理论。他根据一个国家的高等教育毛入学率（在校大学生占18—21周岁人口的比例），将高等教育的发展划为三个阶段：高等教育毛入学率低于15%，为精英教育阶段；15%—50%，为高等教育

---

① 张秀兰主编：《中国教育发展与政策30年》，北京：社会科学文献出版社，2008年，第274页。

大众化阶段；50% 以上，为高等教育普及化阶段。[①] 我国 2008 年的高等教育毛入学率达到了 23.3%，已经进入了大众化阶段。

丁笑炯认为有两方面的原因促使我国高等教育的规模在未来相当长一段时间内将进一步扩大，一是随着高中入学率的不断提升，具备大学入学资格的人越来越多。2006 年，在 25—34 岁的人群中，OECD 成员国中高中完成率超过 80% 的国家有 18 个（最高达到 97%）[②]，而我国 2008 年高中升学率只有 72.7%。二是随着知识经济时代的到来，高等教育是国家提高综合经济软实力的主要力量，符合创新性国家的发展战略。[③] 以上两种因素将共同推动高等教育入学率的不断提高。尽管从世界范围看，高等教育的适龄呈下降趋势，但改变不了高等教育规模持续扩大的趋势。OECD 预测认为，到 2025 年，OECD 国家中 18—24 岁的人口数量将会下降 9%，但"总体看来，除个别国家外，人口变化对高等教育规模的影响极其有限"。[④]

（二）高等教育参与主体的多元化和办学的多样化

过去的高等教育主体绝大多数是适龄青年（18—22 岁），1985—1996 的 10 年中，OECD 国家适龄人口的高等教育入学率提高了 70%，超过适龄年限的人口参与高等教育的比率也上升

① 马丁·特罗著，王香丽译：《从精英向大众高等教育转变中的问题》，谢作栩校，载《外国高等教育资料》1999 年第 1 期。

② OECD: Education at a Glance: OECD Indicators, Paris: OECD, 2008, p. 13.

③ 丁笑炯：《高等教育规模扩张带来的新挑战：OECD 国家的经验》，载《教育发展研究》2009 年第 11 期，第 7—14 页。

④ Vincent - Lancrin, Stéphan: "What is the Impact of Demography on Higher Education Systems? A Forward - Looking Approach for OECD Countries", in OECD, Higher Education to 2030, Vol. 1, Demography, in Paris: OECD, p. 41 - 103.

了近50%。[①] 如今，大多数的OECD国家中，高校新生入学年龄超过20岁的占到总数的30%，而入学时为18—19岁的仅占20%。此外，许多新同学具备一定的工作经验，不再是连续读书的纯学生，年龄限制的解除使得高校招收的新生可以成家，可以退休，还可以是在职员工，接受继续教育与培训。新西兰、英国、澳大利亚、瑞典等国家更是通过专门的政策制定，来提高成人接受高等教育的比例。比如，瑞典于20世纪80年代施行“25∶4计划”，为25岁以上、有4年工作经验的人保留入学资格。高校学生的来源多样化。在发达国家中，高校新生不仅来自普通高中，有相当一部分毕业于职业中学。早在20世纪末，丹麦就有约四分之一的高校新生毕业于职业高中，或通过其他“非传统”的方式入读高校。在英国和澳大利亚，这一比例接近50%。[②]

参与主体的变化要求高等教育提供适宜的教育和知识，高等教育的扩张要求从“量”到“质”的跨越：它要求高等教育针对日益改变的人才需求结构要变动自身供给结构，突出多样性和灵活性特点。发达国家的这种变动始于新的高等教育机构的建立，比如理工学院、职业技术学院，它们认为现有的高等教育机构（其中主要是大学）越来越不能满足学生的多样化需求，何况这是大学必须肩负的使命和责任。[③] 新的高等教育机构建立在现有基础上，并在形式上有所创新。例如，芬兰把许多规模不大

① OECD：Tertiary Education：Extending the Benefits of Growth to New Groups. Retrieved 24 February 2009［EB/OL］. http：//www. oecd. org/dataoecd/0/32/35749334. pdf.

② OECD：Responding to New Demand in Tertiary Education. Retrieved 24 February 2009［EB/OL］. http：//www. oecd. org/dataoecd/63/51/35750159. pdf.

③ OECD：Redefining Tertiary Education，Paris：OECD，1998，p. 21.

的专科职业中学合并成理工学院。[1]“公司大学”同样在一些国家产生，它原本只为某一家固定企业的雇员提供教学并颁发证书，后来授课对象不断扩大，面向所有愿意付费的人们。[2] 与传统大学不同，新的高等教育机构更愿意在教授实用技能而非理论知识上下工夫，教师的来源也是多元的，在上课时间、教学方法等具体环节上也大不同。此外，由于职业型学生的生均支出低于学术型大学，在资源有限的情况下，新的机构就成为低成本扩大高等教育规模的首选。但有的高等教育机构比较强调学术性。比如，德国四年制高等专科学校的教学及授予的证书与大学非常相似。[3] 新高等教育机构的建立在满足多样性需求的同时，也要规避自身的趋同现象，并与现有的机构能够实现有效的衔接。通过在新型高等教育机构中的学习，学生不仅可以为就业做准备，还可以成为进入大学的必备条件。当然，在一些西方国家，设立新型高等教育机构的初衷是让学生完成大学前两年的学习，然后再进入大学进行深造。美国与加拿大的社区学院就是典型的例证。[4] 也有一些学生从大学转到了新型高等教育机构，在澳大利亚和新西兰，这一比例分别为 17% 和 14% 。[5]

高等教育的多样化发展在解决参与主体问题的同时，面临着

---

① Grubb, W. Norton: The Roles of Tertiary Colleges and Institutes: Trade - offs in Restructuring Postsecondary Education, A paper prepared for the OECD, unpublished, 2007, p. 2.

② OECD: OECD Thematic Review of Tertiary Education: Guidelines for Country Participation in the Review. Retrieved 14 January2009 [EB/OL]. http: //www. oecd. org/dataoecd/24/15/35581914. pdf.

③ OECD: Alternatives to Universities Revisited, Paris: OECD, 2007, p. 35.

④ Grubb, W. Norton: The Roles of Tertiary Colleges and Institutes: Trade - offs in Restructuring Post secondary Education, A paper prepared for the OECD, unpublished, 2007.

⑤ OECD: Education at a Glance: OECD Indicators, Paris: OECD, 2008, p. 60.

自身发展中一个不可回避的问题，即定位问题。多数国家给予职业型高等教育学校的拨款数量少于对学术型大学的份额，新的机构在教师工资、课时和研究等各方面向学术型大学看齐。瑞士和丹麦把相当一部分的职业型高等教育重新划进学术型高等教育范畴。[①] 英国的高等教育拨款政策则导致部分职业型高等教育机构为了多招学生而更多地从事学术研究。

除了以上的三点分析之外，我们考察职业型高等教育不能仅仅看高等教育本身，还是要从基础教育说起，知识精英导向的基础教育不鼓励甚至抑制学生朝着职业型人才的方向发展，导致职业教育学生情绪低落，普遍缺乏对未来的信心和追求，学习动力不足。年青一代职业理想的缺失是基础教育阶段为应试教育付出的“非常代价”。再看高等教育，我国的大学具有比较明显的单一学术理论趋向，职业型人才如果通过升学到这样的大学里去，要么他走不通，要么他只能转变自身的发展方向，转而成为适应普通高等教育的学术型人才。教育的发展犹如生态系统一样，需要多样性，高等教育的多样性，不仅不会损害人才培养的质量，相反会使教育系统的内部结构更稳定。

第三节　传统职业型高等教育的发展回顾及现状分析

在文章的第一部分，我们明确了职业型高等教育的内涵，从形式上讲，它不仅包括现有的高等职业教育，还将在学科门类中扩招到全部 13 类，在专业中扩展到所有定位在职业价值取向的

---

① OECD. Education at a Glance: OECD Indicators, Paris: OECD, 2008, p. 60 – 76.

专业上，在办学层次上扩展到本科、硕士生、博士生。所以，本书对于职业型高等教育的发展回顾，我们更多的是关注高等职业教育。

一、传统职业型高等教育总体规模的发展回顾

（一）高等职业教育的招生数及毕业数的发展变化

在中国，真正意义上的高等职业教育诞生于20世纪80年代初，作为高等教育的一种类型得到正式承认是2006年教育部公布的《关于全面提高高等职业教育教学质量的若干意见》。

1982年，全国人大五届五次会议提出“要试办一批花钱省，见效快，可收学费，学生尽可能走读，毕业生择优录用的专科学校和职业大学”，由此正式诞生了17所职业大学。这就是中国高等职业教育的开始。但职业大学发展缓慢，到1996年，短期职业大学仅82所，占当年1032所高等学校的7.9%；在校生仅为98831人，占当年高等学校在校生302万人的3.3%。[①]

2000年以后，高等职业教育在毕业生数、招生数、在校生数上都有了明显的增长。2000年招生数为486900人，到了2004年已经突破了百万大关，2008年的招生数达到了2039116人，相比2000年增长了4.19倍；2000年毕业生数为178500人，到了2007年突破了100万人，2008年的毕业生数为1545030，相比2000年增长了8.66倍。2000年在校生数为1008700人，到了2008年达到了5748273人，相比2000年增长了5.70倍。在招生的类别上，本科院校既可以招收本科生（当然主要是招收本科

① 中华人民共和国国家教育委员会计划建设司编：《中国教育统计年鉴1996》，北京：人民教育出版社，1997年。

生），又可以招收专科生，而高等职业学校反在 2004—2006 年招收了几百个本科生（见表 2—5）。

2000 年本科院校和高等职业学校的毕业生数、招生数、在校生数比例分别为 5.32∶1、4.53∶1、5.51∶1，2005 年的比例分别为 3.57∶1、1.79∶1、2.71∶1，2008 年的最新比例为 2.00∶1、1.77∶1、2.27∶1。从上面的比例不难看出，本科院校与高等职业学校的比例是呈下降趋势的，这与国家对职业教育的支持和发展是密不可分的。但是这里的一个关键问题是，不管政府如何支持高等职业教育的发展，到了 2008 年本科院校与高等职业学校的在校生比例仍高达 2.27∶1，距离勉强可以接受的 1∶1 比例还有不小的距离。发达国家中，职业型高等教育的学生比例通常为 2∶1，最高的国家可以达到 8∶1。我们与发达国家的差距可见一斑。

表 2—5　高等职业学校与普通本科院校招生数变化对比

（单位：人）

		毕业生数			招生数			在校生数		
		合计	本科	专科	合计	本科	专科	合计	本科	专科
2000	本科院校	949767	495624	454143	2206072	1160191	1045881	5560900	3400181	2160719
	高等职业学校	178500	—	178500	486900	—	486900	1008700	—	1008700
2004	本科院校	1705415	1169804	535611	2457441	1834086	623355	8588778	6732009	1856769
	高等职业学校	370812	60	370752	1184266	413	1183853	2682776	413	2682363
2005	本科院校	2063288	1396671	666617	2583392	1957589	625803	9473001	7466076	2006925
	高等职业学校	578338	—	578338	1443982	497	1443485	3489701	669	3489032
2006	本科院校	2340231	1602313	737918	2652439	2067727	584712	10034336	8095721	1938615
	高等职业学校	880687	—	880687	1770937	832	1770105	4384068	1310	4382758

续表

		毕业生数			招生数			在校生数		
		合计	本科	专科	合计	本科	专科	合计	本科	专科
2007	本科院校	2616141	1804284	811857	2804821	2276155	528666	10401991	8480349	1921642
	高等职业学校	1220354	—	1220354	1826224	—	1826224	5165185	—	5165185
2008	本科院校	3091751	2226359	865392	3601596	2947929	653667	13053156	10923000	2130156
	高等职业学校	1545030	—	1545030	2039116	—	2039116	5748273	—	5748273

数据来源：中国教育统计年鉴 2000、2004—2008。

（二）高等职业教育的学校数及校均规模

1982 年，我国开始建立职业大学，当年有 17 所。到了 1996 年短期职业大学的数量仍然处于较低水平，仅有 82 所。从表2 - 6 中可以看出，2000—2004 年是职业技术学院发展的快速时期，学校数从 184 所发展到了 872 所，5 年内增长了 4. 74 倍，而本科院校的扩张比例则相对稳定。2008 年本科院校的学校数为 1079 所，职业技术学院的学校数为 1036 所，两者基本持平。由于国家在本科院校中实施“211”、“985”这样的重点建设工程，使得本科院校直属中央部委管辖的学校有一百多所，它们占据了更多的教育资源。这里面存在两个问题，一是在数量上与本科院校平分秋色的职业技术学院没有一所是教育部管辖的，归中央其他部委管辖的也仅有两所。既然我们看重职业型高等教育与学术型高等教育的并重发展，我们在学校结构上就应该首先做出调整。二是地方政府的非教育部门是职业技术学院发展的主力军，由他们支持管辖的职业技术学院基本可以达到总数的 50%。在当前的政治体制和财政管理体制下，地方政府是发展职业型高等教育的主力军，地方教育部门也应该承担起更多的责任。

表 2－6　高等职业学校与普通本科院校数量对比

		合计	中央部委			地方部门			民办
			合计	教育部	其他部委	合计	教育部门	非教育部门	
2000	本科院校	599	105	72	33	494	—	—	—
	专科院校	442	11	—	—	431	—	—	—
	职业技术学院	184	3	—	—	181	—	—	—
2004	本科院校	684	104	73	31	571	500	71	9
	专科院校	1047	7	—	7	823	299	524	217
	职业技术学院	872	2	—	2	662	220	442	208
2005	本科院校	701	104	73	31	570	505	65	27
	专科院校	1091	7	—	7	861	329	532	223
	职业技术学院	921	2	—	2	702	245	457	217
2006	本科院校	720	105	73	32	586	517	69	29
	专科院校	1147	6	—	6	894	336	558	247
	职业技术学院	981	2	—	2	738	255	483	241
2007	本科院校	740	106	73	33	604	532	72	30
	专科院校	1168	5	—	5	898	320	578	265
	职业技术学院	1015	2	—	2	754	251	503	259
2008	本科院校	1079	106	73	33	604	533	71	369
	专科院校	1184	5	—	5	910	326	584	269
	职业技术学院	1036	2	—	2	770	260	510	264

数据来源：中国教育统计年鉴 2000、2004—2008。

通过图 2－2 我们看出，从 1994 年开始，本科院校的校均规模始终高于专科院校的校均规模，从 1994 年的相差 2080 人扩大到了 2008 年的相差 6533 人，而且专科院校的校均规模始终低于全国的平均水平。由于普通本科院校通常是以培养学术型人才为主，专科院校通常是培养职业型人才为主，这在一定程度上说明了学术型高等教育在我国的高等教育中占据了绝对的比例。

二、传统职业型高等教育的现状分析

（一）职业型高等教育的内在价值冲突

教育决策的制定要处理好公平与效率、长远利益和眼前利益等矛盾关系，也要协调并解决好决策主体的元价值、隐价值和显价值三者之间的冲突。发展职业型高等教育无疑符合政府的决策目标，体现着元价值追求。在决策主体的显价值上，政府必然表现出非常重视的态度，相关的政策文件纷纷出台。但一些地方部门的隐价值是要在短期内达到经济利益的最大化、政绩的最大化和现有资金使用效率的最大化。于是，职业教育面临两个难题：一方面，职业型高等教育具有成本高、收益回收期长的特点，且其受教育对象主要是社会的弱势群体，因此，在资源的制约下，政府会追求其隐价值而忽视受教育对象的利益；另一方面，直观的升学率成为公众评判政府工作的重要指标和教育成败的标准。在这种情况下，发展职业型高等教育，形成合理的人才结构是与决策主体的隐价值相悖的。当需要财政投入资金时，元价值、显价值在隐价值的冲击下出现扭曲，最终影响职业型高等教育的发展。

价值的冲突势必影响职业教育发展的政策，在政策制定层面就出现了严重的动机与效果的背离：在以大力发展职业教育为显性目的的政策中，隐蔽性地设置了影响职业型高等教育“障碍”；虽然明确职业教育的对象多数是低收入群体的子女，但却让他们在教育“市场化”的道路上先行。同时，宣扬职业型高等教育的重要性，却仅仅把它定位在专科层次，强化了社会对职业型教育的偏见。职业型高等教育既然是高等教育中的一个类型，那么在这一类型中，应该同样具备从专科、本科直至博士培养的梯级层次结构。[①]

（二）职业型高等教育发展的内部驱动力被忽视

职业型高等教育没有取得应有的发展，除了外部因素的限制外，其内部驱动力被忽视也是一个重要原因。

从内部机制上看，职业型高等教育逐步从一次性的就业教育转向可持续发展的人力资本开发教育，从以终结性为主的体系转向职业教育、普通教育相互连通的体系，并且从以学历教育为主转向学历教育和资格培训并重，从计划驱动、学科导向的办学模式转向需求驱动、就业导向的办学模式，从单纯的政府举办职业教育转向政府主导、全社会参与、行业企业共同努力发展职业教育。

职业型高等教育的内部驱动机制，核心是职业技能的传授学习与社会、经济和人对技能的需求之间的满足与平衡关系。职业学校的发展应该是基于自身办学水平和质量、毕业生的声誉、服务社会的能力等的提高与改善，而不是仅仅依靠外部推动。这个机制的基础是：职业教育是一种类型的教育，而不是一种教育的层次，职业教育是一种能力，而不是一种身份；职业教育有自身的发展规律和特点，必须被尊重；对职业教育的选择，应该是学生根据自己的能力、兴趣爱好的特点和职业生涯规划的需要，对职业教育的主动选择，而不应该是被动的无奈的选择；当然更为根本的基础是社会对普通劳动的尊重和价值的认可，并体现在相应的制度建设上，每一个用人单位都应对本单位普通劳动者的劳动权益和职业持续发展提供保障。

提高职业型高等教育的地位，并不意味着要贬低学术型高等

① 叶华光.《我国高职教育发展的系统性冲突及其化解》，载《教育发展研究》2009年第11期，第55—58页。

教育的地位，而是在重视学术型高等教育的同时，同样重视职业教育，把职业教育办成高质量的、不可替代的、受就业市场欢迎的教育，满足人民真正的教育需求。

第三章　发展职业型高等教育财政政策的理论依据

政府的财政性支出是职业型高等教育发展的重要经费来源，起到“种子”和“引子”作用。本章从经济学、公共财政学、教育学、哲学的角度概括了增加职业型高等教育财政支出的理论基础，如公共产品理论、外部性理论、教育与经济增长理论、人力资本理论、成本分担理论等。通过这些理论，我们认为职业型高等教育是一种准公共产品，能给受教育者本人和家庭带来预期收益的同时，也能为社会带来较大收益。为此，应由政府、市场、企业、个人共同承担教育成本。

第一节　公共产品理论

现代公共财政学是以公共产品理论的分析为起点和核心的，它直接为政府教育投入提供了理论依据。

一、公共产品论

公共产品理论是建立在边际效用价值理论基础上的一种对财政学的分析。经过萨缪尔森等学者不断深化研究并加以发展，形成了财政学的新公共产品理论。

（一）公共产品和私人产品

1. 公共产品的定义

对公共产品作出了较明确阐述的马歇尔认为，公共产品与私人产品不同。对于私人产品来说，不付费的人没有资格消费它；而由政府提供的公共产品，则任何人不需要付费也能享受。① 在这个基础上，萨缪尔森通过研究，认为公共产品应具有这样的特点，即每个人对这种产品的消费，都不会导致其他人对该产品消费的减少，如国防、司法、消防、不拥挤的道路、天气预报，等等。②

从数量上看，公共产品的供给量等于每个人消费的数量，每个人都有消费同样的数量，用公式表示为：

$$X_q = X_q^n \qquad (3-1)$$

这就是说，n 个消费者中每个人都可以根据自己的需要，消费总量为 X_q 的公共产品，即公共产品在人们之间是不可分的。

相对于公共产品来说，私人产品按照个人需要来购买和消费。在供应总量中，个别消费者的消费量是此消彼长的，一个人消费多了，其他人消费就会少，其消费总量等于个人消费的总和。用公式表示为：

$$X_q = \sum^n X_q^i \qquad (3-2)$$

公式中，X_q 是私人物品的总供给量，$i=1, 2, \cdots n$，X_q^i 为每个人的消费量。从公式可以看出，在私人产品供给量一定的情况下，不可能增加一个人的利益而不减少其他人的利益，即消费具有排他性。

① 张馨：《公共财政论纲》，北京：经济科学出版社，1999 年，第 594 页。

② ［美］保罗·萨缪尔森著，萧琛等译：《经济学》（第十六版），北京：华夏出版社，2000 年，第 101 页。

2. 公共产品的性质

（1）效用的不可分割性

公共产品是向整个社会共同提供的，具有共同收益和联合消费的特点。其效用为整个社会成员所共享，而不能将其分割为若干部分，分别归属于某些企业或居民享用，或者，不能按照谁付费、谁受益的原则，限定为之付款的企业或居民享用。

（2）受益的非排他性

公共产品的非排他性可以从与私人产品的对比中来观察。私人产品的所有者完全拥有享受该产品的好处，并排斥其他人对该产品的占有。而对公共产品而言就缺乏这种排斥性。原因有两点：首先，技术上使得公共产品完全排斥其他的受益者是办不到的；其次，即使一种公共产品的排他性在技术上是可行的，但是，当排他的成本远远大于其获得的收益时，也是不合算的。

（3）消费的非竞争性

公共产品消费的非竞争性是指当消费某一产品的消费者增加时，所增加的边际成本为零，这种产品就具有消费的非竞争性。非竞争性产生于产品的不可分割性，即增加一个或更多的消费者，并不增加生产非竞争性产品的可变成本，因此不增加其边际成本。①

在现实生活中，兼具消费的非竞争性和收益的非排他性的纯公共产品并不普遍存在。一些产品虽然具有消费的非竞争性，但在技术上却具有能够受益的排他性；另一些产品虽然不具有消费的非竞争性，却因为排他的成本过高而很难在技术上实现受益的排他性。这些产品既不属于纯公共产品也不是私人产品，它是介于两者之间的具有公共产品部分特征的产品，称为准公共产品，

① ［英］C. V. 布朗等：《公共部门经济学》（第四版），张馨主译，北京：中国人民大学出版社，2000年，第29页。

也称混合产品。

（二）准公共产品

从排他角度和非竞争角度来讲，准公共产品的性质表现在具有一定的排他性和非竞争性上。

一是具有一定范围的非竞争性和可排他性。一定范围的非竞争性是指，这类产品的使用有出现拥挤的可能，当使用该产品未出现拥挤的时候，增加一个消费不会减少其他消费者的效用，不会因此而增加产品的成本；当使用该产品出现饱和的时候，增加一个消费会减少其他消费者的效用。因而这类产品的非竞争性是局限在一定范围内的。可排他性要通过较低的收费形式对这类产品进行收费，且在技术上存在排他可能。通过收取较低的费用，可以避免该产品使用出现拥挤。

二是非竞争性和非排他性不完全的产品。这类产品存在着较大的正外部性，如教育等。因而这种产品具有私人产品的一些特征，但其正外部性对整个社会是有益的，从而非竞争性和非排他性是不完全的。

高等教育是准公共产品的典型例子，具有明显的受益排他性和消费的竞争性。由于受高等教育规模的制约，高校的招生人数是有限的，一些人占用了高等教育资源，意味着另一些人将不能接受高等教育。另外，高等教育在技术上是可以实现受益的排他性的，高校通过制定较高的收费标准把一部分无力负担学费的人群排除在外。但是由于高等教育不仅使受教育者受益，而且具有正外部效应，因此它们是准公共产品。在其资金来源上，可以实施政府提供或政府资助市场提供的多元投资格局。

高等教育可以提供知识产品，学术型高等教育的知识产品是科学知识，以学术论文的形式表现出来，没有专利权。任何人都可以阅读学术论文，而不需要支付相应的报酬，同时对学术论文的阅读无法排除任何人。学术论文的阅读者增加多少都不会增加研究本身所花费的成本，边际成本为零；同时学术论文具有正的外部性，能够鼓励人们进行持续性的研究和探索，为应用研究奠定坚实的基础。科学知识具备非竞争性和非排他性的特征，属于典型的公共产品。职业型高等教育提供的产品往往表现为具体的专利或技术，可以获得利润或直接进行市场交易从而得到补偿，即职业型高等教育更多的具有私人产品的性质，增加消费会增加产品的成本。其次，职业型高等教育还提供具体的人力资本。根据人力资本理论和公共产品理论，从收益排他性的角度考虑，使用人力资本必须支付相应的成本，此时职业型高等教育更多地表现出私人产品的属性。所以，职业型高等教育是一种准公共产品，需要采取混合提供方式来实现。

二、公共产品的有效供给与政府对教育产品的提供

（一）公共产品有效供给的理论分析

1. 局部均衡分析

公共产品理论对公共产品的局部均衡分析是建立在消费者偏好、收入和其他产品价格固定不变前提下的，这种分析把公共产品和私人产品进行比较，能够有效地分析建立起使单个产品产生均衡价格和产出的需求和供给条件。私人产品和公共产品的局部均衡如图 3－1、图 3－2 所示：[①]

---

① ［英］C.V. 布朗等著，张馨主译.《公共部门经济学》，北京：中国人民大学出版社，2000 年，第 52 页。

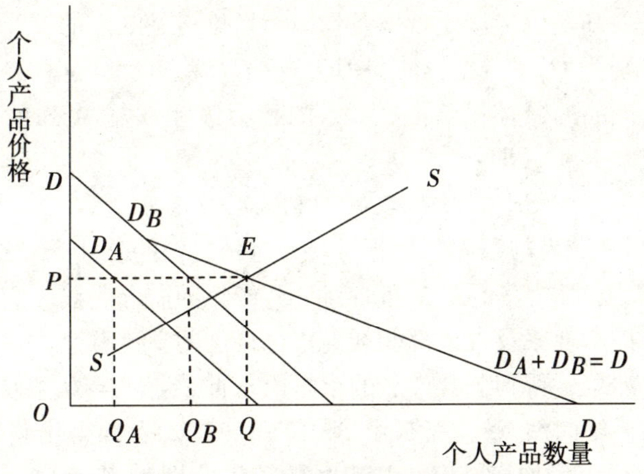

图 3—1　私人产品的供需均衡图

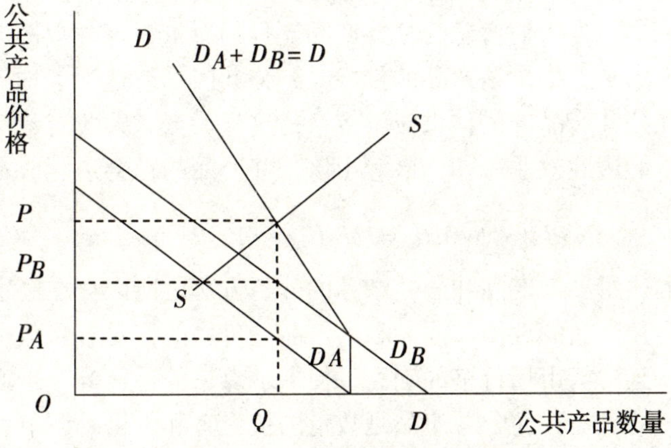

图 3—2　公共产品的供需均衡图

图 3—1 中横轴表示个人产品数量，纵轴为个人产品价格。D_A 和 D_B 分别代表个人 A 和 B 对私人产品的需求曲线，将个人需求曲线加总，得到私人产品的市场需求曲线 $D = D_A + D_B$。给定市场供给曲线 SS，那么由 SS 和 D 交叉的点，得出均衡价格 OP。

假设人人都是价格接受者以及均衡市场价格是既定的，A 和 B 的需求分别为 Q_A 和 Q_B ，使得 $OQ = OQ_A + OQ_B$ 。这样，E 点就是私人产品的最佳供给点，E 点的社会边际效益 MSB 就是社会边际成本 MSC，即：

$$MSB = MB_i = MSC\ (i=1,\ 2,\ \cdots,\ n) \qquad (3—3)$$

图 3—2 为与私人产品相对应，对相类似的公共产品的分析。D_A 和 D_B 分别代表个人 A 和 B 对公共产品的需求曲线。假设不存在免费搭车现象及人人都能准确表达自己的支付意愿，将个人需求曲线加总，得到公共产品的市场需求曲线：$D = D_A + D_B$ 。给定市场供给曲线 SS，那么由 SS 和 D 交叉的点，得出均衡价格 OP。假设市场均衡既定，A 和 B 的需求分别为 Q_A 和 Q_B ，使得 $OP = OP_A + OP_B$ 。在这个均衡点上，总收入等于供应产品所需的总成本。当人们愿意为公共产品支付的总量，等于生产者在某一产出水平上提供该产品的价格时，公共产品就达到了均衡。或者说纯公共产品的最佳供应量应该是这样一点，即所有消费者因此获得的边际效益总和，恰等于该公共产品的社会边际成本，即

$$MSB = \sum^{n} MB_i = MSC\ (i=1,\ 2,\ \cdots,\ n) \qquad (3—4)$$

上述对私人产品和公共产品的分析方法之所以存在区别，是因为两种产品的性质不同。私人产品是价格的接受者和数量的调节者，其均衡市场价格的确立，使需求总量的价格等于生产者愿意支付的价格；而公共产品是数量的接受者和价格的调节者，其均衡价格的确立，使每个人愿意为该产品支付的价格之和等于生产者愿意提供的那个产量的成本。

2. 一般均衡分析

公共产品的一般均衡分析的问题是，私人产品和公共产品如何在最佳状态下进行配置即配置的产量和价格水平如何。这种分析是建立在三个假设条件之下的：一是最佳消费品只有公共产品

和私人产品；二是生产可能性曲线是已知的；三是两个消费者 A 和 B 的偏好是已知的。

在上述条件下，当收入水平既定时，公共产品提供的帕累托最优条件是：公共产品和私人产品之间的生产转换率等于消费者 A 对这两种产品的边际替代率与消费者 B 对这两种产品的边际替代率之和。

根据上述分析，取消收入已定的假设对公共产品和私人产品进行一般均衡分析，其帕累托最优条件和局部均衡分析的结果是一样的。换言之，公共产品的最适供应的分析在理论上是成立的。

（二）具有正外部性的准公共产品的提供

图 3—3 是对具有正外部性的准公共产品的提供效率的比较。*P* 为具有正外部性的准公共产品的价格；*Q* 为具有正外部性的准公共产品的提供数量。如果一种产品具有外部性，那么购买者个人的边际收益曲线 *JI* 就会与社会边际收益曲线 *HG* 分离。图中，垂直线段 AB 和 CD 的距离代表每单位产品的外部效益；*FE* 是产品的边际成本曲线，并假定其等于平均成本和产品价格，并保持不变。

从个人收益角度出发，购买者选择 OQ_1 的消费量，此时边际效益等于产品价格。这样个人净收益为 JFD，社会净收益为 HFDC，两者的差额 HJDC 为产品的外部效益。但是，从社会的角度来看，按照社会边际效益等于社会边际成本的原则，最佳消费量应该是 OQ_2，这时社会从产品消费中所获得的净收益为 HFB，其中购买者的净收益不变，而社会净收益增加了 CDB，CDB 实际上是市场提供产品效益的外溢。因此，由 OF 这一价格引起的资源配置就会显得不足。

通过上述分析，当产品的价格为 OF 时，所引起的消费量为 OQ_1。这时，产品消费处于边际效用大于产品价格和边际成本的状态，这意味着社会在这种产品的消费中还没有获得最大的满足。因此，具有正外部性产品的市场提供会导致资源不足的效率损失。如果采用政府提供方式，结果会走向它的反面，资源将由于消费者的过度消费而引起极大的浪费。

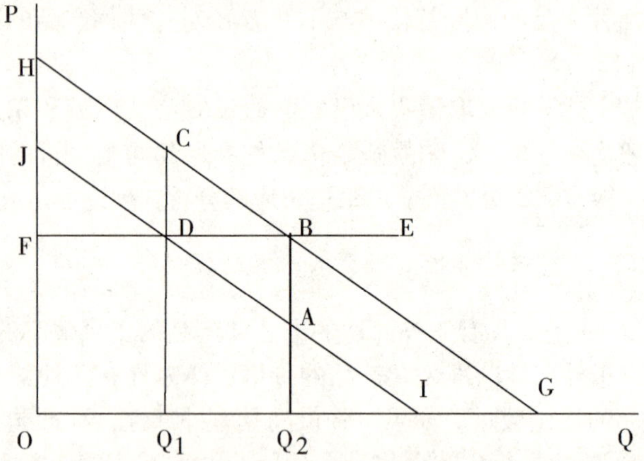

图3—3　具有正外部性的准公共产品的提供方式的效率比较图

第二节　外部性理论

一、外部性

外部性是指一个经济主体的经济行为对他人产生额外影响，其成本与收益不完全由个人承担的现象。换言之，外部性就是未在价格中得以反映的经济交易成本或效益。外部性按照产生的成本与收益的不同可分为正外部性和负外部性，正外部性是指一个经济主体的行为带来的社会收益大于他本人获得的私人收益而并未得到补偿；负外部性是指一个经济主体的行为带来的社会成本大于他本人支付的私人成本而未支付相应的成本。

当存在外部性时，私人成本和收益与社会成本和收益是不相吻合的，从而导致市场价格信号的不真实，使资源配置偏离最优状态。具体来说，存在正外部性的情况下，私人的边际收益小于社会的边际收益，经济主体的决策坚持私人边际收益与边际成本相等的原则，而最优的资源配置要求社会边际收益等于边际成本，从而导致现实的资源配置数量小于均衡状态时的值，需要增加。反过来，存在负外部性的情况下，现实的资源配置超出了社会均衡状态的要求，需要减少资源。

外部性的存在影响市场资源配置的效率，可以通过具体的措施使其内部化，从而矫正市场失灵。对于正外部性，政府可以发放矫正性补贴，实现私人边际收益与社会边际收益的等值。为了避免负外部性，政府可以通过税收的方式，实现私人边际成本与社会边际成本的相等。税收的数量应该等于社会边际成本与私人边际成本的差额。

二、高等教育的外部性

通过上一节对公共产品性质的分析，我们得知高等教育是准公共产品的典型例子，为了实现对具有正外部性的高等教育进行有效的提供，我们可以从高等教育的外部性角度，分析高等教育的正、负外部性，以明确提供最佳供应量的财政政策的选择。

（一）高等教育的正外部性

高等教育的正外部性表现为高等教育部门在高等教育产品提供的同时为社会其他部门带来了额外的收益。具体包括以下三个方面：（1）接受高等教育的学生作为智力支持，对国家的经济增长和社会进步作出贡献；（2）对家庭的整体福利有所改善；（3）对国家和社会人文环境的贡献。①

如果我们假设高等教育的边际成本为MC，高等教育的边际个人收益为MPB。当教育投入为P_1时，教育部门生产的人才产品为Q_1，教育的边际成本等于教育的边际收入，即MC = MPB。当高等教育培养的学生经过实践的锻炼形成人力资源，进而变为人力资本后，使得整个社会资源配置不断得到优化，增进了国家、社会、家庭的整体福利，这时因使用人力资本便产生了边际外部收益，即MEB。教育产品的边际社会收益就可以表示为MSB = MPB + MEB。

此时，根据边际成本等于边际社会收益的最优化原理，教育人才的产量应该位于Q_2点，教育成本应该位于P_2点，故高等教育具有正外部性。

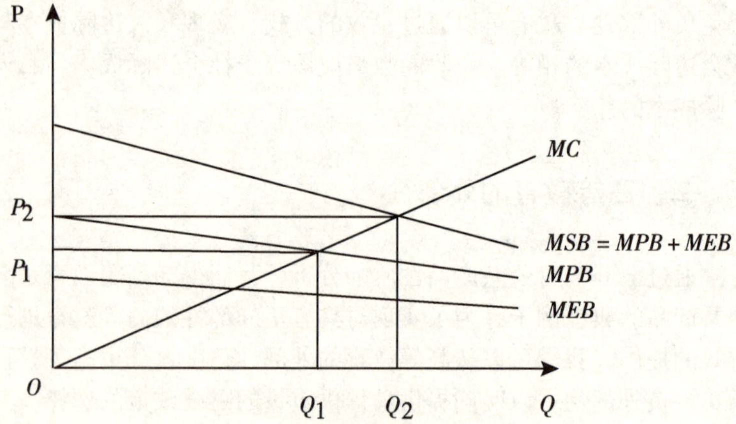

图3—4　高等教育的正外部性图

① 付斌：《我国普通高等教育外部性的经济学分析》，载《中国教育财政评论》2008年第1期，第85—97页。

（二）高等教育的负外部性

高等教育的负外部性是指高等教育对他人、家庭、社会以及教育部门以外的其他部门产生的负面影响。从我国的情况看，负外部性主要表现在以下几个方面。（1）存在教育资源浪费现象。现有高等教育部门是在国家统一政令下进行人才的培养，学术型特征明显，政府意志突出，导致人才的供给与需求有很大的差距。而且职业型高等教育落后，造成教育资源浪费。（2）教育导致返贫。2006 年，高校学生的平均学费为 5000 元，我国人均 GDP 约为 15962 元，农民收入大约为 4500 元，学费大约占人均 GDP 的 35% 以上，占农村居民人均收入的 150%，由此我们不难发现，高学费已经造成了部分家庭返贫。（3）人才培养的不对路增加了用人单位的成本。为了获得必要的人才，企业需要投入大量的成本进行职业技能培训，这样做，既分散了企业的精力也不能确保人才培养的高效率。

我们假设教育部门的边际私人成本为 *MPC*，边际收益为 *MB*，如图 3—5，*MB* 随着教育产品的供给的增加而下降，而 *MPC* 随着教育产品供给的增加而上升。教育产品的负效用为 *MD*，*MD* 随着教育产品的增加而上升。那么，高等教育的边际社会成本为 $MSC = MPC + MD$，*MSC* 与 *MB* 相交于 d 点。作为有正的收益的部门，要求教育的边际收益必须大于边际成本，如果 *MB* 大于 *MPC*，教育部门就会增加教育产品的生产，相反，如果 *MB* 小于 *MPC*，政府会维持现有的教育规模甚至缩减规模。从全社会来考察，如果社会的边际收益大于社会的边际成本，就应该进行教育生产。这个边际社会成本就是 *MSC*，从图中可知 *MSC* 与 *MPC* 的垂直距离是 *MD*。所以教育的边际社会成本应该在 P_2 点，产量应定在 *MB*

与 *MSC* 这两条曲线的交点处，即 Q_2（见图 3—5）。①

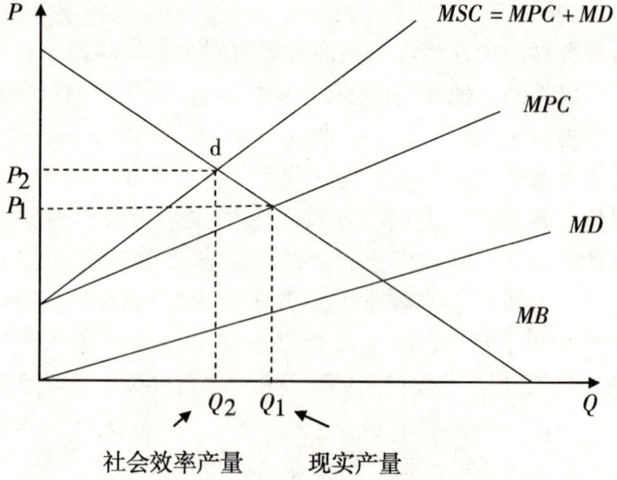

图 3—5 高等教育的负外部性

通过上面的分析，我们可以得出以下结论。

（1）没有外部性存在时，教育产品的生产不一定处于有效率的水平。如果存在负外部性，相对于社会均衡产量来说，教育产品的供给过剩了。

（2）上面的图形说明从 Q_1 消减到 Q_2 可以提高效率，而且还能计算出带来的收益到底是多少。通过图 3—6 可知，当教育产量从 Q_1 减少到 Q_2 时，教育部门的收益也相应地减少。教育部门的收益减少部分等于 Q_1 与 Q_2 之间每一单位产量的 MB 曲线与 MPC 曲线之差，即图 3—6 中的面积 *dcg*。

① ［美］哈维·S. 罗森、特德·盖亚著，郭庆旺、赵志耘译：《财政学》，北京：中国人民大学出版社，2009 年，第 73 页。

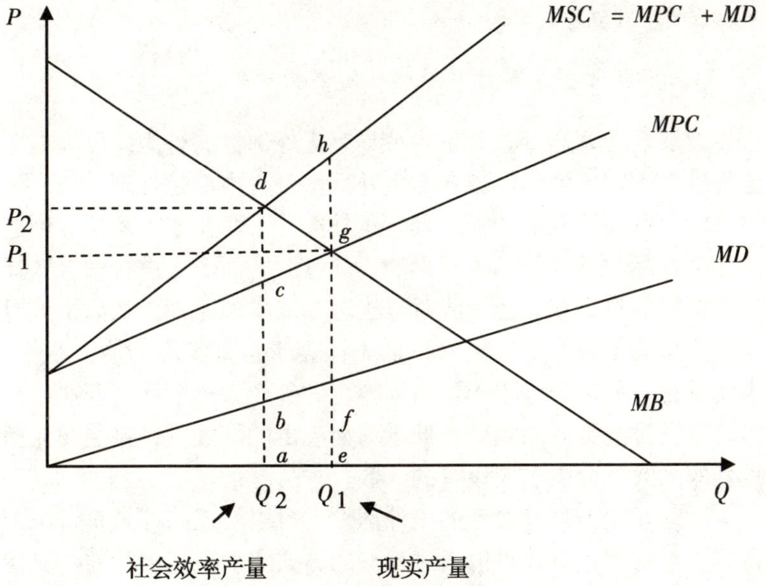

图 3—6　外部性的收益分析

与此同时，如果高等教育内部系统进行了必要的调整，学术型高等教育的供给量回归到社会效率产量 Q_2，于是职业型高等教育的供给量增加了，职业型高等教育增加得到的收益等于 *MD* 与横轴之间的垂直距离。因此，当学术型教育产量从 Q_1 消减到 Q_2 时，职业型教育的收益是 Q_1 与 Q_2 之间、边际损害曲线之下的面积 *abfe*。此时要注意，面积 *abfe* 等于面积 *cdhg*。从图中看出，这是因为 *MSC* 与 *MPC* 之间的垂直距离等于 *MD*，与 *MD* 和横轴之间的垂直距离相等。

总之，产量从 Q_1 消减到 Q_2，学术型高等教育损失的收益就是面积 *dcg*，职业型高等教育可以得到的收益就是面积 *cdhg*。只要社会认为两种高等教育形式培养人才的成本（单位成本）是等价的，产量从 Q_1 变为 Q_2，社会就会有净收益，等于 *cdhg* 与

dcg 之差，即 *dhg*。

（三）职业型高等教育外部性的公共对策

发展职业型高等教育是一种具有正外部性的行为，可以在一定程度上把学术型高等教育的负外部性进行内部化处理。

职业型高等教育的提供具有正外部性，职业型人才培养创造的社会边际收益高于私人获得的边际收益，而个人进行教育选择的依据只要符合私人边际收益等于边际成本的原则，从而个人对于职业型高等教育的产出水平低于社会所希望实现的均衡水平。也就是说，如果政府不干预高等教育的生产，整个社会职业型高等教育资源配置的总量就会低于均衡产出的配置量，接受职业型教育的人数就会少于应该有的人数。

矫正职业型高等教育的正外部性，可以实现高等教育资源配置的总量均衡，具体可以通过补贴的方式实现矫正的目的。具体做法有两种：一是给予高等教育机构一定数量的补贴，通常使用的办法就是对高校进行一定数量的拨款，从政府的角度给予必要的成本补偿，最终达到受教育者以较低的成本来完成高等教育；二是直接将补贴发给受教育者，对接受高等教育的个人给予财政补贴，降低个人负担成本的比例，提高个人的支付能力。以上两种补贴的共同目的就是使高校和个人获得的补贴总和等于教育产品社会边际收益高于私人收益的部分，使得正外部性得到内部化处理，实现教育资源的优化配置。

第三节　教育与经济增长理论

财政对于高等教育的支持，源于教育经济学的基本原理，教育经济学思想和理论是研究职业型高等教育财政政策的理论基础之一。

一、早期的经济学关于教育经济学思想的简要回顾

（一）古典学派的教育经济学论述

亚当·斯密在其《国富论》中，把工人技能的增长视为经济进步和经济福利增长的基本源泉。斯密从以提高劳动生产率为根源的劳动分工角度出发，阐述了教育和技能培训是生产力发展的重要因素。“这种才能的获得需要维持获取人去接受教育，进行研究或充当学徒……虽然要花费一定的开销，却能偿还支出并带来利润。”①《国富论》还介绍了政府教育投入的重要性，认为政府对教育投入也是必要的。“只要花很少的钱，国家就能方便、鼓励，甚至能强迫全体人民必须获得这些最主要部分的教育。”②

（二）微观经济学发展时期的教育经济思想

《国富论》发表以后，西方经济学涌现出了历史学派、数量学派、边际效用学派等许多分支。

历史学派的先驱人物李斯特在他的《政治经济学的国民体系》中强调了后代的教育和人力资本在生产力中的独立地位和重要性。他特别重视教育在经济发展中的作用，认为社会财富包括“物质资本”和“精神资本”，前者是现实的财富，后者是一

① ［英］亚当·斯密著，杨敬年译：《国富论》（上卷），西安：陕西人民出版社，2001 年，第 319 页。

② ［英］亚当·斯密著，杨敬年译：《国富论》（下卷），西安：陕西人民出版社，2001 年，第 850 页。

切发现、发明、改进和努力的积累。他认为“财富的生产力比之财富本身，不晓得要重要多少倍；它不但可以使已有的和已经增加的财富获得保障，而且可以使已经消失的财富获得补偿，个人如此，拿整个国家来说，更是如此”。①

西方经济学创新理论的经济学家熊彼特强调教育培训对新技术推广和经济发展的重要性。他在解释经济创新时，建立一种新的生产函数，实现了一种生产要素和生产条件的新组合并将其引入生产体系。这些要素除了引进新产品、开辟新市场、控制原料和实现新组织外，着重强调新技术和新的生产方法。

新古典经济学的马歇尔在其《经济学原理》中，认为教育应作为国家的投资，这既可使大多数人的潜在才能得以发挥，又能培养出若干人才，从而取得巨大的经济价值。新古典学派的教育经济思想成为以后发展经济学理论和人力资本理论中，衡量教育、科学和技术进步对社会发展的贡献的重要理论基石。

（三）马克思主义的教育经济思想

1. 教育劳动学说

从最初定义上考察，马克思、恩格斯指出，生产劳动可以理解为能够直接生产出使用价值的物质生产劳动。这句话有两个具体要点：一是劳动生产的是使用价值；二是与物质生产本身有关。所以，马克思认为：“如果整个劳动过程从其结果的角度加以考察，那么劳动资料和劳动对象二者表现为生产资料，劳动本身则表现为生产劳动。”②

---

① ［德］李斯特著，陈万煦译：《政治经济学的国民体系》，北京：商务印书馆，1961 年，第 122 页。

② 中央编译局马克思恩格斯著作编译室编译：《马克思恩格斯全集》（第 44 卷），北京：人民出版社，2001 年，第 581 页。

从社会形态上考察，马克思认为“这个从简单劳动过程的观点得出的生产劳动的定义，对于资本主义生产过程是绝对不够的”。[①] 因此，还必须从生产关系和社会形态上考察。“只有直接生产剩余价值的劳动是生产劳动”，[②] 也就是说只有生产资本、生产剩余价值的劳动才是生产劳动。

从扩大了的概念上观察，随着生产力的发展和科学技术的进步，生产劳动的概念也随之发生变化。它的内涵、外延也在变化，它所包括的范围不断扩大。马克思提出：“劳动过程把脑力劳动和体力劳动结合在一起了。后来它们分离开来，直到处于敌对的对立状态。产品从个体生产者的直接产品转化为社会产品，转化为总体工人即结合劳动人员的共同产品。总体工人的各个成员较直接地或者间接地作用于劳动对象。因此，随着劳动过程的协作性质本身的发展，生产劳动和它的承担者即生产工人的概念也就必然扩大。为了从事生产劳动，现在不一定要亲自动手，只要成为总体工人的一个器官，完成他所属的某一种职能就够了。上面从物质生产性质本身中得出的关于生产劳动的最初定义，对于作为整体来看的总体工人始终是正确的。但是，对于总体工人的每一个单个成员来说，它就不再适用了。”[③]

通过上面的分析我们有以下几点体会。第一，教育劳动是一种生产性的劳动。这种生产性的劳动，可以提供特殊的使用价值给社会。这种特殊性表现为教育直接参与生产过程，是劳动过程中必不可少的因素。第二，教育可以通过培养管理人员、技术工

① 中央编译局马克思恩格斯著作编译室编译：《马克思恩格斯全集》（第44卷），北京：人民出版社，2001年，第581页。

② 中央编译局马克思恩格斯著作编译室编译：《马克思恩格斯全集》（第49卷），北京：人民出版社，1982年，第99页。

③ 中央编译局马克思恩格斯著作编译室编译：《马克思恩格斯全集》（第44卷），北京：人民出版社，2001年，第582页。

人、技师、工程师等专门人才，为生产过程提供具体的劳动。这也说明教育本身具有间接的生产性质。第三，教育劳动有助于劳动者直接生产力和现实生产力的形成，直接促进了科技成果的转化和生产力水平的提高。

2. 教育在社会再生产中的三大功能

教育在劳动力再生产中的功能。马克思的社会再生产理论指出，资本主义的生产不仅是物质的再生产过程，同时也是劳动力的再生产过程。劳动力的再生产，首先是保持现有的劳动力数量维持不变，其次是提高现有劳动力的质量和水平。提高劳动力的质量和水平必须依赖劳动者受教育程度的深化，因此，教育成为劳动力再生产的必要手段。教育对劳动力的再生产体现在两个方面。一是教育可以再生产人的劳动能力。马克思说过“教育会生产劳动能力”[①]，“工人阶级的再生产，同时也包括技能的时代传授和积累”。[②] 这些叙述表明劳动力再生产的进行离不开教育。人的劳动能力不是先天就有的，而是通过教育和训练在后天社会实践活动中实现的。二是教育可以改变人的劳动能力。马克思在《资本论》中指出，“为改变一般的人的本性，使它获得一定劳动部门的技能和技巧，成为发达的和专门的劳动力，就要有一定教育或训练”。[③] 教育水平的提升可以改变人们所从事劳动的性质或形态。

教育在科技生产力再生产中的功能。马克思认为“生产力

① 中央编译局马克思恩格斯著作编译室编译：《马克思恩格斯全集》（第26卷第1册），北京：人民出版社，1974年，第210页。

② 中央编译局马克思恩格斯著作编译室编译：《马克思恩格斯全集》（第44卷），北京：人民出版社，2001年，第622页。

③ 中央编译局马克思恩格斯著作编译室编译：《马克思恩格斯全集》（第44卷），北京：人民出版社，2001年，第400页。

里面也包括科学在内”。[1] 资本主义的再生产的“整个生产过程不是从属于工人的直接技巧，而是表现为科学在工艺上的应用”。“资本是以生产力的一定的现有的历史发展为前提的——在这些生产力中也包括科学。”[2] 所有这些论述，都集中说明了在社会化大生产条件下，自然科学本身就是社会生产力，是一种潜在的一般生产力，而技术则是直接的生产力，是对科学的具体运用。

教育具有传播和再生产科学知识的功能。教育充当了科学转化为具体生产技术的中介。发展职业型高等教育就是使科学变为技术，变为直接生产力和现实生产力的重要途径。通过职业技术教育，可以使手工工具转化为机器，完善生产工具，发展生产工具，改进生产技术，提高社会生产力。这正如马克思、恩格斯曾经说过的，劳动生产力不仅取决于劳动者的技巧，而且也取决于他的工具完善程度，“教育将使年轻人能够很快熟悉整个生产系统”。[3] 在发达国家，技术进步在整个国民经济增长率中占40%—60%，而我国技术进步在国民经济增长中的作用，估计不到10%。其根本原因是我国科学研究成果转化比例太低，转化为生产技术并最终形成直接生产力的效率太低。要想改变这种局面，很重要的一个条件是加强教育事业的发展，特别是各种职业教育要有更大的发展。

---

① ［德］马克思著，刘潇然译：《政治经济学批判大纲（草稿）》第3分册，北京：人民出版社，1963年，第350页。

② 中央编译局马克思恩格斯著作编译室编译：《马克思恩格斯全集》（第31卷），北京：人民出版社，1972年，第94页。

③ 中央编译局马克思恩格斯著作编译室编译：《马克思恩格斯全集》（第1卷），北京：人民出版社，1979年，第243页。

二、教育与经济增长模型

20 世纪 80 年代中期以来，以知识经济为背景的“新经济增长理论”在美、英等发达国家兴起，并逐渐成为经济增长理论的主流。这种以技术进步内生化为特征的理论把人力资本纳入经济增长模型之中。经济学家罗默和卢卡斯认为，在人力资本投资中，教育投资对经济增长起着重要作用。

（一）罗默模型

罗默先后建立了两个经济增长模型，1986 年建立了第一个内生经济增长模型，但明确地揭示教育在经济增长中的作用的是其第二个经济模型。罗默将国民经济划分为三部门：研究部门、中间产品生产部门和最终产品生产部门。生产过程需要投入四种资源：有形物质资本、劳动力 L、人力资本 H 和技术，其中技术始于社会分工的不断细化；人力资本可以同时在研究部门或最终生产部门使用。通过确立以上的假设条件，罗默求出了最终产品的生产函数形式为：

$$Y(H_1,L,X_i) = H_1^{\alpha}L^{\beta}\int_0^A X(i)^{1-\alpha-\beta}d_i \qquad (3—5)$$

式中，H_1 表示用于生产过程的人力资本，X_i 表示用于生产的第 i 个投入的数量，$\int_0^A X(i)^{1-\alpha-\beta}d_i$ 表示有形物质资本的数量，A 表示中间产品。中间产品的生产受两部分成本的影响：一是向研究部门购买生产计划；二是中间产品的消耗。因此，研究部分可以发现更多的新的中间产品，即企业的研究人员扩展了中间产品的外延，其扩展效果具体用下式来表示：

$$A = \delta H_2 A \qquad (3—6)$$

式中，H_2 表示用于研究的人力资本（$H = H_1 + H_2$）。由于研究部门的产品具有收益递增和正的外部性等特点，研究部门使用的人力资本 H_2 越多，生产部门的劳动生产率提升的速度也就越快。

对模型在均衡状态下求解所得到的增长率为：

$$g = \frac{\delta H - \Lambda\rho}{\Lambda\rho - 1} \tag{3—7}$$

其中，$\Lambda = \dfrac{\alpha}{(1 - \alpha - \beta)(\alpha + \beta)}$

公式3—7表明，经济增长率 g 与劳动力规模 L 无关，因为 H 与 L 无关。g 与 H_2 相关，H_2 越大，g 就越大。而

$$H_2 = \frac{H - \rho^{\frac{\Lambda}{\delta}}}{\Lambda\sigma + 1} \tag{3—8}$$

即 H_2 随 H 的增加而增加。也就是说，人力资本存量的大小直接决定着经济的增长速度，人力资本存量高了，经济发展得就快，人力资本存量低，经济发展就会慢甚至倒退，二者呈正向比例关系。

通过对罗默模型的分析，我们知道人力资本在经济增长的过程中发挥着举足轻重的作用，而教育是形成人力资本 H 重要的也是唯一的途径；重视教育的国家，经济增长势必从教育的高度发展受益。

（二）卢卡斯模型

卢卡斯模型也称之为内生经济增长模型，他把整个经济分成两个部分。在第一部门中每个劳动者根据其自身所拥有的物质资本和一部分的人力资本生产消费产品。在第二部门中，人力资本自我形成。假定每个劳动者的能力和他贡献给人力资本的时间决定了他进一步获取知识的速度，则加总的生产函数和人力资本形

成函数为：

$$Q_t = A_t K_t (u_t H_t)^{1-\alpha} \tag{3—9}$$

$$H_t = B(1 - u_t)^{\beta} H_t \tag{3—10}$$

其中 A、B、α、β、都是正的参数，Q 是产出，K 是物资资本存量，H 为人力资本存量，u 为人力资本中用于生产的部分，(1—u) 是人力资本用于人力资本形成的部分，下标 t 代表时间。在人力资本形成中，人力资本投资的边际报酬是不变的，即保证了经济内生和自我维持的增长。当 u 是常数时，人力资本增长率由下式决定：

$$H/H = B(1 - u)^{\beta} \tag{3—11}$$

当经济处于均衡的增长路径时：

$$\frac{Q}{Q} = \frac{H}{H} + \frac{(\frac{A}{A})}{1 - \alpha} \tag{3—12}$$

可见，一个经济体人力资本增长越快，其经济增长越快。而人力资本的增加在这个模型中又与整个劳动力贡献给人力资本形成的比重成正比。①

总之，一国的经济增长不需要外生力量（如人口增长）就能实现持续增长，增长的源泉是人力资本的积累。同时，在一个有效率的经济中，较高的物质资本积累需要有较高的人力资本积累相对应。人力资本增量与已有存量成正比关系，人力资本存量高的国家和地区的经济发展要快于人力资本存量低的国家和地区，人力资本投资能够带来一国或地区人力资本存量的增加，进而带来技术进步和经济增长。人力资本理论和新经济增长理论突出了教育发展和人力资本积累对经济增长的贡献，为各国增加和

① 张小萍：《公共财政体制下中国高等教育财政投入优化研究》，北京：中国市场出版社，2009 年，第 58 页。

优化教育投资、加快国民教育发展提供了理论基础。

三、职业型高等教育与经济增长的关系

（一）经济是职业型教育发展的物质基础和条件

经济是教育发展的物质基础，主要是说经济不仅为教育发展提供了物质技术条件，而且也给教育提供了客观需求。一般来说，经济发展到什么样的水平，教育才能发展到什么样的水平，教育程度才能达到什么样的状况。经济发展水平与教育发展水平具有一致性。职业教育事业的发展，归根到底要受到经济发展的制约。如果不顾经济所能为职业教育发展提供物质基础，片面强调职业教育的发展，反而不利于经济的发展；反之，如果认识不到经济发展对职业教育的需求，不重视职业教育的发展，就会造成经济发展中所需要的劳动力和专门人才的短缺，也会延误经济的发展。

（二）经济决定着职业型高等教育的培养目标

马克思、恩格斯曾经指出，“一个阶级是社会上占统治地位的物质力量，同时也是社会上占统治地位的精神力量。支配着物质生产资料的阶级，同时也支配着精神生产资料，因此，那些没有精神生产资料的人的思想，一般的是隶属于这个阶级的。占统治地位的思想不过是占统治地位的物质关系在观念上的表现，不过是以思想的形式表现出来的占统治地位的物质关系”。[①] 职业型高等教育的根本目的是培养和造就高素质的职业型人才。培养

---

① 中共中央马克思恩格斯列宁斯大林著作编译局编译：《马克思恩格斯选集》（第1卷），北京：人民出版社，1995年，第52页。

什么样的人，除了受社会政治制度制约之外，同时还要受社会生产力和经济实力发展水平的制约。在古代社会，教育的培养目标是政治、宗教、军事等方面的统治人才；现在，职业型高等教育就要把培养和造就高素质、全面发展的职业型人才作为主要目标。

（三）职业型高等教育反作用于经济发展

职业型高等教育是劳动力生产、再生产的重要内容与主要手段，是缩短社会必要劳动时间、提高劳动生产率的重要途径，是科学生产、再生产以及使科学转化为直接生产技术的重要途径。职业型高等教育可以提高经济管理水平，培养管理者队伍，提高管理者素质。

职业型高等教育对人具有全面的影响，培养全面发展的人。它通过培养非物质生产部门的人才，即上层建筑、意识形态各个领域的人才，对社会生产力发生作用，并通过陶冶劳动者的思想和道德，提高他们的主动性、积极性和创造精神。

但是，并不意味着职业教育事业发展的速度越快、规模越大就越好。如果职业教育的发展速度和发展水平大大高于国民经济增长速度和人均国民经济增长速度，就会使职业教育与经济发展不协调，造成资源浪费。当员工的受教育程度超过其工作岗位的要求时，就会产生过度教育现象，即员工表现出较低的工作满意程度和努力程度，因而劳动生产率也比较低。

第四节　人力资本理论

一、人力资本概述

（一）人力资本的含义

人力资本的概念是沃尔什在1935年发表的文章《人力资本观》中首先提出的。1957年美国经济学家雅各布·明瑟在他的博士论文《个人收入分配的研究》中正式使用了“人力资本”概念，并着重研究了教育与个人收益的关系。美国经济学家西奥多·舒尔茨则首先系统地提出了人力资本理论。他认为，人的知识和能力也是资本，而且是比物质资本更重要的资本，人力资本是凝结在人体中能够使价值迅速增殖的知识、体力和技能的总和，其边际收益率将远远超过物质资本的投资收益率。美国经济学家加里·贝克尔1964年在其《人力资本》一书中，从家庭生产和个人资源分配角度系统地阐述人力资本及其投资，认为人力资本是用于增加未来货币和物质收益的人力资源的知识、技能和体能。20世纪80年代后，新增长理论把人力资本要素内生化，强调其内溢和外溢效应，深化了人力资本形成途径及对经济增长贡献的理论基础，最具代表性的有罗伯特·卢卡斯的人力资本外部性模型和保罗·罗默的知识驱动模型，他们的模型将技术进步内生化。

人力资本是指为改进劳动者素质或工作质量，人们在保健、教育、培训等方面进行的时间和货币投资所形成的资本，是凝聚在劳动者身上的体力、健康、经验、知识和技能等方面的能力。

这种能力能够促进生产的增长，是一种实实在在带来价值增值的资本。人力资本不是指个体的自然状态本身，而是指个体所拥有的知识、技能、素质和健康等因素的复合体。人力资本是人类发展的工具和手段，而不是人类发展的目的，它体现了个人或人口总体所具有的能力或素质的经济价值，而绝不是个人或人口总体的全部价值。

人力资本与人力资源是两个不同的概念。人力资本侧重质量内涵，衡量个人或全体劳动者的产出能力或收入水平；而人力资源关注数量，可以视为一种自然资源。人力资本与人力资源相比内涵更加丰富。人力资本反映的是个人或总体之间产出能力或收入能力的差别、劳动力质量的差别，而人力资源反映的是同质人力资本前提下的数量差别。人力资本的概念内涵要比人力资源丰富得多，因此，关注人力资本的增加比人力资源的增加更有意义。

（二）人力资本的性质、特点及类型

人力资本具有四个性质。生产性，是最基本的性质，现代经济发展方式中人力资本生产要素作用越来越大于物质资本生产要素作用。可变性，人力资本的存量不是固定不变的，增加对人力资本的投资就会促进其价值增加，使用人力资本进行生产时，它会随着生产过程慢慢消耗掉，如果闲置不用，人力资本会自然贬值，甚至完全消亡。稀缺性，人力资本属于稀缺资源，如果要实现不断的积累，必须进行持续性的投入，包括时间、劳动、金钱等要素。功利性，人们对人力资本进行投资的目的，主要是为了将来获取更多的经济利益和外溢的社会效益。

人力资本具有不同于物质资本的特点。其一，人力资本依存于人的身体而存在，与其承载者不可分离。人力资本的价值量和新增价值的创造，必须在劳动过程中才能得以体现，如不参与劳

动，人只是一个纯粹消费者，其资本价值量不能得到体现，这是其最根本的特点。其二，人力资本的所有权不能被继承，无法直接转让或买卖。其三，人力资本形成及其作用发挥的程度与人的生命周期密切相关。其四，人力资本不仅是一种经济资源，可以带来经济效益，同时也是一种社会资源，带来外溢的社会效益。

人力资本在经济发展中直接表现为各种各样的能力，一般将其划分为基础能力、技术研究能力和领导能力，并据此把人力资本划分为三种类型。①

1. 一般性人力资本。一般性人力资本也称生产性人力资本，是指一般劳动者通过人力资本投资形成的，具有简单的分析、判断和完成程序性工作等能力的资本，对应的社会分工角色是普通劳动者。

2. 技能性人力资本。它是指具有某项特殊技能的人力资本。拥有此项人力资本的人能够从事科学研究和技术开发或指导工作，通常具备解决新问题的能力，对应的角色是专业型技术人才。本书所倡导的职业型高等教育培养的绝大多数人才定位是在这一层次。

3. 企业家性人力资本。企业家性人力资本也称管理者人力资本，指拥有管理知识与技能的人力资本。拥有此类人力资本的人能够在特定条件下组织、协调人力资源和物质资源在一定范围内的最优配置，对应的社会分工角色是各级管理人员。职业型高等教育中的优秀者可以胜任这一角色。具体如图 3—7 所示。

① 刘志民：《教育经济学》，北京：北京大学出版社，2007 年，第 112 页。

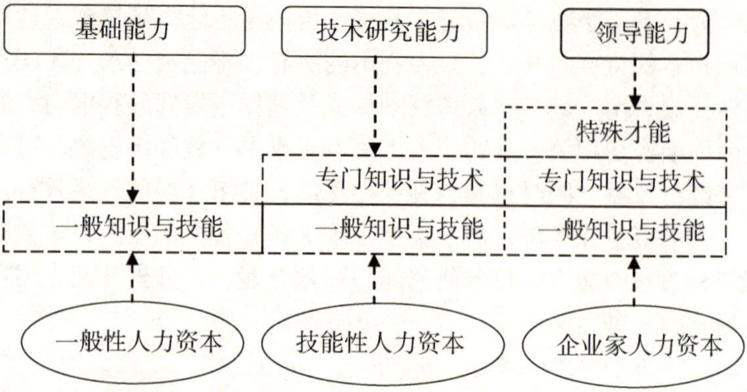

图 3—7 不同类型人力资本的知识与能力要求

（三）人力资本投资

人力资本投资是指为了提高人自身的知识、能力和健康的存量水平，实现预期收益最大化及降低磨损与贬值风险而进行的相关投资，主要包括：用于正规教育与职业培训，医疗卫生与保健，劳动力国内流动，智力引进，人才吸引等方面的费用。[①] 在这些手段中，我国相当的部门和企业秉承“外来的和尚会念经”的理念，不断地从国外引进人才，且不说人才的质量到底如何，关键是本国的人才培养是停滞的，或是不对路的，这就难免会有“钱学森之问”的产生了。

人力资本投资具有投资渠道多元化，投资周期长、投资收益滞后，投资和收益难以计量的特点。这样的特点决定了人力资本投资在未来预期收益的不确定性，具有一定的投资风险。具体表现在如下方面。

人力资本流动的风险。通常表现为政府或企业投入巨资开发

① 刘志民：《教育经济学》，北京：北京大学出版社，2007 年，第 114 页。

的，特别是专用性较强的人力资本，一旦流出，就会给投资者带来很大损失；后进地区承担人力资本投资，而发达地区获取人力资本投资的收益，出现投资主体与收益主体错位，即落后地区人力资本水平较高的人员往往选择在经济发达的地区工作，导致后进地区自我发展能力越来越弱，区域间经济差距越来越大。

技术进步带来的风险。科学技术上的重大突破会导致人力资本的加速折旧。例如，为一项工艺而投资开发的人力资本，如果遇到科技创新，那么原有的工艺就会被淘汰，为其所进行的人力资本投资也必然贬值甚至毫无价值。

宏观经济结构和产业结构调整带来的风险。由于人力资本投资具有投资周期长、投资收益回报滞后的特点，所以，在经济萧条时期，受市场需求等条件的影响，使原有的人力资本投资发生贬值。

尽管有上述的风险存在，但是并不能阻碍我们对人力资本的投资，而且在一定程度上，职业型高等教育能够规避这些风险或把风险的程度降至最低。总之，人力资本投资是实现我国经济增长方式转变的关键，是调节劳动力供求与结构失衡的有效手段，也是实现人的素质全面发展的根本保证。

二、人力资本理论

（一）人力资本理论的形成与发展

20 世纪 50—60 年代是人力资本理论的真正形成时期，在这个阶段，比较有代表性的是美国的经济学家舒尔茨和贝克尔，而对人力资本要素作用的计量分析则首推爱德华·丹尼森。20 世纪 80 年代以后，新经济增长理论的代表人物保罗·罗默、罗伯特·卢卡斯等提出了内生性经济增长思想，认为人力资本不仅能形成自身递增的收益率，还能使物质资本等其他投入要素形成递增的收益率，从而形成整个经济递增的收益率。

1. 舒尔茨的人力资本理论

舒尔茨从20世纪50年代开始人力资本理论的研究，是人力资本理论的代表人物。他的人力资本理论可以归纳为以下几点：(1) 人力资本存在于人的身上，表现为知识、技能、体力价值的总和，一个国家的人力资本可以通过劳动者的数量、质量以及劳动时间来衡量；(2) 教育可以提高人的认知能力，从而可以提高劳动生产率，教育投资的最大特点是对人的劳动不是从量的层面去判断，而是从质的层面去衡量；(3) 人力资本是投资形成的，投资渠道有四种，包括医疗保健费用、学校教育费用、培训费用、择业过程中的人事成本和迁徙费用；(4) 在一定条件下，教育投资可以转化为经济收入，人力资本投资是效益最佳的投资，人力投资的目的是为了获得收益；(5) 人力资本投资的消费部分的实质是耐用性的，甚至比物质的耐用性消费品更加经久耐用。①

2. 贝克尔的人力资本理论

贝克尔在1964年出版的代表作《人力资本》中阐述了他的经济思想。他突出了教育和培训对人力资本形成的重要作用，剖析了人力资本投资、收入与年龄之间的关系。贝克尔认为教育和培训是人力资本投资的重要内容。

3. 爱德华·丹尼森的人力资本理论

丹尼森在其1962年出版的《美国经济增长的源泉即我们面临的选择》一书中，利用科布—道格拉斯生产函数来估计劳动和资本对国民产出的贡献，把该项剩余再次分解为其各种不同组成元素的方式，即分解为劳动和资本的质量的改进、产业内资源

① 刘志民：《教育经济学》，北京：北京大学出版社，2007年，第117页。

转移、规模经济、知识应用上的时延等，得到了较为令人信服的“余数”变量解释。1974 年，他通过精细的分解计算，论证出在 1929—1969 年间的美国经济增长中，有 21.7% 的份额要单独归因于美国教育的发展。

4. 罗默模型与卢卡斯模型

罗默模型和卢卡斯模型在本章第三节的论述已经给出，这里不再重复。这两个模型向我们说明并强调的是：人力资本是最主要的内生变量。人力资本是一种特殊的具有主观能动性的资源，是促进经济增长的强大推动力。人力资本存量和教育培训等人力资本投资是内生性经济增长和从不发达经济向发达经济转变过程中的首要因素；作为人力资本培养与投资重要渠道的教育在现代社会经济增长和经济发展中具有极端重要性。

（二）人力资本理论的基本观点

人力资本理论的基本观点可以概括如下。第一，人力资源是一切资源中最重要的资源，人力资本理论是经济学的核心问题。人口质量重于人口数量，高技术知识程度的人力带来的产出明显高于技术程度低的人力。第二，经济发展既需要人力资本投资也需要物力资本投资，但在现代化经济条件下，人力资本投资的作用大于物力资本投资的作用，人力资本投资与国民收入成正比，人力资本比物质资源增长速度快，资本投资的重点应不断由物质资本向人力资本转换。第三，增加人力资本需要更多的教育投资。原因有三点。首先，教育投资是提高人口质量的关键。人口质量与数量是完全不相同的，原因在于各国教育投资水平不同，社会平均教育程度不同，劳动者的素质自然不同。其次，教育投资属于生产性投资，可以激发隐藏在人体内部的潜在能力。再次，教育投资和物力投资相比，具有更大的利润空间。美国 20 世纪初期的几十年间，对于教育的投资速度大大超过了对物力资本的投资速度。第四，可以计算出具体的教育投资收益率。第五，教育投资收益率高于物力投资的收益率。

三、教育对人力资本形成的贡献

（一）教育对人力资本形成的功能

1. 教育的要素功能

教育的要素功能是通过教育形成的人力资本生产过程中必不可少的先决条件。舒尔茨曾对高等教育与人力资本关系有过深层次的理解，高等教育给予学生个人利益价值量包括未来的收入和未来非金钱的满足，后者是难以计量的。高等教育的三个职能是发现才能、施教和研究，三者之间有互补协同性，其中，教学的经济价值在于它增加了人力作为劳动者的价值生产率，教学在人力资本的形成中担任主角。教育的要素功能主要是通过以下几个方面得以发挥的：教育通过提高劳动者智力素质使人力资本增值；教育通过培养和提高劳动者创造力使人力资本增值；教育还是人力资本保值、增值的重要基础和必要条件；教育的水平和层次将最终决定人力资本的存量大小。

2. 教育的效率功能

教育的效率功能是指随着教育形成的人力资本的增加，不仅人力资本的生产效率提高，其他所有生产要素的效率也随之提高。

教育的要素功能是效率功能的基础或前提。无论是要素功能，还是效率功能，都与人力资本与其他物质资本的互补性有关。人力资本与物力资本在资源配置上的合理将最终提高整个经济的有效产出。[①]

（二）人力资本形成对教育的新要求

随着中国从农业经济向工业经济过渡，进而发展成为知识经济，教育在人力资本形成过程中起到了不同的作用。从西方近代历史来考察看，在农业经济时代，学习常常是由教堂领导的，集中于7—14岁的儿童，那点知识对一个人的一生已经足够了。在工业经济时代和知识经济时代，技术的变革如此迅速，以至于学习必须是经常的而且教育必须在一个人工作期间不断反复。人们必须增加他们的知识能力来支持他们的赚钱能力。[②]

随着人力资本理论的发展和完善，人们对其赋予了新的内容，即除了劳动者所掌握的知识和技能之外，还包括人的学习能力、创造能力和应付非均衡的能力。而所有这些能力的培养和形成，与教育均有千丝万缕的关系，现实中理想的教育应与满足经济增长和发展所需要的知识、技能和能力是相一致的。可以说，通过教育投资形成和积累的人力资本理论既是生产经营活动的投入要素，又是生产经营活动的结果，在这样互动的良性循环中，同时实现了经济增长和人力资本的积累。

第五节　成本分担与补偿理论

教育成本的分担与补偿是指教育成本由谁支付、如何支付的问题，即教育成本如何在政府、企业、个人等社会各方面之间合

① 刘志民：《教育经济学》，北京：北京大学出版社，2007年，第134—137页。

② 陈宝森：《当代美国经济》，北京：社会科学文献出版社，2001年，第6页。

理分摊并最终实现的问题。在现有经济条件下，高等教育支出的来源最终是国民收入，国民收入经过初次分配和再分配后，归属于不同的资源主体，在教育成本不断增加的情况下，如何确定合理的成本分担结构是这一理论的核心所在。

一、成本分担与补偿理论的提出

教育成本补偿理论最初源于亚当·斯密的《国富论》。亚当·斯密认为，人的经验、知识、能力是国民财富的重要组成部分和发展生产的重要因素，而学习一种知识或能力要花费一笔费用，但这种费用不仅可以得到偿还，还可以取得利润。1984 年，美国经济学家布鲁斯·约翰斯通在美国科罗拉多召开的“大学资助服务 30 年：2000 年议程”会议上首次使用了“高等教育的成本分担与转移”这一概念。2003 年，他出版的《高等教育财政：问题与出路》一书，列举出了高等教育包括四个方面的成本：第一类是教学基本成本，包括教职工工资、设备、图书、行政管理和基本学术计算等开支，以及其他资金如地租等，这些成本是高等学校完成其教学和基础研究或学术任务的支出。第二类成本包括用自有资金或拨款开展的联合研究或特别活动开支，这笔资金特别重要，是上述活动开展的基础。第三类是学生生活成本。包括伙食、住宿、衣物、娱乐及其他不管是不是一名学生都应支出的开销。这些支出尽管与学校财政支出关系不大，但学生和家庭必须支出，这是他们接受高等教育所付出的重要组成部分，也是社会关注高等教育成本上升的重要方面。第四类是作为学生而耽误的盈利。对于劳动力短缺的社会，学生从劳动力队伍中流失，会导致生产力的流失，产生相应成本确实是很明显的。[①] 具体来讲，高等教育的成本分担是指中央与地反政府根据各自的财力状况对高等教育费用进行合理分担，相关教育受益各方根据各自受益程度的高低及支付能力的大小对费用进行补偿。

二、成本分担与补偿的原则

成本分担与补偿的原则有三个：一是公平原则；二是受益原则；三是能力支付原则。三条原则不是彼此孤立，各自存在的，而是相互联系、缺一不可的。其中，公平原则是基础，受益原则是根本。

（一）公平原则

公平原则是人类追求的终极道德标准，它要求教育机会平等、社会成员收入分配结构公平和教育公共投资在不同收入水平的社会成员之间平等分配。对于弱势群体来说，若不能接受良好的教育，意味着他们将继续贫困下去。对于整个社会来说，成本分担的不公平，会使社会收入分配不平等的局面得以继续，从而影响社会的稳定。职业型高等教育在解决贫困生上学难及调节收入方面具有不可替代的作用。

（二）受益原则

受益原则就是收益多的人应分担较多的成本，收益少的人分担较少的成本。受益原则由高等教育准公共产品的性质和公平原则衍生而来。高等教育的准公共产品性质使其在具有很大外溢性

① ［美］D. B. 约翰斯通著，沈红、李红桃译：《高等教育财政：问题与出路》，北京：人民教育出版社，2003 年，第 70—71 页。

的同时又可通过技术和制度进行排他。个人消费高等教育能够给自身带来多种收益，所以个人应按照自身通过接受高等教育收益的多少对高等教育成本进行补偿。受益原则要求从高等教育中获益高者支付高费用，获益低者支付少量费用，无受益者不负担。当然，在受益原则下，高等教育的学费可能偏高，对于贫困的学生来说负担是无法承受的，这就需要政府为主制定多种资助政策。

（三）能力支付原则

能力支付原则是指获益者按其支付能力支付费用，支付能力强者多付，弱者少付，无能力者不付。因为依据边际效用递减规律，支付能力强的人，其超额财富的效用是较低的。

三、高等教育成本分担的主体和途径

从成本补偿理论来看，教育支出的主体和途径应该是多元化的。就高等教育的成本补偿而言，由于政府、企业、个人及家庭均从教育中获得利益，因此应是三者共同进行补偿。

（一）个人和家庭

由于高等教育具有准公共产品的性质。进行高等教育的学习不仅可以为学生带来实在的预期经济收益，而且还能够使他们得到某些非经济利益，比如说接受高等教育的人通常会有较小的失业的机会，即使真的失业了，他们也能迅速地确定新的工作岗位，不影响自己生活质量和水平的降低。因此，从义务和权益对等的角度来看，个人应是高等教育成本的重要分担者，[①] 按照教育的成本价格缴纳部分费用，这部分费用主要是学费和杂费。可以说，个人收益与教育程度的高低成正比。沈超（2004）经过调查研究发现，收入与学历关系按照收入从低到高顺序排列分别为文盲、小学、初中、职高与中专技校、普通高中、专科高职、大学本科和研究生，表明收入与学历成正相关。[②] 美国 2001 年不同学历人群年均收入比较的数据也可以证明这个判断。[③] 具体如表 3—1 所示。

表 3—1　2001 年美国 18 岁以上不同学历人群年均收入比较

不同学历人群	人均年收入（美元）
博士	86833
硕士	55641
学士（4 年）	45678
副学士（2 年）	32152
受过学院教育但未获学位者	26958
只受过中等教育者	24572
未受过中等教育者	16464

由于我国的贫富差距在不断拉大，低收入家庭或贫困家庭的孩子要想接受高等教育必须得益于政府的多方位资助。对低收入家庭补助还是对受教育者本人补助更能刺激教育消费，其结果有

① 秦福利：《高等教育成本分担模式的国际经验借鉴与启示》，载《江苏高教》2010 年第 1 期，第 148—150 页。

② 沈超：《就业收入和谐——职业教育与经济社会协调发展》，北京：中国经济出版社，2006 年，第 45 页。

③ 罗公利：《高教成本分担制度中的社会捐赠》，载《中国海洋大学学报》（社会科学版）2004 年第 3 期，第 74 页。

很大的不同。如图3—8所示，低收入家庭得到补助后，预算线由AB外延到$A'B'$，无差异曲线由I变为I'，个人用于教育消费和其他产品的消费同时增加，其中，其他产品的消费OF增加到OF'，教育消费由OD增加到OD'，均衡点由E外移到E'。因此，对低收入家庭补助方式有明显的收入效应，但补助对象可将这种补助款用于购买其他产品，而难以保证家庭增加对教育的消费。如对受教育者本人直接补助，预算线由AB外移到$A'B'$，其中AA'部分为补助数额，由于AA'等于BB'，说明补助款全部用于教育消费，补助后无差异曲线由I变为I'，个人用于教育的消费OD增加到OD'，而DD'等于BB'，而对其他产品的消费OF不变，新的均衡点$E' > E$，只增加了教育消费（见图3—9）。因此，对受教育者的直接补助要优于对低收入家庭的补助方式。

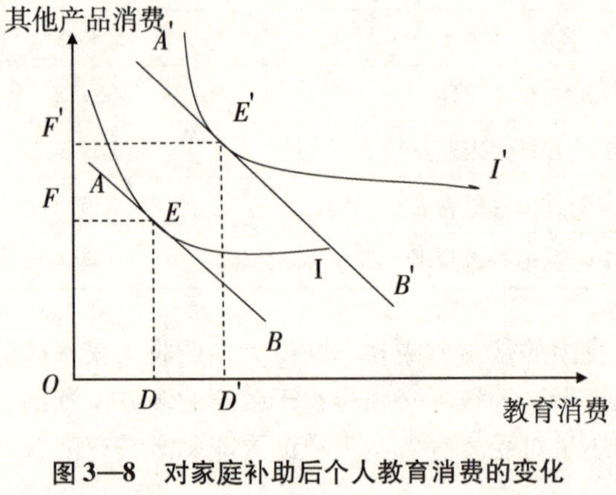

图3—8　对家庭补助后个人教育消费的变化

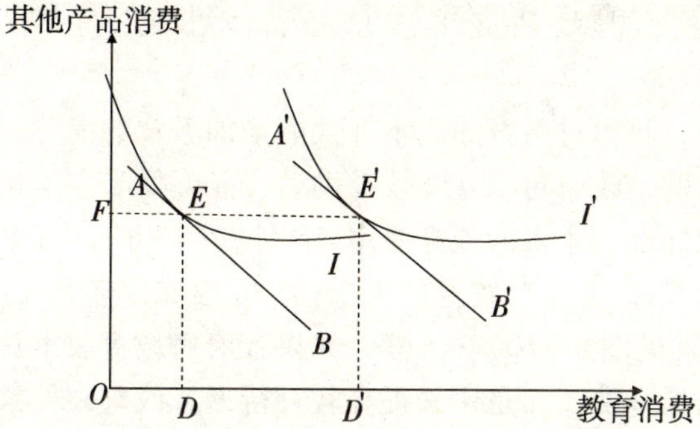

图 3—9　对受教育者直接补助后个人教育消费的变化

（二）政府部门

政府对教育的投资能够获得巨大的经济效益和社会效益，因此，政府应是高等教育成本的主要承担者。① 虽然家庭和社会都是高等教育发展的主要受益者，但高等教育所带来的巨大外部收益要求各国政府在发展高等教育时都承担主要责任。

从支付能力来看，政府也始终充当了高等教育成本补偿的“主角”，政府对高等教育成本的补偿方式主要是财政拨款，一方面是直接对高校进行拨款，另一方面是国家财政对学生贷款的贴息。通过比较可以发现，大多数实行高等教育成本补偿的国家，政府在高等教育成本分担与补偿中一般都承担了高等教育成本的 50%—60%。如美国，其公立高等学校的年总经费中，三级政府财政拨款占了 55.7%。2007 年，我国普通高等职业学校的教育经费总计为 552.21 亿元，其中国家财政性教育经费为 195.52 亿元，2007 年高等职业学校在校生总数为 5748273 人，可知生均教育经费支出 9606.47 元，其中财政性教育经费支出

① 秦福利：《高等教育成本分担模式的国际经验借鉴与启示》，载《江苏高教》2010 年第 1 期，第 148—150 页。

3401.41 元，财政性支出占总经费支出的 35.4%，差距很明显。①

另外，政府对教育的成本补偿能增加教育的消费。以私立学校教育为例，政府对私立学校补助后，能降低私立学校向学生收取学费的标准，个人的预算线由 *AB* 外移到 *AB′*，与无差异曲线 *I′* 相交于 *E′*，个人对教育的需求由 *OD* 变成了 *OD′*，教育消费净增 *DD′*（见图 3—10）。当然，如果政府对教育成本补偿后，学校不是降低学费，而是用来提高教育待遇或改善硬件条件等，个人的教育消费需求增量可能就不会非常明显。

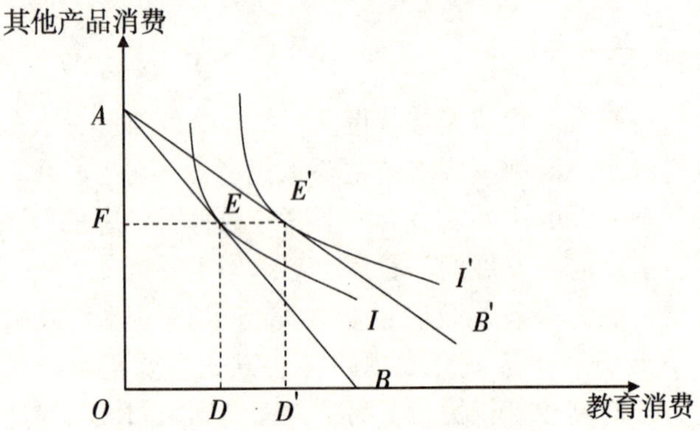

图 3—10 政府对私立学校补助后个人教育消费的变化

（三）企业单位

企业单位从高等教育中获得自身发展所急需的各类人才，成为教育投资的主要受益者，根据利益获得原则，也必须参与高等教育成本的分担与补偿。用人单位对高等教育成本的补偿方式，

① 陈伟光主编.《中国教育经费统计年鉴 2008》，北京：中国统计出版社，2009 年。

主要是依法纳税增加国家财政收入以补偿成本，或是在税法规定范围内向高等学校进行捐赠，或是以出资方式与高等学校联合培养人才。

（四）高等学校

高等学校通过教育教学活动的社会化服务，将自身拥有的科学技术优势、科技成果转化为可以交换的特殊商品，与社会各界进行交换，不仅满足了经济建设的需要，还提升了人才培养的质量，也为高校自我发展提供了充足的经费。职业型高等学校更应该利用自身资源的优势，实行产、学、研一体化，使企业能为高校提供生产实践的天地，提供社会信息，提供用人岗位，反过来高校可以用科研队伍为企业的发展提供智力支持。

（五）社会人士

社会人士并不是高等教育投资的直接受益人，但是职业型高等教育的发展实现了国家的政治稳定、经济发展和文化繁荣，社会人士也从这种积极发展的环境中获得了相应的收益。而且通过对高等教育的投资补偿或捐赠支出，可以帮助社会人士实现人生价值。因此，社会人士也有理由成为高等教育成本的补偿者之一。

第六节 哲学视野：确立职业型高等教育的主体性

哲学范畴里的主体是指有认识和实践能力的人。法律规定中的主体是指依法享有权利并承担相应义务的个人、法人或以国家为代表的各种组织。大学从法律规定来看，符合法人的定义，能够承担相应的法律义务并履行法律赋予的权利。同时，大学作为一个独立的学术组织，不是依附于政府和社会系统之下的，而应该保持并发挥好自己的主体性，否则就会导致高校不高，大学不大。①

通常来说，作为哲学意义上的主体具有三个特点，即主体本身可以激发的能动性；主体在目标设定下的创造性；主体对自身活动和行为进行自我管理和自我调控的自主性。具体到职业型高等教育上，我们可以从以下三个方面来培养它的主体性。一是职业型大学要明确自身存在的目的性，就是明确为谁而存在，服务的具体对象是谁。布鲁贝克提出了论证高等教育发展的“三基础说”：认识论基础、政治论基础、实用主义基础。② 政治论基础说明大学的最终目的是为国家的各项社会事业服务；实用主义基础认为大学要以满足市场需求为目的，不能一味地从政府的角度出发，满足其需要；而认识论基础要求职业型大学根据自身逻辑发展的必然，为了知识的创新而学习知识，为了学生的职业需求而选择职业型发展道路。二是职业型大学在发展的过程中要始终明确自主性，不受任何政治、经济、社会、文化等其他制度和风俗习惯的制约，要根据大学既定的意志进行人才的培养和知识的研究。三是职业型大学要充分发挥自身的能动性，积极主动地开展相关教学和科研活动。

在我国古代社会，教育存在的基础从根本上说是政治论的。《大学》中首先提出：“大学之道，在明明德，在亲民，在止于至善。”《学记》中指出：“建国军民，教学为先”，“欲化民成

① 宣勇：《我们需要怎样的高等教育》，载《教育发展研究》2009 年第 7 期，第 1—6 页。

② ［美］约翰·S. 布鲁贝克著，王承绪等译：《高等教育哲学》，杭州：浙江教育出版社，2001 年，第 14—16 页。

俗，其为由学乎”。《论语·子张》认为：“仕而优则学，学而优则仕。”[①] 综上可以看出，治理国家是统治阶级开展高等教育的核心目的。2008 年，我国高等教育的毛入学率已经达到了 23.3%，正式进入大众化教育阶段。但问题是，如果高等教育的大众化仅仅是建立在政治论基础上，而不是自身发展的必然或是满足经济社会发展需要的结果，那就会与其正常的发展道路渐行渐远。高等教育的教学质量下降，大学生就业问题突出，教育内部结构失衡等问题从表面看，存在其发生的客观条件，而从主观上分析，和我们一直强调的政治论基础是脱不了干系的。过分地依赖政治论基础，就不能满足正确的人才需求，结果就是学术型人才的过度培养和职业型人才的匮乏。

由此可见，发挥高等教育的主体性，更好地服务经济社会，就是要综合考虑高等教育的认识论基础和政治论基础，二者不可偏废。既然高等教育是以培养人为最终目标的，人的主体性价值高于一切其他工具价值。如果失去了主体价值，那么高等教育的发展会遇到不小的困难，甚至走进死胡同。从受教育者个人角度看，由于过分强调高等教育的工具价值，使得教育本身非但没有促进人的自由发展，反而使自身受到压抑和束缚。在功利主义和实用主义的共同作用下，人们接受高等教育仅仅是为了谋取生计而已，而更倾向于应用的职业型高等教育，作为谋生手段的想法往往被根深蒂固了。大学育人的功能被遮蔽，从而蜕变为训练场。既然高等教育的主体性得不到彰显，甚至在某种程度上被异化了，从根本上说就是高等教育的认识论基础与政治论基础难以达到统一。

---

① 赵强：《中国高等教育哲学基础的批判与重建》，载《华北电力大学学报》（社会科学版）2010 第 2 期，第 117—122 页。

第七节 管理学视野：决策力与执行力理论

随着知识经济的兴起，获得经济附加值摆脱了传统的束缚，已经不再通过资本、劳动和材料的互动潜力的最大化来实现，而是通过国家经济连续应用知识以改进和创新工作的流程、产品和服务来获得。知识创新已经成为当今企业的核心竞争力，人作为知识创新的载体，也就是说智力资本相较于传统物质资本来说已经在企业中占据关键地位。而决策力和执行力是智力资本中不可或缺的组成部分。

一、决策力和执行力的概念

（一）决策力

为了定义决策力，首先需要给决策下一个定义。决策，简单地说就是做决定，并且这个决定的内容要在以后的行动中得到落实。决策开始于一个存在的问题，或者更具体地说，开始于现状与希望状态之间的差异。① 决策始于对问题的识别，要做到这一点，决策者就要观察事物的现状及其希望的状态。如果事物没有处于它应当所处的或决策者希望的状态，问题就产生了。那么，决策力就可以定义为，能够有效地识别问题，并在可供选择的方案中进行决定的能力。

影响决策力的条件有三：一是确定性条件，在这种情况下，

① W. pounds, “The Proncess of Problem Finding” in Industrial Management Review, Fall, 1969, p. 1—19.

决策者可以制定出精确的决策，因为每一种方案的结果是已知的；二是风险性条件，决策者在这种条件下能够估计出每一种备择方案的可能性；三是不确定性条件，决策方案的选择受到决策者能够获得的有限信息的影响。①

（二）执行力

一般来说，执行力就是朝着一个目标，执著地行动并得到结果的行为和能力，是把决策规划转化成为效益、成果的关键，包括完成任务的责任、能力及任务完成的程度。执行就是完成任务的全部过程，不单是战术，也是战略；不单是行为，也是系统的方法；最重要的，执行力不是被动完成，而是主动解决。②《战国策》中提出的“行百里者半九十”大概就是对执行力重要性的最初论述。

（三）决策力和执行力的关系

如果把决策力比作人的“大脑”，那执行力就是人的“双脚”，没有大脑的指挥，双脚不知道何处去，反过来说，没有双脚的前行，任何的想法都只是空想。因此，决策力和执行力是辩证统一的、不可分割的。因为只有得到最终执行的决定才称得上是决策，执行是决策的延伸，“三分决策七分执行”就说明了二者之间的互不可分。由于决策本身具有不确定性，所以给执行增加了难度，因为执行本身也是一个系统，工作也有系统性的安排。

① ［美］罗宾斯，库尔特著，孙健敏等译：《管理学》（第9版），北京：中国人民大学出版社，2008年，第161—163页。

② 闫燕：《执行力》，南昌：江西科学技术出版社，2010年，第11页。

二、有区别的培养人才的决策力和执行力

现代社会，随着分工程度的细化，对管理人才的要求越来越高，决策力和执行力作为管理人才的首要能力这一标准得到了社会的广泛认可。无论是学术型高等教育还是职业型高等教育在对学生的培养上都应该强化这两个方面的内容，但二者的侧重点是有区别的。

前文中提到，学术型高等教育是以学术性为根本特点的。学术性是指大学对学术、理性、知识等目标追求的一种倾向，专门性、理论性和系统性是其显著特征。学术性是高等学校区别于其他教育机构的内在规定性，是大学的安身立命之本。学术型高等教育培养的人才能够应对国际经济竞争、社会竞争、文化竞争和高科技竞争，以知识创新为己任，为尽早实现创新型国家作出巨大的贡献。从上面的论述中，不难看出，学术型高等教育培养的是具有系统性知识的创新型人才，决定了一个国家未来的发展方向，好比人的“大脑”。因此，学术型教育的落脚点应该是决策力的锻造和培养。而且，一个国家培养的学术型人才应该是“少而精”，是整个国家各个领域的精英。在当前的经济社会形势下，我国不应该也不可能把所有接受高等教育的学生都培养成决策力极强的人，那就没有人去执行了。这就好像人只能有一个大脑，而双手、双脚等其他组成部分都是在执行大脑的指令一样。

职业型高等教育培养的是职业型人才，这种人才包含一种职业导向，是融一定的基础理论、专业知识、较强的实践经验和操作技能、职业道德于一身的新型实践人才，是联系产品研发和生产的纽带，是实现产品生产制造和提供服务的人力资本保证，是劳动力群体中人数最大的群体，也是我国人才队伍的重要组成部

分，也是科学技术转化为现实直接生产力的执行者。既然职业型人才更注重实际动手操作能力，所以对执行力的培养更符合实际需要。职业型人才的执行力应该是具有一定决策力基础上的有效执行力，是一种主动应对、解决问题的执行力，而不是简简单单的一种“照本宣科”的能力。

总之，在人才培养上，无论是学术型人才还是职业型人才都要求决策力和执行力兼具，但二者的侧重点不同，学术型人才培养的重点应该是决策力，因为决策力需要人才本身具有发现能力；而职业型人才培养的重点应该是执行力，因为执行力需要人才本身具有发明能力。

第四章 发展职业型高等教育财政政策的现实依据

发展职业型高等教育源于理论，又立足于现实。马克思在《政治经济学批判导言》中阐述了生产与消费的互动关系：生产直接是消费，消费直接是生产。每一方直接是它的对方。可是同时在两者之间存在着一种媒介运动。生产媒介消费，它创造出消费的材料，没有生产，消费就没有对象。但是消费也媒介着生产，因为正是消费替产品创造了主体，产品对这个主体才是产品。产品在消费中才得到最后完成。消费创造出新的生产的需要，因而创造出生产的观念上的内在动机，后者是生产的前提。生产创造出、生产出消费。具体到职业型高等教育上，职业型高等教育的生产给予职业型教育消费以消费的规定性、消费的性质，使消费得以完成，并创造出职业型教育的消费者；职业型教育的消费把新的生产的需要再生产出来。通过先于生产的财政分配活动，为职业型高等教育的生产提供条件和前提，生产反过来再改变产品的分配。本章中，我们将通过现实的分析论证得出，职业型高等教育的消费必将创造出它的生产。

第一节　传统职业型高等教育财政政策的现状分析

一、职业型高等教育经费总体投入不足

（一）高等学校资金供给总体不足

从简单的数据来看，中国的教育经费占 GDP 的比重始终在低位徘徊。从国际平均水平看，教育经费占国内生产总值的比重稳定在4.9%，发达国家更高，可以达到5.1%。而我国的水平不仅低于发达国家，也无法达到世界的平均水平（见表4—1）。具体到高等教育上，我国高等教育经费约占教育总财政投入的20%左右，有限的财政资金投入无法满足人们对高等教育日益增长的需求。

从实际情况看，在今后较长的时间内，政府大幅提高对高校的拨款是很难做到的。在2010年出台的《国家中长期教育发展和规划纲要》（2010—2020）中虽然明确提出，2010年争取实现国家教育财政拨款占国内生产总值的比例达到4%的目标，即使统计数字上达到了，各个地区恐怕仍是捉襟见肘。目前，高校的办学经费正在走出一条多元化筹资的道路，我们要实现由政府的单一拨款向以政府财政资金为主导，多渠道筹集资金的阶段。但是，政府财政资金的主导地位不会改变。这就意味着，在今后相当长的时期内，中央政府特别是地方政府必须为高等教育支付相应的发展资金。但是，政府的有限拨款导致了高校资金总体供给的不足。

表 4—1 我国教育经费及其占 GDP 比重

年份	1995	2000	2001	2002	2003	2004	2005	2008
教育经费合计（亿元）	1877.9	3849	4637.7	5480	6208	7243	8419	14500.7
教育经费占 GDP 比重（%）	3.21	4.31	4.8	5.4	3.32	4.53	4.60	4.82
财政性教育经费（亿元）	1411.5	2563	3057	3491	3851	4466	5161	10449.6
财政性教育经费占 GDP 比重（%）	2.41	2.87	3.19	3.41	3.28	2.79	2.82	3.48

数据来源：根据中国统计年鉴（2001—2009）相关数据计算得出。

（二）职业型高等教育经费总量占高等教育总经费的比例较低

从表 4—2 中我们看出，2007—2008 年各类高等学校的国家财政性教育经费占总经费的比重都是提高的，普通高等学校平均提高了 3.61 个百分点，高等职业学校提高了 4.68 个百分点，高于平均水平。预算内教育经费占总经费的比重从 2007 年至 2008 年也是上升的，普通高等学校平均上升了 3.42 个百分点。

表 4—2 中同样有一种现象很明显，那就是高等职业学校的国家财政性教育经费占总经费的比重远远低于高等本科学校这一比重，2007 年高等本科学校的比重是 45.49%，高等职业学校的比重是 35.41%，二者相差 10.08 个百分点；2008 年高等本科学校的比重是 48.97%，高等职业学校的比重是 40.09%，二者相差了 8.88 个百分点。

表4—2　2007、2008年高等学校经费比重表

（单位：千元）

学校类别	年份	总计	国家财政性教育经费	国家财政性教育经费占总经费的比重（%）	预算内教育经费	预算内教育经费占总经费的比重（%）
高等学校	2007	376230072	164811880	43.81	159991507	42.52
	2008	434687795	206245604	47.45	199863685	45.98
普通高等学校	2007	363418512	159831871	43.98	155430423	42.77
	2008	421023693	200351158	47.59	194468037	46.19
高等本科学校	2007	300260837	136593166	45.49	133729145	44.54
	2008	340744720	166852237	48.97	164186224	48.18
高等专科学校	2007	7937051	3686471	46.45	3596185	45.31
	2008	10835986	5657848	52.21	5278395	48.71
高等职业学校	2007	55220624	19552234	35.41	18105093	32.79
	2008	69442987	27841073	40.09	25003418	36.00

数据来源：中国教育经费统计年鉴2008—2009。

我们再看表4—3。2007年普通高等学校国家财政性教育经费中，高等本科学校经费所占比例高达85.46%，高等职业学校所占比例才有12.24%，就目前甚至从长远考虑，职业型高等教育的发展规模至少要保持与学术型高等教育的1∶1比例，而经费上的巨大悬殊势必会影响职业型高等教育的发展。到了2008年，虽然高等本科学校经费所占比例下降到了83.28%，但也是绝对多数比例，而高等职业学校所占比例还仅是可怜的13.9%。

表4—3 2007、2008年普通高等学校经费比重

学校类别	年份	国家财政性教育经费	所占比例（%）	预算内教育经费	所占比例（%）
普通高等学校	2007	159831871	100	155430423	100
	2008	200351158	100	194468037	100
高等本科学校	2007	136593166	85.46	133729145	86.04
	2008	166852237	83.28	164186224	84.43
高等专科学校	2007	3686471	2.30	3596185	2.31
	2008	5657848	2.82	5278395	2.71
高等职业学校	2007	19552234	12.24	18105093	11.65
	2008	27841073	13.9	25003418	12.86

数据来源：中国教育经费统计年鉴2008—2009。

（三）职业型高等教育生均教育经费支出与普通本科学校相比还有差距

从表4—4可以看出，高等本科学校的无论是在生均教育经费支出还是在预算内生均教育支出上都高于普通高等学校的平均水平，更高于高等职业学校的水平。而且生均教育经费支出在高等本科学校与高等职业学校之间呈现拉大的趋势。2007年，高等本科学校与高等职业学校的生均教育经费支出相差7770.97元，2008年增加至8648.56元，2007年高等本科学校与高等职业学校的生均预算内教育经费支出相差3950.73元，到了2008年就相差了4723.98元。

表 4—4　2007、2008 年高等学校生均教育经费支出表

（单位：元）

	生均教育经费支出		生均预算内教育经费支出	
	2007 年	2008 年	2007 年	2008 年
普通高等学校	16319.95	17972.13	6963.39	8241.58
高等本科学校	18174.07	20307.98	7945.36	9551.79
高等职业学校	10403.10	11659.42	3994.63	4827.81

数据来源：中国教育经费统计年鉴 2008—2009。

（四）各地区职业型高等教育的投入差异日益显著

2008 年，我国高等职业学校生均预算内教育经费支出为 4827.81 元，北京的生均预算内教育经费支出达到了 18858.56 元，是全国平均值的 3.90 倍，而最少的湖北省生均预算内教育经费支出仅有 2696.12 元，为北京市的七分之一。2008 年，国家财政性教育经费投入最多的是江苏省，达到了 35.01 亿元，投入最少的是西藏自治区，仅有 1.02 亿，江苏省的投入是西藏投入的 34 倍。不仅东部地区和中、西部地区的高等职业教育财政投入的差距显著，东部、中部、西部地区内部之间投入的差异也很明显，如上海对高等职业学校的投入仅为北京的 27.38%，仅为江苏的 8.08%（见表 4—5）。

表 4—5　2008 年各省高等职业学校国家财政性教育经费情况

（单位：千元）

省份	国家财政性教育经费	省份	国家财政性教育经费	省份	国家财政性教育经费
北京	1033817	安徽	672174	重庆	361214
天津	781482	福建	758564	四川	1244832

续表

省份	国家财政性教育经费	省份	国家财政性教育经费	省份	国家财政性教育经费
河北	1180753	江西	779452	贵州	370797
山西	750034	山东	1732746	云南	297346
内蒙古	942021	河南	793322	西藏	102187
辽宁	882752	湖北	1065508	陕西	856360
吉林	431219	湖南	1282453	甘肃	369323
黑龙江	761821	广东	2994563	青海	130976
上海	283092	广西	533062	宁夏	222589
江苏	3501613	海南	169565	新疆	366961
浙江	2188475				

数据来源：中国教育经费统计年鉴2009。

二、职业型高等教育的事权与财权分离

在我国的预算编制体系中，预算等级由类、款、项、目四级构成。1999年，财政部将教育事业费定格为“类”级，但教育基本建设费以“款”级科目列出，教育经费没有独立列支，直接导致财政性教育经费长期以来一直处于事权和财权相分离的状态。即教育事物由教育部代表国家履行职责，财政部和地方财政部门负责财政资金的拨付，而国家发展和改革委员会具体负责教育的发展规划和基本建设投资，一项支出需要这么多部门来同时管理，协调起来难度不小。另一方面，教育事业费与教育基本建设费在预算科目中分属不同的级别与门类，据分配的层次高低不同，获得的资源自然不同。政府预算首先要在各类支出中分配，然后再依次向款、项、目级中进行延伸与再分配。教育经费由于

本身的预算等级就低，加之主管教育的事权分配在多个部门，直接导致了教育事业的事权与财权的相互分割。教育主管部门拥有的事权相对大一些，但是支持事权的财权却相对较小，事权的行使受到制约，从而阻碍了教育事业的发展。财政部门拥有的财权相对大一些，可以进行预算编制、资金分配与总量控制，但是它又不能直接插手具体的教育事物。权力的分配导致部门之间在教育的管理上出现信息不对称的情况，直接导致政府对教育的拨款和教育发展脱节，教育部门无权行使有效的宏观管理权与调控权，财政部门的资源分配权也受到限制，造成教育资源浪费等问题。

三、现有的分税制体系导致地方财政负担重

我国的高等教育财政管理体制突出中央政府和省级政府的作用。经过前几年的高等教育管理体制改革，中央财政将多数高校的管辖权下放给了省级政府。2007 年，在我国 2263 所普通高等学校中，归属中央各部门管理的只有 111 所（其中职业技术学院只有 2 所），达到全部高校总数的 4.90%，而划归各级地方政府管理的高校有 1514 所，占全部高校总数的 66.90%。[①] 在事权不断从中央向地方转移的同时，财权却在发生着由地方向中央集中的相反方向变化。这种变化开始于 1994 年我国进行的分税制改革，改革措施执行后，中央和地方的财政收入比例发生了根本性变化，中央财政占据全国财政收入的大部分。根据统计数据，1993 年中央财政在总收入中的比例仅为 22%，而 2008 年提高到了 53.3%，增长的速度惊人。到了 2008 年，我国普通高等学校

① 韩进主编：《中国教育统计年鉴 2008》，北京：人民教育出版社，2009 年，第 20 页。

财政性教育经费支出总和为2003.51亿元，其中，中央财政为普通高等学校教育支出经费710.76亿元，所占比重为35.48%。2008年，我国高等职业学校财政性教育经费支出为278.41亿元，中央财政高等职业学校财政性教育经费支出为6.21亿元，中央财政所占比重为2.23%。[①] 由上面的分析看出，伴随着中央财政收入占财政总收入的比例的不断上升，其需要支付的教育经费支出比重却在下降。地方财政恰恰相反，获得的财政收入不断降低，而需要支出的教育经费却不断增加，这直接导致地方政府的教育发展责任与其资金供应能力之间出现矛盾。再加上一些地方政府关注短期经济行为，忽视经济的可持续发展，特别是中西部地区，地方财力本就紧张，如果再要求他们增加对高校的拨款，势必会造成地方政府的债务危机，许多中西部高校的财务危机与此有很大关系。[②]

四、缺少有效的教育经费转移支付制度导致各地区高校财力不均

按照“谁受益谁付费”的原则，地方政府可以从职业型高等教育发展中获得较多的收益，因此要求地方政府更多地为高校拨付相应的经费。但目前我国各省份之间财力的差距相当大，特别是东中西部省份之间差距明显。根据中国统计年鉴2009的数据，1994年，我国东部（10省）、中部（6省）、西部地区（12省）财政收入分别占全国的比重为49.5：17.9：20，到2008年

① 陈伟光主编：《中国教育经费统计年鉴2009》，北京：中国统计出版社，2010年，第24—43页。

② 邵学峰、王国兵：《我国高等教育财政拨款机制改革研究》，载《经济体制改革》2010年第1期，第127—130页。

扩大为58.4∶15.4∶18;[①] 按照各地区的总人口数量衡量，1994年，我国东、中、西部地区人均财政收入比为2.30∶1.29∶1，到2005年扩大为2.54∶1.4∶1；1994年我国东部、中部、西部地区人均财政支出比为1.64∶1.13∶1，到2005年扩大为1.56∶0.85∶1。财力的巨大差异，客观上限制了各地方政府对所辖高校的财政投入力度，且差距明显。东部经济发达省份创造的GDP多，掌握的财政收入就相应地多，分配到高等教育事业上的部分也多，而且这是一个良性循环的过程，教育与经济两者相互促进，共同发展。而中西部省市由于财力的相对薄弱，加之发展经济促进社会改革的任务比较艰巨，对地方高校的经费投入就显得捉襟见肘。普通高等职业学校的生均预算内教育经费支出在东、中、西部地区间差距也非常明显。根据教育经费统计年鉴2009的数据，2008年，北京的普通高等职业学校的生均预算内教育经费支出是18858.56元，是同期湖北省生均预算内教育支出的6.99倍。而在同一省份内部，地方高校与中央所属高校的经费在总量上是不可同日而语的。根据教育经费统计年鉴2009的数字，陕西省2008年地方高校生均预算内教育经费支出占本省中央部门所属高校生均预算教育经费支出的34.72%。[②] 既然东中西部高校间有如此大的差距，我们就应该建立完善的纵向与横向并举的转移支付制度，消除地区间高校的不平等，满足各地方经济不同的发展需要。

---

① 中华人民共和国国家统计局编：《中国统计年鉴2009》，北京：中国统计出版社，2009年，第18—19页。

② 陈伟光主编：《中国教育经费统计年鉴2009》，北京：中国统计出版社，2010年，第604—605页。

五、现有的拨款方式缺乏绩效考核

我国高校财政投入采用的是投入型的拨款方式，即“综合定额 + 专项补助”的拨款模式，它以受教育者的数量和生均成本作为主要的参考指标，也就是强调人头费用。这种拨款模式的落脚点没有离开教育总数量，也没有把质量的保证、效益的提高、结构的优化考虑到核算的范围中，导致投资绩效和办学成果之间的脱钩，缺乏必要的环节控制。职业型高等教育的发展从最初环节就不应该走我国各项事业发展的老路，即先求大，然后再做强，先有规模然后再上水平，这种做法是不可取的。另外，我国现阶段的财政拨款尚未执行有效的绩效评价标准，导致资金的运用得不到有效的监督和考量，各级政府重视资金的申请和获得，而忽视资金使用的具体环节控制，目的似乎只有一个——就是把钱花出去。失去了有效的控制，没有明确的经济责任和绩效考评目标，资金的使用效率就很难保障，最终出现盲目投资和重复投资，造成资源浪费。

六、相关财税政策缺乏必要的系统性

在我国现行财税政策法规中，支持发展职业型高等教育，鼓励培养高级技术应用型人才的具体条例分布在《中华人民共和国教育法》《中华人民共和国职业教育法》以及《国务院关于大力发展职业教育的决定》等各类法律、法规及具体的制度规章之中。特别是鼓励社会力量捐赠助力发展职业型教育的税收优惠政策的规定没有系统地提出，往往以补充规定的形式出现。制度安排中的分散化特点势必导致服务于职业型高等教育的各项财政税收政策缺乏完整的系统性，没有统筹的安排和布置。政策的分散状态使政策之间的协调和配合出现盲区，漏掉了许多应该给予支持和关注的领域，形成了政策真空。就现有的具体法律、法规来说，对职业型高等教育有法律层面指导意义的仅是《高等教育法》和《职业教育法》，其余都是以低于法律的规章制度层面表述出来，而且可变性较强，约束力不足。在《高等教育法》中列举的69项条目中，与职业型高等教育有关的仅有一处，位于该法第68条，即“本法所称高等学校是指大学、独立设置的学院和高等专科学校，其中包括高等职业学校和成人高等学校”。《高等教育法》的全部内容都是为当前我国占绝对主导地位的教育形式——学术型高等教育服务的，规范的对象主要是普通高等教育，而对于与学术型高等教育相并列的职业型高等教育言之甚少。没有了法律层面的具体支持，职业型高等教育就像是“无源之水、无本之木”，实施起来有时间和空间上的巨大差异性和具体操作的极大随意性。在应该明确其地位的《职业教育法》中，条文服务的主要对象是中等职业教育，关于职业型高等教育（这块既属于高等教育又属于职业教育）则处于规范不足和交叉状态，最终导致的结果就是两个法律都提到职业型高等教育，但两个法律都没有把它作为重点。参看发达国家的做法，我们不难看出，职业型高等教育要想取得长足的发展，绝对离不开该国相应法律的支持，何况我国的立法工作还处在不太成熟的成长期，这方面的工作还有很多需要完成。既然没有自己专门的法律规定，职业型高等教育的一切财政税收政策都要参照普通高等学校的标准执行，一方面我们宣称职业型高等教育在学位授予、人才培养、课程设置、考试方式、管理体制、运作方式等方面与学术型高等教育完全不同，另一方面我们又没有必要的法律支持，现有的法律、法规与规章制度间可能就会发生冲突，从而导致上述发展职业型高等教育的一系列财税政策、规章成为一纸空文。①

七、现有的财政分权体制对职业型高等教育的供给影响分析

西方国家实施分权式财政体制的初衷就是因为地方政府在对公共产品的供给上往往更有效率。中央政府掌握的信息是具有全局性特点的，了解一个总体的经济发展状况，缺乏对具体辖区内居民偏好的了解，如果各地方资源配置的效率不断提高的话，带来小范围福利水平的上升，则总体社会的福利水平也能得到改善。虽然地方政府在分税制体系中对提供公共产品承担不可推卸的责任，但在安排具体财政支出时，却存在明显的偏差，他们更青睐能够带来即期利益的物质资本投入，而忽视经济社会的长远利益。这样的结果恐怕和我国目前的官员考核体系和指标是分不开的，地方官员通常只对上负责而忽视百姓的感受。

在职业型高等教育公共产品的供给方面，与中央政府相比，地方政府能够及时了解和掌握辖区内的高等教育信息，计算出高等教育的供给与需求，核算出高等教育的真实供给成本，从而对高等教育产品实施有效的提供。当地方政府觉得发展职业型高等教育已经到了刻不容缓的时候，增加对职业型高等教育产品的总供给，居民选择多样化教育的机会就越多，居民从受教育中获益增加，从而提高社会整体福利水平。而事实是地方政府目前还没有意识到这个问题。②

---

① 马蔡琛：《公共财政视野中的高等职业教育人才发展》，载《河北学刊》2008 年第 1 期，第 150—155 页。

② 王明伦：《高等职业教育发展错位分析及对策》，载《教育与职业》2007 年第 12 期，第 12—13 页。

八、职业型高等教育经费筹措中存在结构性问题

中国的职业型高等教育经费结构虽然从单纯依靠财政拨款的桎梏中逐渐走出，初步形成了以财政拨款为主、多渠道筹措教育经费的格局，但应该看到，目前的多元经费格局还存在很多结构性问题，具体表现在以下几个方面。

（一）教育财政经费总供给不足

按照国际惯例，衡量一个国家财政对教育支持水平的主要指标是财政性教育经费占 GDP 比重大小。根据 1997 年的统计，世界各国公共教育支出占 GDP 的平均比例为 4.8%，其中发达国家平均为 5.1%，经济转型国家平均为 4.8%，发展中国家平均为 3.9%。相比之下，我国的教育经费及其占 GDP 比重从 1985 年至 2008 年一直在 3.5% 以下，不仅未达到 4% 的目标，甚至低于发展中国家的平均水平。从表 4—6 中可以看出，1998—2008 年间，国家财政性教育经费占财政支出比重、国家财政性教育经费占 GDP 比重、国家财政性教育经费增长速度三项指标的平均值均低于财政收入的增长速度（见表 4—6）。

表 4—6　1998—2008 国家对教育投资的情况（%）

年份	财政收入增长速度	国家财政性教育经费占财政支出比重	国家财政性教育经费占 GDP 比重	国家财政性教育经费增长速度
1998	14.2	18.82	2.48	9.12
1999	15.9	17.34	2.56	12.53
2000	17.0	16.13	2.63	12.04
2001	22.3	16.17	2.91	19.29
2002	15.4	15.83	2.97	14.21

续表

年份	财政收入增长速度	国家财政性教育经费占财政支出比重	国家财政性教育经费占 GDP 比重	国家财政性教育经费增长速度
2003	14.9	15.62	2.81	10.29
2004	21.6	15.68	2.79	15.98
2005	19.9	15.21	2.82	15.57
2006	22.5	15.70	3.00	23.00
2007	32.4	16.63	3.32	30.43
2008	19.5	16.69	3.48	26.20
平均	19.6	16.35	2.89	17.15

数据来源：历年中国教育经费统计年鉴、中国统计年鉴 2009、中国财政年鉴 2008。

如果我们根据《国家中长期教育改革和发展规划纲要（2010—2020 年）》规定的国内生产总值 4% 来计算，那么很容易看出，实际教育经费与应拨付教育经费存在巨额缺口（见表 4—7）。

表 4—7　我国政府对教育的投资

（单位：亿元）

年份	应拨付财政性教育经费	实际的财政性教育经费	实际财政性教育经费与应付间差额
1998	3133.8	2032.5	-1101.3
1999	3282.7	2287.2	-995.5
2000	3578.7	2562.6	-1016.1
2001	3892.6	3057.0	-835.6
2002	4206.9	3491.4	-715.5
2003	4695.6	3850.6	-845.0

续表

年份	应拨付财政性教育经费	实际的财政性教育经费	实际财政性教育经费与应付间差额
2004	6395. 1	4465. 9	－1929. 2
2005	7328. 7	5161. 1	－2167. 6
2006	8476. 9	6348. 4	－2128. 5
2007	9981. 2	8280. 2	－1701
2008	12026. 8	10449. 6	－1577. 2

数据来源：历年中国教育经费统计年鉴、中国统计年鉴2009、中国财政年鉴2008。

（二）学费增长空间近于临界点

从1989年按每生每年收取100—300元学费开始，再到2007年4774元的平均学费标准，20年间职业型高校学费上涨了20多倍。到2008年，如果按照职业型高校的平均学费为4500元计算的话，2008年城乡居民家庭人均可支配收入分别为15780. 8元和4760. 6元，[①] 则学费约占城镇居民家庭人均可支配收入的29%，占农村居民家庭人均可支配收入的95%。

而从世界整体来看，学费占人均GDP的比重一般在20%左右。2001年，美国大学平均学费5000美元，约占美国人均GDP的15%；英国大学平均学费1100英镑，占英国人均GDP的7. 3%；西欧和北欧等许多国家，大学生的教育是免费的。[②] 2003年，中国人均GDP为10542元人民币，以当时5000元每年的学费

① 中华人民共和国国家统计局编：《中国统计年鉴2009》，北京：中国统计出版社，2009年，第317页。

② 吴国生：《经济发展中的高等教育财政：国际比较及基于中国的分析》，中国人民大学博士论文，2008年，第118页。

标准来算，约占人均GDP的47.43%。2007年，中国人均GDP为19524元人民币，以当时4800元每年的学费标准来算，约占人均GDP的24.59%。比较国外大学的学费标准，我国高等教育的学费明显偏高，对中低收入家庭更是一项沉重的负担。

基于社会公平和公民承受能力的考虑，我国高校学费增长已接近临界点，很难有更大的提升空间。

（三）社会捐赠长期低水平徘徊

作为职业型高等教育仰仗的经费筹措重要渠道的社会捐赠在我国高校教育经费中一直处于低水平。资料显示，2004—2008年，我国职业型高校的社会捐赠收入占其总收入的比例分别为0.96%、0.33%、0.19%、0.44%、0.35%，始终没有突破1%的水平。2008年的社会捐赠收入与2007年相比绝对额虽然略有上升，但其比重却从0.44%下降到0.35%。而从国外高等教育经费筹措渠道来看，社会捐赠作为分担高等教育成本的四大主体之一，发挥了越来越重要的作用。

第二节　从人才竞争与发展战略看职业型高等教育的发展

一、人才竞争

进入21世纪，全球性的竞争充斥着政治、经济、社会、文化各个领域，全方位的发展诉求不断刺激着一个国家整体实力的不断提升。全球性竞争要求不断更新技术，加快创新的步伐，快速适应世界快速变化的需求。国家教育体系的竞争成为全球性竞争的关键。同时，能够接受优质教育仍然是公民最重要的人生价值之一，并成为社会公平、政治稳定的要素。也就是说，人才的培养绝对是任何国家安全与发展战略的重中之重。我们不难想象，日本和德国能够在第二次世界大战后，迅速摆脱战败国的地位，重新站上世界经济强国靠的是他们的教育；美国能够至今充当世界霸主，靠的也是他们的教育，而且更多的是高等教育培养出来的顶尖人才。

一个国家教育的发展除了受内在驱动力的主观因素决定外，也要求与客观的环境相适应，教育需要普遍性，也需要个别性。我国的高等教育要想在国家未来的发展中承担更重要的角色，自己首先要承担责任。这个责任就是培养国家需要的各类人才。创新型人才的培养无疑是最重要的，美国有大批的创新型人才，构成了美国国家软实力的绝对力量，美国也有更多的职业型人才，他们使得创新的知识技术得以转变为现实的生产力，并为进一步的创新提供现实的依据。中国的发展更需要创新型人才，不是因为创新型人才太少，而是根本就没有。钱学森教授一生都想不通的一个问题是，为什么中国培养不出创新型的人才。这是一个需要多方面的考察都不一定能回答得清楚的问题。但是我们从美国的教育可以清楚地看到一点：创新型人才和职业型人才对国家的发展同等重要。所以，我们要抛弃那种全员发展并参与学术型高等教育的做法。只有定位准确，才可能收到预期的效果，否则是“欲速则不达”。

让我们先从下面的数字对比中，明确教育发展对国家安全是何等重要。首先，我们来看一下人均国民总收入。2008 年，世界平均人均国民总收入达到了 8613 美元，中等收入国家为 3260 美元，高收入国家为 39345 美元，而我国则为 2940 美元，低于世界平均水平和中等收入国家水平。而且从增长幅度看，我国的增长也是比较缓慢的（见图 4—1）。

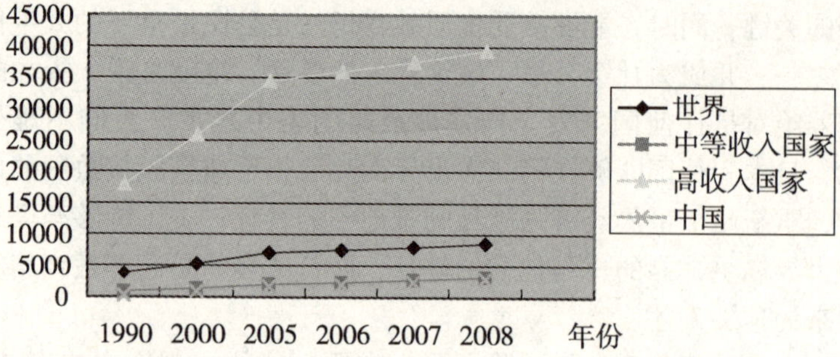

图 4—1　1990—2008 年人均国民总收入的国际比较

数据来源：国际统计年鉴 2009。

其次，各国劳动力人口教育程度构成。从 2000 年的数据来看，在列举的几个国家中，我国受过高等教育的劳动力大约占 12.7%，低于绝大多数的中等收入以上国家。高等教育的发展任重道远（见表 4—8）。

表 4—8　各国劳动力人口教育程度构成

国家或地区	中等教育		高等教育	
	2000 年	2006 年	2000 年	2006 年
中国	17.3	—	12.7	—
日本	47.7	—	35	38.3
韩国	43.5	42.5	24	33.7
美国	51.5	29.7	34.8	60.4
德国	58	58.2	24.2	23.7
英国	47.4	47.2	26.1	30.7

数据来源：国际统计年鉴 2009。

再次，各国的研究支出及研究人员数。表 4—9 中列举了几个国家的研究与开发经费支出占国内生产总值比重，通过比较我们不难发现，中国的比例是最低的。研究与开发经费直接关系一个国家对科技的投入，也在一定程度上决定了该国的科学技术水平和创新研究能力。我国要想真正成为创新型国家，还有相当长的路要走。

表4—9　各国研究与开发经费占国内生产总值比重

国家或地区	研究与开发经费支出占国内生产总值比重（%）	
	2005 年	2006 年
世界平均值	2.14	2.31
高收入国家平均值	2.40	2.48
中国	1.33	1.42
日本	3.33	3.40
韩国	2.98	3.23
美国	2.62	2.61
德国	2.49	2.52
英国	1.78	1.80

数据来源：国际统计年鉴 2009。

表4—10 中列举了几个国家的每百万人中研究人员和技术人员数，这个数字能够间接地说明一个国家在科学技术上的竞争力到底有多强，进而影响到整个国家的经济实力。日本在所有国家中拥有第一位的研究人员数，2006 年这一数字达到了 5511.9 人，是当年中国的6.47 倍。而且研究人员数仍在不断增加，我国的数字也在增加，只是增加的幅度小了一点，不过这对于中国这么一个人口大国来说，已实属不易。在每百万人中的技术人员数，虽然我国没有统计数字，但应该与发达国家还有很大的差距。对于素有技术推崇的德国来说，它的技术人员数无疑要领先其他国家，这也决定了德国的制造业在全世界的领先地位。

表 4—10 各国每百万人中研究人员和技术人员数

（单位：人）

国家和地区	每百万人中研究人员数			每百万人中技术人员数		
	2000 年	2005 年	2006 年	2000 年	2005 年	2006 年
高收入国家	3535. 1	3828. 9	3890. 4	—	—	—
中国	547. 3	709. 8	852. 0	—	—	—
日本	5097. 6	5299. 0	5511. 9	621. 5	572. 0	560. 8
韩国	2316. 6	3276. 2	3756. 3	453. 2	581. 5	548. 8
美国	4527. 8	4769. 8	4651. 3	—	—	—
德国	3133. 0	3270. 3	3359. 0	—	1063. 5	1144. 3
俄罗斯	3435. 1	3301. 0	3227. 3	566. 3	549. 8	515. 8
英国	2740. 9	2935. 7	2995. 3	—	—	—

数据来源：国际统计年鉴 2009。

通过上面三组数据的分析，我们知道科学人才、技术人才对一个国家国民收入的提高起着至关重要的作用，而且像中国这样的发展中国家正面临着严重的人才流失问题。发达国家作为专业人员的流入国，从作为流出国的发展中国家的人力资源投资中获益，这种投资不仅包括对高等教育或技术教育的投入，也包括对中小学教育的投入。如果我们再考虑到发展中国家所需的财政努力是发达国家的十几倍，那么情况甚至是灾难性的。也就是说，国家越富裕，能投入到教育上的资金也就越多，资金成本也越低，而在贫困国家，情况却刚好相反。人力资本的流失加剧了知识生产和转化过程的不平等与不对称，加剧了技术消费国的贫困。面对这样的局面，我们作为发展中大国，“等、靠、要”是绝对不行的，我们在发展自己学术型高等教育的同时，更加注重职业型高等教育的进步，从而使我们拥有充足的人才储备，以应对日益激烈的国际竞争。

二、我国的发展战略需要职业型高等教育

中国的经济发展正在经历着从粗放型发展方式向集约型发展方式的过渡，集约型发展要求我们改变传统的靠数量投入为支撑的理念，走新型工业化道路。新型工业化道路对我国劳动力的数量、规模和技能水平都提出了新的要求。新型工业化道路使劳动密集型、资金密集型的企业向技术密集型、知识密集型的产业转化，迫切需要一大批有较高水平的职业型人才，即管理、经营、服务人才。新型工业化道路坚持以信息化带动工业化、以工业化促进信息化，走出一条科技含量高、经济效益好、资源消耗低、环境污染少、人力资源优势得到充分发挥的道路。新型工业化道路注重依靠现代科学技术提升工业质量。这就对教育，尤其是职业型教育所培养的人才，无论是从数量、规格还是从层次上，都提出了新的、更高的要求。同时，信息化水平的提高和进步，开辟了技术进步的新天地，改变了原有的生产方式，这就要求培养大批具有现代意识、动手能力强的高技能人才。这对职业型高等教育也提出了历史性的要求。

第三节　发展职业型高等教育有助于资源配置和产业结构调整

一、高等教育资源的稀缺性和需求的无限性

国内学者对高等教育资源的供给与需求作出了很多研究，但

关注教育资源的稀缺性和需求的无限性的并不多见。人类社会的经济发展就是在有限资源的约束下，创造出尽可能多的社会产品以满足人民的需要，那么高等教育资源的稀缺和需求的无限表现在哪些方面，对于我们发展职业型高等教育来说是一个前提条件。人类社会始终是在有限的资源和无限的需求之间寻找平衡点，同时稀缺和无限又是相对而言的，要区分具体的历史时期和历史条件，是在特定条件下的稀缺和无限。

高等教育资源的稀缺性表现在两方面。一是高等教育资源本身就是稀缺的，任何国家都不可能为所有的人提供一致性的高等教育服务；二是流入高等教育的资源也是稀缺的，任何国家都不会把自己全部的资源都用来发展高等教育，而不从事具体的物质生产；教育要优先发展，其他行业也要跟进，否则会导致整个系统失衡。一个国家或地区的有限资源要在该国家或地区的各行各业中进行有效配置。[①]

高等教育资源需求的无限性表现在两方面：一是国家、社会组织、家庭或个人对高等教育的需求是无限的，国家需要人才来支持社会各项事业的发展，社会组织需要人才来获得技术进步，进而实现自身的价值增值，个人需要高等教育提升自己的修养和素质，并最终使其成为自己所仰仗的劳动手段。二是高等教育对资源的需要是无限的，高等教育的投入不是一劳永逸的，需要随时发生变化，同时，适龄人口的增加无疑增加了对高等教育的需求。

约翰斯通认为保持高等学校资源配置的差距和多样性是很重要的，实施“211”工程，使一定数量的高等学校获得资源向世界知名大学的学术水平迈进也是重要的。但是有些问题依然存

① 赵祥、胡丈军：《高等教育资源配置浅析》，载《高教与经济》2009年第2期，第45—47页。

在：是不是这些大学就应该一直享有这样的优待呢？其他大学是否还有机会跻身这一行列呢？因为凭借地方的资源优势、自身的刻苦努力以及好的发展机遇，有些大学的发展势头是现在所无法预知的。另外，学校的学术选择性是否要与教育部的隶属关系相匹配，换句话说，是不是隶属教育部的学校就一定具有高的学术选择性呢？[①] 我们也可以进一步追问，为什么职业型大学不能进入像“211”工程这样的优先发展计划呢？

二、高等教育内部的资源配置

（一）资源配置方式的选择

既然高等教育资源具有稀缺性和需求的无限性，如何进行内部的配置就显得十分重要。伯顿·克拉克通过创立高等教育“协调三角形”模式，指出学术权力、国家权力和市场要素是解释现代高等教育系统运作的三要素。[②] 根据这一分析框架，并结合当前高等教育的使命，笔者认为，高等教育资源配置主要受市场、政府和学术三种力量的制衡。在图 4—2 中，描述的是在市场经济制度下，市场、学术、政府构成了对高等教育主体行为产生制衡作用的三种力量。这三种力量不仅决定了高等教育所能获得的资源总量，也会影响高等教育内部资源的使用效率和产出方式。

吴国生认为，在我国出现过的高等教育资源配置方式主要有

---

① ［美］D. B. 约翰斯通著，沈红、李红桃译：《高等教育财政：问题与出路》，北京：人民教育出版社，2003 年，第 364 页。

② Burton R. Clark，The Higher Education System，University California Press，1983，p. 143.

三种，即计划体制、市场体制以及政府主导下的市场调节体制。①

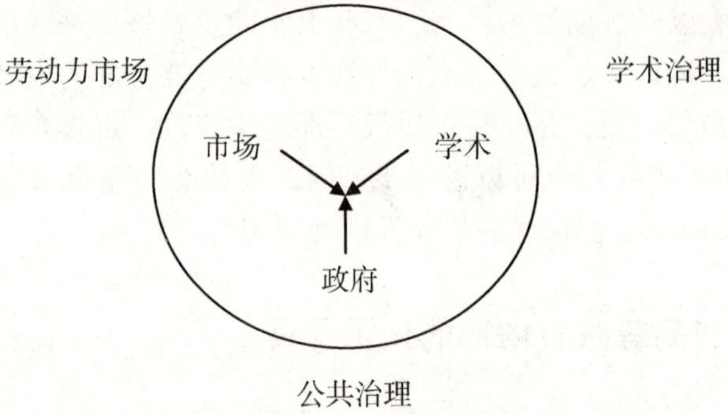

图 4—2 学术、市场、政府三种力量制衡条件示意

资料来源：康宁：中国经济转型中高等教育资源配置的制度创新［M］. 北京：教育科学出版社，2005：217.

在计划经济体制下，政府对资源配置占据绝对的支配地位，高度的计划性是这一时期明显的特点，这种计划性主要表现为：高等教育的供给和需求不是受市场的自由支配而是由政府进行统一的控制，资源配置的效率缺失；高等教育资源的内部配置缺乏激励和竞争机制，不关注成本的高低，浪费现象严重，内部配置效率低；内外部的资源配置失调，最终导致高等教育的规模不经济，效率低，人才结构不合理等问题。从图 4—3 中，我们可以看到计划体制中高等教育资源配置效率与约束的关系模型。它的思路是，高等教育的总供给受整个生产力水平与资源集中配置方式的约束，造成资源供给短缺；总供给的约束带来总需求的约束，造成资源需求短缺，高等教育机构内部资源配置结构不合

---

① 吕国生：《高等教育资源配置的三种力量理论及对我国的现实意义》，载《中央财经大学学报》2008 年第 6 期，第 19—23 页。

理，造成产权制度短缺；由于内外部的资源紧张、制度短缺直接导致组织效率低下，使高等教育机构的产出结果为规模不经济和规模效益低。

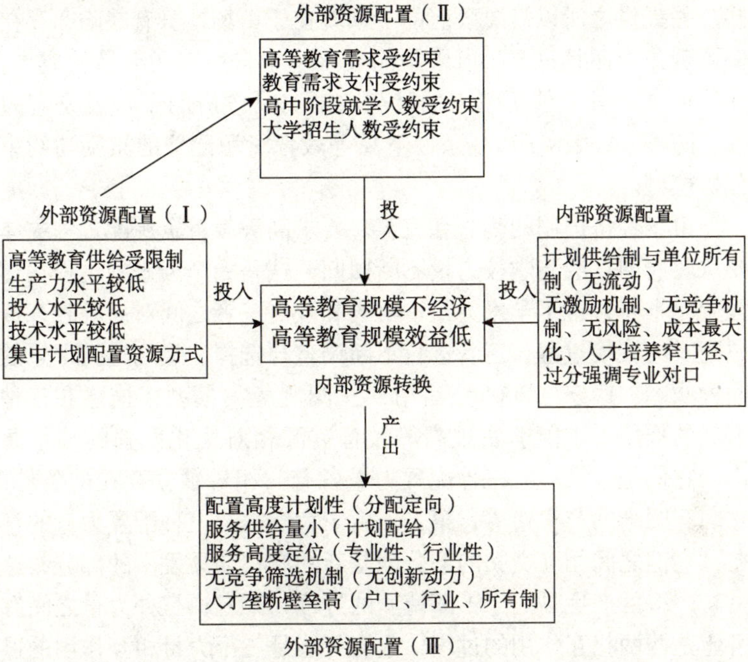

图 4—3　计划体制中高等教育资源配置效率与约束分析模型

资料来源：康宁：中国经济转型中高等教育资源配置的制度创新［M］. 北京：教育科学出版社，2005：205.

在市场体制下，市场是资源配置的主导力量，对高等教育主体行为产生影响，而此时政府的作用应当是依法对行为主体与大学组织进行调控，从而规避市场失灵和盲目投资行为，确保有效率的激励与约束机制的运行。市场力量充当核心因素的同时，我们并不否认政府的宏观调控作用，两者不可偏废。通过公共产品理论的分析我们知道，公共产品或者说边际成本为零的物品通常是由政府来统一提供的，集中的供给能够更好地满足人民的需要，同时节约成本，自由放任的、分散的供给方式是无效的。公共产品提供之所以需要政府的干预就在于市场本身有缺陷，存在失灵现象。而且只要政府干预的成本小于自由市场交易的成本，并且也小于由干预所带来的社会收益时，政府的干预就是有效的。图4—4表示了市场条件下高等教育资源配置的激励与约束分析模型。

市场经济体制的确立和完善，要求高等教育资源配置的主体要从政府向社会与学校力量不断回归，这是一个渐进的过程，过程变化本身包含了学术力量、市场和政府三者之间对高等教育资源配置的转换过程，三者进行不断调整与选择，最终达到理想的配置状态。康宁（2005）运用“三圈制衡”模型来描述在三种力量的作用下，能够实现高等教育资源相对优化配置的约束条件，它们是：第一，三种配置力量各有其相对独立存在的条件，它们有明晰的产权边界；第二，由于大学需要三种配置力量的存在，它们之间相互交叉的部分就是新的产权交易发生的部分，这个新产权的产生是一个不断博弈的过程；第三，三种力量之间有可能是两两相互作用的过程，也有可能是三个力量相互作用的过程；第四，它们之间保持一定的距离，使得相互之间的张力和制衡长期存在（见图4—5）。

高等教育资源配置的现实选择还应该注重具体的国情、社会文化、资源禀赋、风俗习惯等客观因素，不能搞“一刀切”的做法，允许差异性的存在。对于处在经济发展方式路口的中国经济而言，我们要考虑到政府、市场和学术这三种基本的力量，寻求三者之间的最佳组合点，同时又必须从我国的实际情况出发，不超越也不落后所处的时代要求，不提倡简单地平均分配和权力平衡。

当前，我们倡导市场对资源配置的决定性作用，那么高等教育完全交给市场来提供是不是合理的呢？答案是否定的，除了前面我们提到的市场自身有缺陷这个原因外，还要明确高等教育是准公共产品的特征。为此，在高等教育的供给上走纯市场方式是不可取的，现实中也无法实现，真正能够运作的是准市场的机制，即政府调控下的市场机制。其次，政府在发展职业型高等教育中的主导地位是任何组织和个人所无法取代的，它决定着大学与市场发挥作用的空间，虽然没有了原来的直接干预，但间接的调控同样起到引导和监督的作用。随着经济体制改革的深入，大学与政府的关系从原有的领导与被领导关系、所有与占有的关系转变为今天不同市场经济主体之间的关系。高校发展得好不好，这个转型至关重要。同时，各级财政的支出在高等教育的经费支出应该占据主导地位，进而动员企业和个人出资的积极性。具体到职业型高等教育的发展，政府财政资金起到的应是“四两拨千斤”的作用，期待在财政资金的主导下，吸引大量的社会资金，形成多元化经费筹措渠道，最终实现高等教育资源的有效供给。

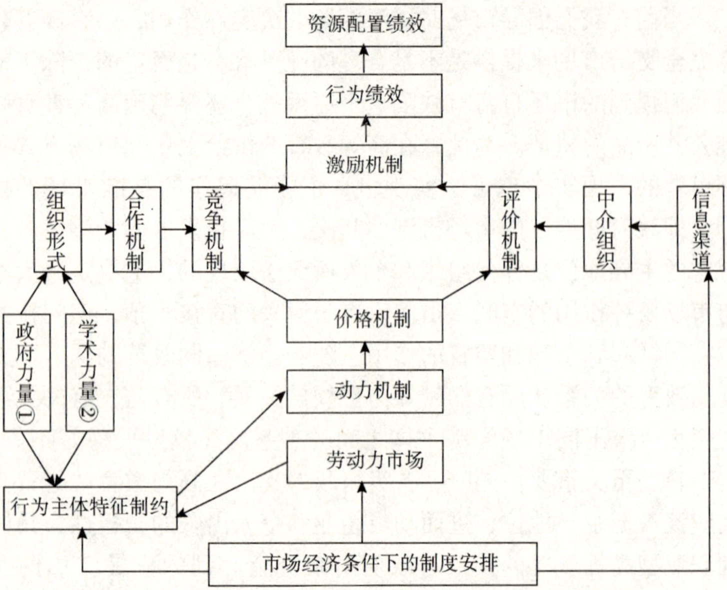

图 4—4　市场条件下高等教育资源配置的激励与约束分析模型

注：①政府力量表现在依法对行为主体与大学组织产生激励与约束。

②学术力量内化在大学组织形式、结构、运行机制之中，对主体行为施加影响。

资料来源：康宁：中国经济转型中高等教育资源配置的制度创新［M］. 北京：教育科学出版社，2005：202.

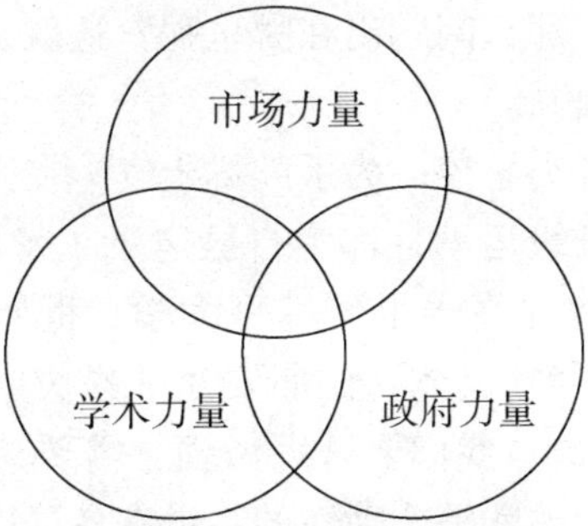

图 4—5　“三圈制衡”模型

注：①三种配置力量只有在市场经济和法制框架内存在。
②三种配置力量应是独立产权主体。
③图中阴影部分表示它们之间的产权交易关系。
④在不同的制度环境下，三种配置力量的张力与整合过程不同，产生的资源配置的制度均衡不同。

资料来源：康宁：中国经济转型中高等教育资源配置的制度创新［M］. 北京：教育科学出版社，2005：250。

（二）高等教育资源配置的优化

在中国，已有 796 所大学或科研机构具备了培养研究生的资格，[①] 博士生在校人数达到了 236617 人，硕士生在校人数达到了 1046429，[②] 而美国建立了博士点的学校只有 253 所。[③] 仅从数字上比较，中国的高等教育水平应该高于美国，而实际情况不是

① 韩进主编：《中国教育统计年鉴 2008》，北京：人民教育出版社，2009 年，第 24 页。

② 韩进主编：《中国教育统计年鉴 2008》，北京：人民教育出版社，2009 年，第 25 页。

③ 宣勇：《我们需要怎样的高等教育》，载《教育发展研究》2009 年第 7 期，第 1—6 页。

我们认为的这样，那么问题出在哪里呢？这就是我们的教育效益还需要进一步的提高。

现在中国的各类学校，为了鼓舞士气，在开创之初或伴随着国家主导的大学升级运动，都为自己定下了发展的目标和口号，有的很模糊，比如“高水平研究型大学、世界一流大学、教学型大学”，有些口号很具体，比如要建“东方哈佛”“东方斯坦福”。单从出发点看，我们要做大做强，需要这样的定位，但从国家整体的层面考虑就是非理性的，没有各层次的划分和领军人物，所有高校向着统一的目标前进，这样做的结果好比工厂生产出来的乒乓球，没有任何特色。

我们从美国高等教育大众化的发展历史，也能发现类似的情况。在总体规划颁布前，美国的学校几乎没有一所安于自身的角色和定位。随着人才结构的多样化需求，在同一条道路上发展已经没有了前途，学术型人才的同质化和毫无特色使社会开始对高等教育产生抱怨，他们疾呼高等教育体系“为更多的职业培养更高技能”。1959 年由克拉克·科尔起草、1960 年开始实施的《美国加利福尼亚州高等教育总体规划》，解决的就是高等教育学生的同质化，以及怎样更好地满足社会多样化需求的问题。

为此，学校求类、政府定型已经成为高等教育资源优化配置的必经之路。“类”反映大学学科与专业的布局特点，可分为经济类、哲学、文学类、管理类、艺术类等共 13 类。“型”分为学术型、职业型。学术型大学以知识的创造和科学研究为目标，承担国家战略层面的任务，培养本国 95% 以上的博士研究生和部分硕士研究生与本科生，占总体大学总数的比例控制在 20% 以内。而职业型大学以实现高等教育的大众化、满足人民的不同职业需求为目标，开展“教学”的研究，高效地传递知识，占大学总数比例的 80%。真正的学术研究很稀少而且成本高昂，任何国家都不可能有充足的财力为所有具有学术潜力的大学生在一流的研究型大学中提供一席之地。所以，我国高等教育整体以及高等学校内部对于教育的“两类需求”和“两类供给”之间应该寻求一种合适的均衡，实现高等教育资源的层次优化配置，最大限度地发挥职业型高等教育在整个经济社会中的作用。

三、产业结构升级与职业型高等教育

（一）产业结构升级

产业结构升级是指在特定的国内外经济环境和资源条件下，按照一般的产业结构演进规律和产业发展的内在要求，采取一定的措施，不断提高产业的结构层次和发展水平，以保证国民经济长期持续增长的一种经济活动。产业结构升级通常包含两个含义，一是通过从世界各国经济发展的特点来看，不发达国家向发达国家演进的过程就是国民经济的三大部门占总体份额不断变化的过程，通常来说就是第一产业呈下降趋势，第二产业呈明显上升趋势，而第三产业也呈上升趋势，最终结果就是第三产业在国民经济中占绝对比例。二是第二产业内部的升级过程表现为从粗放型发展向集约型发展转变，从低附加值向高附加值演进，从劳动密集型向资本密集型并最终向知识密集型转变的过程。①

（二）改革开放以来我国产业结构的演变历程

我国产业结构发展大致经历了三个历史时期，各个时期表现出了不同的特点。1978—1985 年是工业结构快速调整期，第二产业略有下降，第三产业大规模发展的时期；1986—2002 年是

① 国务院发展研究中心：《我国产业结构升级面临的风险及对策》，载《经济研究参考》2010 年第 13 期，第 3 页。

工业结构协调发展期，第二产业稳定增长，第三产业快速增长的时期；2003 年以后是重化工业高速发展期，第二产业比重快速上升，第三产业则稳中有降。在这三个历史时期，农业一直保持着下降的趋势。从第三产业的就业构成来看，第一产业的比重从绝对优势下降到了 40%，随着产业结构的优化，这一比重还将继续下降；第二、第三产业的就业人数是呈上升态势的，30 多年间第三产业就业人数的增加快于第二产业（见表 4—11）。

表 4—11　1978 年、1985 年、2003 年和 2008 年中国的产业结构情况

年份	1978	1985	2003	2008
产业总产值构成				
第一产业比重	28. 2	28. 4	12. 8	11. 3
第二产业比重	47. 9	42. 9	46. 0	48. 6
第三产业比重	23. 9	28. 7	41. 2	40. 1
产业就业构成				
第一产业比重	70. 5	62. 4	49. 1	39. 6
第二产业比重	17. 3	20. 8	21. 6	27. 2
第三产业比重	12. 6	16. 8	29. 3	33. 2

数据来源：中国统计年鉴 2009。

按照陈佳贵等（2007）提出的工业化不同阶段的标志值，我国目前处在工业化的初中期阶段。① 随着经济的发展，我们最终要向后工业化阶段迈进，到时第一产业对国内生产总值的贡献将低于 10%，第三产业将超越第二产业成为国内生产总值的最大组成部分。职业型高等教育具有先导性、前瞻性、全局性的特

① 陈佳贵、黄群慧、钟宏武、王延中等：《中国工业化进程报告》，北京：中国社会科学出版社，2007 年，第 43 页。

点，如果对产业结构的上述变化不能做出提前预测和判断的话，就很难从人才角度满足自身发展的需要。

（三）我国产业结构升级面临的压力

1. 生产要素成本不断上升

改革开放以来，我国长期存在着贸易顺差，其中的一个原因就是我国的劳动力价格低廉，发达国家投资中国进行生产也是看重这一点。随着中国经济发展水平的不断提升，中国已经成为世界最大的制造业国家，我们过去仰仗的廉价劳动力创造财富的方式已经走到了尽头。资源的整体约束，导致国内市场劳动力成本、土地成本、原材料成本都在上升。过去的大量劳动力已经被今天“民工荒”现象所代替，劳动力价格的刚性上升正推动着经济向着高涨的状态发展。同时，身为人口大国，使我们又要面临资源、生态、环境诸多方面的压力，从长远看，原材料成本、能源成本、环保成本等的上升也是必然趋势。[①] 按照舒尔茨的人力资本理论，生产要素成本的上升就是物质资本的投入增加，这势必会影响到国家在人力资本上的投入。生产要素成本的不断上升要求我们的产业走出一条高效率、高技术、低消耗的发展道路。

2. 国内需求结构正在发生变化

中国经济的高速发展，解决了人民最基本的温饱问题，实现了数量的简单增长。下一步，我们面对的是多样化的消费需求和不断提升的消费结构，强调产品的科技含量，这就要求初级产业部门由低附加值向高附加值部门演进，劳动密集型产业向技术知识型产业转变，减少消耗，提高产品的科技水平。而这样的调整

---

① 国务院发展研究中心：《我国产业结构升级面临的风险及对策》，载《经济研究参考》2010 第 13 期，第 27 页。

和升级首先要从培养高素质的职业型、技术型、应用型人才入手。

3. 世界范围内的产业结构调整仍在延续

新经济的快速发展及全球化进程的加快，为世界范围内的产业结构调整预设了前提。全球的产业好比从高到低的一个链条，每个国家都在努力争取使自己处于这个链条的上游，而非下游。当前，处在我国产业链上游的西方发达国家为了满足国家间竞争的需要，不断向我们转移汽车、机械、化工等工业化阶段的支柱产业，使我们的经济发展牢牢地掌握在他们手中。在这种背景下，我们全盘否定和全盘吸收都是不正确的做法，关键是我们要不断地提升我们工业化生产的水平，强化我们从事精细化、低能耗、集约化生产的条件，所有这一切，都离不开我国的各类人才储备，特别是各类技术应用型人才的培养。

4. 知识和人力资源积累不足，使产业结构升级缺少持续的支撑能力

前面已经提到，人力资源是所有资源中最重要的资源，是具有主动性的生产要素，资本和自然资源是被动的生产要素，投资于人力资源获得的收益要远远大于投资于物质资源的收益。一个国家的长远发展与充足有效的人力资源供应是密不可分的，没有人才，其他要素都是沉淀的，没有被激活。

我们的产业结构要升级，就要不断提高服务业在国民经济中所占比重。没有适合的服务业人才，我们的升级还是没有希望。尽管过去的几十年中，我国高等教育为经济建设培养了大批人才，但同时也浪费了很多人才，导致学术型人才过多，而缺乏生产中的技术人才和职业人才。在我国第二产业的从业工人中，相当大比例的工人仅有初、高中的基础性教育水平，且缺乏专业的继续教育培训，无法适应制造业升级的要求。而在第三产业的服务业中，具有专门知识的人才更难以寻觅，产业水平的提高无从

谈起。在科学研究的投入上，我们的强度也比较低，据统计，2007 年，中国 500 强企业研发费用占营业收入的比例平均为 1.32%，远低于世界 500 强 3%—5% 的平均水平。[①]增加科研投入直接关系我国科技成果的转化。

下面以制造业为例，说明一下职业型高等教育发展的紧迫性。众所周知，中国是世界上的制造业大国，如今已经攀升到了第一的位置，但同时我们不得不承认我们不是制造业强国。理由很简单，就是支撑我国制造业发展的产业工人中，专业人才比例太低。让我们来对比一下发达国家的比例和我国的情况，结果就一目了然了。发达国家产业工人都是经过专业培训的技术工人，但水平是有差距的，高级工人占总数的 35%，中级工人占总数的 50%，初级工人占总数的 15%。而我国的数字是倒过来的，初级工人占总数的 60%，中级工人占总数的 36%，高级工人占总数的 4%。如此的工人结构，势必决定了我们的大国而非强国地位。解决这个问题，出路只有培养大批新型技术工人。[②] 人才的匮乏致使我国制造业的技术水平落后，无法生产出高质量的产品。现实的现象也表现为招聘一个大学生很容易，而找到一个懂技术懂管理的高级工人就难多了。作为中国经济持续发展主要动力的由高新技术支撑的现代制造业，要求劳动者既要有理论和专业知识，又要有很强的动手能力，在工作实践中能够解决关键技术和工艺的操作性难题，这些劳动者必须是一批适应知识经济时代要求的，集知识性、技能性于一体的复合型职业人才。[③] 高等

① 马俊：《与世界 500 强收入差距缩小研发投入远低于世界 500 强企业》，载《市场报》2008 年 9 月 1 日。

② 纪宝成：《中国高等教育结构的战略性转变》，载《三江学院学报》2006 年第 6 期，第 3 页。

③ 和震：《技能提升与知识、素质的复合——职校毕业生升学与职业发展的思考》，载《教育发展研究》2010 第 3 期，第 1—4 页。

教育的发展既要培养学术型人才，更要创办职业型高等学校，培养大批操作型、技能型的职业型人才。

2008 年金融危机的发生，使我们看到传统的教育难以提供给市场需要的大量具有高知识、高技术含量的职业型人才，人才的需求类型由需要掌握“单项技术”的技能型人才转向更加需要具备“综合素养”的职业型人才。举个不太恰当的例子，传统意义上的厨师，他们的主要任务就是把他从师傅或其他地方学到的菜的做法一五一十地展示出来，他不会主动去想顾客对菜有哪些新的要求，也就是说，传统的厨师仅仅是会做菜，而要想做得好，不仅要会做，还要懂得如何经营，才能在做菜的本领上不断地提高和进步。

第四节　发展职业型高等教育有助于区域经济协调发展

发展职业型高等教育的直接落脚点就是促进区域经济社会的发展，进而提升区域间协调发展的能力和水平，更好地满足不同区域主体对高等教育的需要。

一、职业型高等教育与区域经济的相互关系

（一）区域经济对职业型高等教育的制约作用

1. 区域经济社会的发展状况决定着职业型高等教育的发展规模、水平和结构

从一个国家总体的层面来看，经济社会条件制约着高等教育发展。从具体的区域经济角度，同样决定着高等教育的发展。职

业型高等教育发展的物质基础和条件由区域经济社会来提供，发展水平高的地区，提供的规模和水平是高起点的，可供职业型高等教育使用的资源是丰富的，而且经济发达地区愿意接受职业型教育的人数也应该是比较多的，同时经济水平还决定了职业型高等教育提供的手段和质量。处在不同阶段的区域经济社会，对于高等教育的数量、质量、机构、层次的要求也不尽相同，通常表现出来的共同点是采取新型工业化的发展道路，会增加对技术应用型人才的需求。

区域产业结构升级决定着区域内职业型高等教育的专业结构，产业结构与教育结构的相互适应体现了经济规律与教育规律的统一，能够强化区域人力资本积累的内部效应和外部效应，而且教育更有利于促进区域增长作用的发挥，如果教育的专业结构与产业结构不能相互适应，则教育投入的一部分会成为区域人力资本的专业转换成本，从而产生教育资源浪费。①

2. 区域经济体制决定着职业型高等教育的运行机制

经济制度对教育制度具有决定作用，区域经济制度要求职业型高等教育围绕经济发展这个中心来运作，经济制度的变更势必会带来教育各具体组成部分发生形式上或内容上的变化。经济制度的合理与否直接关系到受教育者参与教育的积极性。此外，区域经济规划影响着职业型高等教育的发展重点和结构分布。②

（二）职业型高等教育对区域经济发展的促进作用

区域经济发展的内在动力是该区域掌握的人力资源的数量和

---

① 魏后凯：《现代区域经济学》，北京：经济管理出版社，2007 年，第 385 页。

② 颜加斌：《高等职业教育建设与区域经济协调发展关系的研究》，载《云南省高等教育学会高职高专教育分会 2008 年优秀论文集》，昆明：2008 年，第 43—49 页。

质量。职业型高等教育作为培养技术型人力资源的重要途径，可以生产出现实的直接生产力，并在将科学成果转化为具体的生产力过程中起到催化和辅助作用，具体说来，职业型高等教育在促进区域经济发展方面主要有以下几点作用。

1. 职业型高等教育能够改造传统农业，消解城乡二元结构

长期以来，中国的农业发展靠农民，农民以一种固定的“身份”在从事着生产，而以“职业”的形式出现的农民还没有。农民在知识技术上的欠缺是制约我国农业和农村发展的瓶颈因素。职业型高等教育可以大范围地培养农村实用型和高技能型人才，培养“职业农民”，不断提升农民的科学文化素质，使他们具有接受更高层次教育的能力，了解新知识、新技术、新产品，改造落后的农业生产方式。

同时，我国经济社会的“二元化”与高等教育发展的“一元化”存在矛盾，即高等教育的发展是城市取向的，高等教育无论在人才培养、知识创新还是社会服务等方面都很少兼顾农业、农村、农民发展的需要。一方面，高等教育一元化特征根植于城乡二元结构，并被纳入城乡二元结构之中，成为城乡二元结构的一种表现形式；另一方面，一元化的高等教育又反过来桎梏了城乡二元结构的消解。发展职业型高等教育目标是建立“二元”并存教育结构，加快资源向农村流动，实现城乡的一体化发展目标。

2. 促进区域产业结构升级

前面提到，产业结构升级离不开人力资源结构的质量和数量，如果资源结构是合理的，数量也是充足的，将加速区域产业结构优化和升级的速度；反过来，结构失衡和数量的多寡将直接影响产业结构升级的速度和质量，甚至会使经济的发展方向出现偏差。当前，之所以要大力发展职业型高等教育、培养职业型人才，是因为人才结构的不合理已经妨碍了产业结构的升级。职业

型高等教育能够面向市场、面向社会，能够紧密围绕本地区产业、企业发展需要来培养人才。

3. 职业型高等教育有助于转变发展方式，实现可持续发展

“十二五”期间，国家将着力推进经济发展方式从粗放型向集约型的转变，要降低能耗，走可持续发展的道路。这个结果的实现离不开科学技术的进步，科技的进步需要两个步骤来得以实现。首先，我们要将基础的科学知识从理论转化为具体的发明创造或者是专利产品，从而形成直接的可利用生产力。这个转化过程离不开具体的技术人员，他们是抽象知识和具体知识之间的桥梁和纽带。其次，科技成果转化后的运用过程离不开专业技术人员的具体操作，为此，我们要通过教育和培训的形式，提升劳动者的素质，增加他们的生产经验和劳动技能。上面两个步骤的实现需要一支数量庞大、适应现代化大生产的管理人员、技术人员和熟练的操作人员队伍。大力发展职业型高等教育，就可以培养这样的队伍，促进科学技术的吸收、转化和创新，进而提高可持续发展的能力。

二、我国高等教育与区域经济发展的不协调

一般来说，学术型高等教育是为国家的战略全局服务，职业型高等教育主要在区域经济发展中发挥作用。目前，中国的职业型高等教育的规模和水平都十分落后，中西部高等教育的发展与区域经济发展没能实现协调一致。①

（一）高等教育机构分布的不均衡

从表 4—12 可以看出，我国高等教育机构多数集中在东中部

① 魏后凯：《现代区域经济学》，北京：经济管理出版社，2007 年，第 385 页。

地区。中央部委所属的院校中有72.07%在东部省份，虽然中部地区的这一比例略低于西部地区，但是中部地区只有6个省份，而西部的省份比中部多了1倍。在本科院校和高等职业学校的比例分配上，西部地区达不到总数的1/4。在民办高等教育机构中，西部地区仅占可怜的1/10。在我国，东西部之间的发展本就不均衡，如果高等教育资源的分布不均衡的话，它将引起连锁反应，导致西部地区的经济与东部地区的差距越拉越大。对区域经济发展有显著作用的职业型高等教育在西部地区的分布也显得相对不足，没有基础的数量保证，质量提升的操作空间会更小，加之西部地区培养出来的职业型人才有相当一部分要“孔雀东南飞”的话，那西部地区高等教育发展更是雪上加霜。

表4—12　东中西部高等教育机构分布

地区	总计	中央部委	比例（%）	本科院校	比例（%）	专科院校	比例（%）	高等职业学校	比例（%）	民办的其他高等教育机构
总计	2263	111		1079		1184		1036		866
东部地区	1139	80	72.07	578	53.57	561	47.38	500	48.26	670
中部地区	582	14	12.61	252	23.35	330	27.87	288	27.80	109
西部地区	542	17	15.32	249	23.08	293	24.75	248	23.94	87

数据来源：2008年中国教育统计年鉴。

（注：文中的东部地区包括黑龙江、吉林、辽宁、北京、河北、天津、山东、江苏、上海、浙江、福建、广东、海南。

中部地区包括山西、河南、安徽、江西、湖北、湖南。

西部地区包括内蒙古、广西、重庆、四川、贵州、云南、西藏、陕西、甘肃、青海、宁夏、新疆）

（二）职业型高等教育的区域发展差异较大

就一般情况而言，经济发展较快的地区，职业教育往往也发展较快，而经济较落后的地区，职业教育发展则相对缓慢，两者之间存在着高度的正相关。然而，从实际情况看，我国东部、中部和西部高等教育与区域经济的互动发展依次降低。

从表4—13中观察到，2008年，高职生均预算内教育经费支出排在前十位的既有东部地区的发达省份，也有西部落后省份，而且排在后三位的没有西部地区的省份，可见西部地区不是不重视职业型高等教育的发展。但是从人均国内生产总值来看，东部地区人均国内生产总值数量与其在职业教育上的支出基本是成正比的。西部地区人均国内生产总值数量与其在职业教育上的支出关系就不是那么明显，二者的互动发展水平依然较低，这为职业型高等教育促进区域经济发展提供了绝佳的历史机遇。

表4—13　部分省份生均教育经费与人均国内生产总值的位次对比

省份	高等职业学校生均预算内教育经费支出（元）	全国位次	人均国内生产总值（元）	全国位次
西藏	25857.94	1	13861	28
北京	18858.56	2	63029	2
广东	8461.97	3	37589	6
浙江	8100.81	4	42214	4
宁夏	8038.38	5	17892	20
天津	6853.13	6	55473	3
青海	6843.53	7	17389	22
黑龙江	6724.44	8	21727	13
内蒙古	6304.60	9	32214	8

续表

省份	高等职业学校生均预算内教育经费支出（元）	全国位次	人均国内生产总值（元）	全国位次
江苏	6175.70	10	39622	5
重庆	2896.38	28	18025	19
安徽	2892.48	29	14485	27
河南	2762.24	30	19593	17
湖北	2696.12	31	19860	16

数据来源：中国教育经费统计年鉴2009。

第五节　发展职业型高等教育有利于改善收入分配状况

中国的经济发展始终伴随着公平与效率之争。从最初的“效率优先，兼顾公平”到建设和谐社会所要求的文化公平、经济公平、政治平等和社会公正，始终把坚持并实现公平正义作为社会发展的风向标。

在这样的背景下，研究职业型高等教育扩展对收入分配的影响，可以帮助我们了解中国收入分配差距的现状和成因，为制定合理的收入分配政策提供依据。

一、中国的居民收入总体状况

（一）居民可支配收入与GDP的增长比较

2008年，我国居民可支配收入为129208.1亿元，比上年增长了16.4%，城镇居民家庭人均可支配收入15780.8元，农村居民家庭人均纯收入4760.6，分别比上年增长了14.47%和14.98%。通过图4—6可以看到，自1978年以来的30多年间，无论是GDP，还是居民的可支配收入都呈不断上升趋势，但GDP的增长指数比城镇居民家庭人均可支配收入增长指数和农村居民家庭人均可支配收入增长指数要增长得更快，而且差距还在进一步地拉大，这也可以部分解释为什么我们要进行收入分配的改革，因为国民生产总值中属于居民的部分在不断地减少。

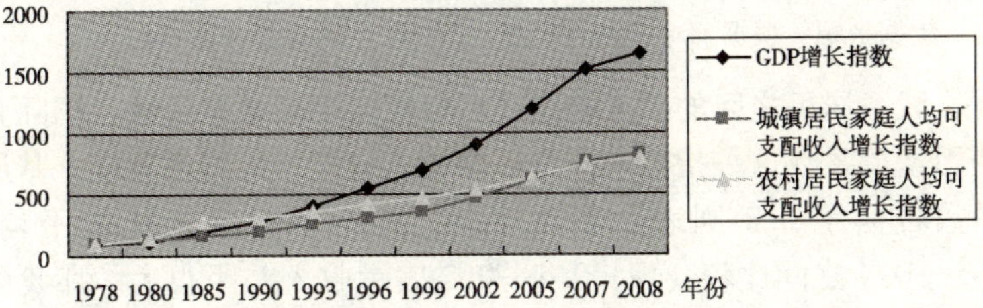

图4—6 城镇居民家庭人均可支配收入、农村居民家庭人均可支配收入增长指数与GDP增长指数的比较

数据来源：中国统计年鉴2009。

（二）城乡居民之间的收入差距

2008年，城镇居民实际收入总量为16808.9亿元，占68.6%，同比上升了0.8个百分点；农村居民实际收入总量为7676.3亿元，占31.4%，同比下降了0.8个百分点。2008年与1978年相比，城镇居民比例从1978年的35.7%上升到2008年的68.6%，上升32.9个百分点，年均上升1.1个百分点；农村居民收入比例则从1978年的64.3%下降到2008年的31.4%，下降了32.9个百分点，年均下降1.1个百分点（见图4—7）。

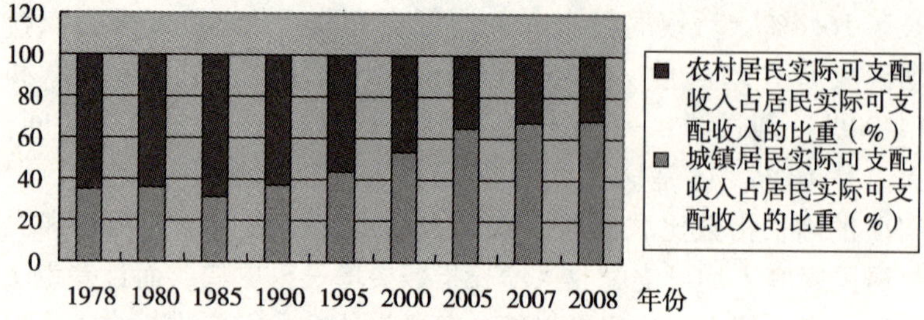

图 4—7 居民实际收入的城乡构成比例

数据来源：根据《中国统计摘要（2009）》的有关数据整理。

城乡居民之间的收入差距还可以用基尼系数来反映，国际上使用基尼系数这一指标来衡量一国收入分配不平等的程度。基尼系数若低于 0.2 则表示高度平均；0.2—0.3 表示比较平均；0.3—0.4 之间比较合理；0.4—0.5 表示收入差距很大。那我国的情况又是如何呢？通过图 4—8 我们可以看出，我国农村居民基尼系数和城镇居民基尼系数都处在比较合理的限度内，但是十分接近收入差距很大的边缘，如果不进行收入分配的调整，这个限度将很快突破。图 4 - 8 反映出我国城镇居民的基尼系数要略低于农村居民的基尼系数。

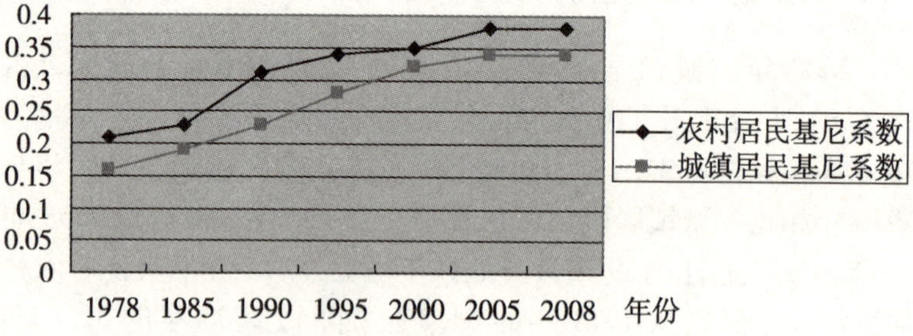

图 4 - 8 城乡居民基尼系数对比

数据来源：张东生：中国居民收入分配年度报告 2009［M］. 北京：

经济科学出版社，2009：239.

（三）居民收入中的劳动者报酬变化

在中国，劳动者报酬仍是居民收入的主要来源。从1992年到2007年，劳动者报酬在居民可支配收入中所占比重一直稳定在80%左右，2007年占83.0%，比1992年上升了3.4个百分点（见图4－9）。

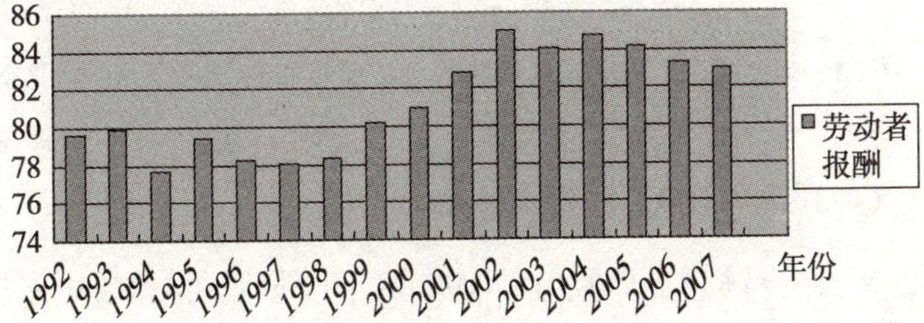

图4－9　劳动者报酬在居民可支配收入中比重

数据来源：张东生：中国居民收入分配年度报告2009［M］．北京：经济科学出版社，2009：6－7.

二、中国地区间收入分配状况

（一）各地区城乡收入差距比较

2008年，各地区“城乡收入差”均在6725.7元以上，其中，城乡收入差距在万元以上的省份达11个，分别为上海、北京、浙江、广东、福建、天津、江苏、山东、广西、重庆、云南，最高的上海达15234.6元；其他城乡收入差低于8000元的仅有新疆、吉林和黑龙江，最低的黑龙江为6725.7元（见图4－10）。

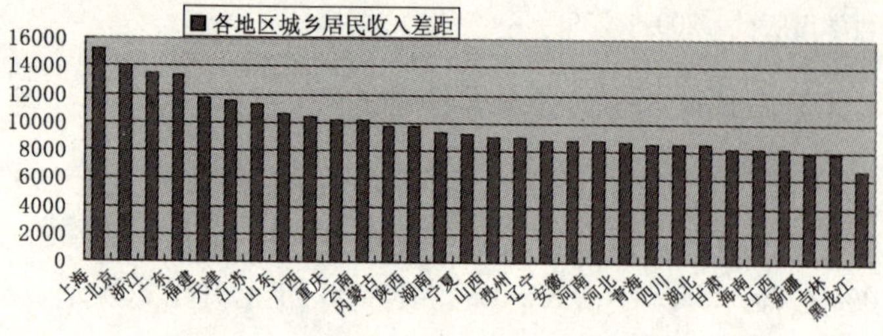

图 4—10　各地区城乡居民收入差距

数据来源：张东生：中国居民收入分配年度报告 2009［M］. 北京：经济科学出版社，2009：237 - 238.

（二）区域间城乡居民收入差距

从表 4—14 中可以看出，2008 年，东部地区城镇居民人均可支配收入是 19203.46 元，西部地区城镇人均可支配收入是 12972.18 元，二者相差 6231.28 元，比 2007 年的这一数据高出了 566.51 元。2008 年，东部地区农村居民人均可支配收入是 6598.24 元，西部地区农村人均可支配收入是 3517.75 元，二者相差 3080.49 元，比 2007 年的这一数据高出了 253.89 元。无论是在城镇还是农村，东西部之间的收入差距都在拉大。

表 4—14　各地区城镇、农村人均可支配收入比较（单位：元）

地区	城镇人均可支配收入		农村人均可支配收入	
	2008 年	2007 年	2008 年	2007 年
东部地区	19203.46	16974.22	6598.24	5854.98
中部地区	13225.88	11634.37	4453.38	3844.37
西部地区	12971.18	11309.45	3517.75	3028.38
东北地区	13119.67	11463.31	5101.18	4348.27

数据来源：中国统计年鉴　2008—2009。

三、发展职业型高等教育与改善收入分配

当前，中国的收入分配在城乡之间、区域之间形成了很大的差距，原因很多，有自然条件、资源禀赋的限制，有经济发展水平的实质性差距，更有教育扩展的影响作用。收入分配的公平需要教育的发展，教育的发展反过来会促进收入分配的公平。

（一）职业型高等教育影响收入分配的机制

根据人力资本理论，职业型高等教育可以提高个人的生产能力和配置能力，[①] 从而提高个人收入。生产能力是指职业型高等教育培养的人才是理论知识与实践能力并重的生产、管理、服务等领域的高素质技术人才，它区别于传统的技术工人，单个主体具有更大的“使用价值”。当他们与等量的其他生产要素相结合，能产出更多的产品。职业型高等教育的配置能力是发现机会、抓住机会，使既定资源得到最有效配置而使产出增加的能力。[②] 职业型高等教育培养的人才能够及时获取生产、服务环节的信息，并进行分析解读，从而实现快速有效的资源配置。

（二）现实分析

2008 年，我国东、中、西部的城镇人均可支配收入分别为 19203 元、13226 元和 12971 元，农村人均可支配收入分别为 6598 元、4453 元和 3518 元。如果按照大学学费的标准为 5000

---

① 孙百才：《教育扩展与收入分配：中国的经验研究》，北京：北京师范大学出版社，2009 年，第 28 页。

② 赖得胜：《教育与收入分配》，北京：北京师范大学出版社，2000 年，第 59 页。

元/人的话，学费占人均可支配收入的比例分别为 26.04%、37.80%、38.55%、75.78%、112.28%、142.13%。由此可见农村地区的学费负担已经基本占据了可支配收入的全部，更为严重的是，如果花掉了所有的收入，而接受的教育并不一定能保证找到合适工作的话，或者是即使找到了工作，收入水平又不高，那么教育的收益就会很低了。反过来，低收入会进而加剧不平等的程度。

目前，我国接受职业教育的学生大部分来自中低收入家庭，如果这些处境不利的家庭的子女在教育机会、资源的获得上依然不能有公平的待遇，就会造成不公平的代际传递；在国家重点高校，具有较强的文化资本、经济资本和社会资本的城市学生和强势社会阶层的子女，占有较大的份额，农村学生和弱势阶层的子女逐渐减少。教育资源、教育质量相对较弱的地方性高等院校聚集了最多的农村学生，也集中了最多的高校贫困生。在高职和民办高校，由于收费较高，其生源主要是来自中小城市和城镇的学生。按照“教育—职业—阶层”这样的社会分层逻辑，一个社会中阶层差别越大，相应地，不同职业之间的差别就越大，导致不同类型教育之间的差别也越大，职业教育也就越容易滑向二流地位。如果我们及时对这种状况进行矫正，那么社会的公平和收入分配的合理必将有很大的提高。

为此，我们要大力发展职业型高等教育，把职业型教育提升到与学术型高等教育并列的地位，破除人们对学术型高校的迷恋。说到底，不管什么类型、什么层次、什么专业的学生，最终是要有自己的职业选择的。国家要实行统一的职业型人才准入和认证标准，尊重学生的自由选择，也就是说，家庭条件好的、综合素质高的青年同样可以选择职业型高等教育。除了要继续深造，准备成为创新性人才的学生外，来自不同家庭、不同背景、不同地区的学生都可以选择职业型高等教育。职业型高等教育有利于改善普通家庭的生活水准和社会地位，良好的职业教育确实能给学习者以较好的职业知识和能力储备，能够给学习者带来眼前的实惠和未来的发展机会，而且职业型高等教育可以带来更高的就业率和可流动性。

第五章　职业型高等教育财政政策的国际比较

美国、德国、日本等国虽然没有与我国职业型高等教育完全相同的发展历程，但他们在高等职业教育的发展过程中都取得了不小的成绩，促进了本国和地区的经济发展。通过对各国和地区的分析，让我们从国家宏观政策层面到教育的具体发展环节来考察他们的特色做法，从中吸纳对我国职业型高等教育发展有益的成分。

第一节　美国的职业型高等教育财政政策

美国无疑是当今世界最强大的国家，称得上是一枝独秀。美国的骄人成绩背后除了三百多年的资本积累，更重要的是它们特别重视教育。经济的强大为教育的发展提供强大的后盾，而领先于世界的教育水平又为美国带来了政治、经济、军事等诸多方面的绝对优势。而美国的职业型高等教育的发展，为美国社会提供了大量的高质量劳动力。

一、美国职业型高等教育的财政拨款体制

（一）美国职业型高等教育财政拨款体制发展脉络

1.《莫里尔法案》的颁布与美国高等职业教育的发起

19 世纪中期以前，美国高等教育的管理权主要归州政府行使，联邦政府不具体过问教育的发展情况。随着教会对学校的更多介入，经济社会发展迫切需要政府在高等教育的发展中承担更主要的角色。联邦政府对高等教育的干预始于《莫里尔法案》的颁布。1862 年，佛蒙特州国会议员莫里尔建议政府以土地赠与的方式，参与高等教育的具体运作过程，从而实现调控目的。最终，莫里尔的提议得到批准，并成为有效力的法案。法案中明确提出：联邦政府有权赠与土地给各州，土地的赠与是帮助各州建立以农业和机械制造为主体的专门学院，并培养相应的人才；各州能够获得的土地数量直接与该州所拥有的国会议员挂钩，按每名议员 30000 亩来执行；除了明确赠与的具体数量外，联邦政府还特别强调要定期对各州执行政策的过程和结果进行考核评估，以作为进一步投入的依据。[①]《莫里尔法案》的颁布实施，是美国联邦政府调控职业型教育的开始，它采取的方式并不是简单化的财政拨款，而是在法律约束下的间接支出形式，从源头上就做到了有法可依，为美国国内战争后经济的腾飞提供了强有力的人才支持和智力保障。[②] 对我们国家的职业教育立法工作具有

① 滕大春：《美国教育史》（第二版），北京：人民教育出版社，2001 年，第 377—378 页。

② 续润华：《五个重大法令对美国职业教育发展进程的影响》，载《河北师范大学学报》2009 年第 3 期，第 59—63 页。

很大的参考价值。

2. 美国职业型高等教育财政拨款的扩张时期

第二次世界大战以后，美国的高等职业学校获得了大发展，具体形式由赠地学院和社区学院构成。赠地学院的发展得益于《莫里尔法案》的颁布实施，到1926年，在校学生总数达到了40万人。而社区学院在这一时期也发展壮大起来，达到217所。

1945年的《退伍军人就业法》和1958年的《国防教育法》使得要求接受职业型高等教育的人数猛增，退伍军人希望获得一定的职业训练。在这一背景下，赠地学院已经不能满足受教育者的需求，逐步向更加综合化、专业化的技术学院方向发展。技术学院最初不是独立于高校的机构，而是依附于大学的。技术学院的学生可以选择学习2年或4年，4年制学生可以获得学士学位。在赠地学院积极转型的同时，社区学院也产生了新的变化，规模比原来更大了，功能由原本只实施转学教育转变为积极强化社区学院的职业教育，50%的学生在社区学院学习的专业与未来的职业有关。①

美国于1963年颁布了《职业教育法》及其修正案，目的是加大对职业教育的支持力度。《职业教育法》规定：联邦政府为了加快各州职业教育的发展给予固定的财政拨款，这部分资金的使用坚持专款专用原则，使用方式可以灵活处理，但禁止挪用。联邦政府重视职业教育的优先发展，各州应该在满足基本数量的基础上，提高职业教育人才培养的质量，满足社会各个阶层（不仅是在校学生）多样化的教育需求，各州发展职业教育要紧密结合本地的经济发展实际，实施差别化的发展策略。为了更好地对职业教育进行总体规划，该法律中还规定联邦政府要成立联

① 匡瑛.《比较高等职业教育：发展与变革》，上海：上海教育出版社，2006年，第39页。

邦职业教育咨询委员会，负责职业教育的具体指导。[①]

《职业教育法》的颁布从更深和更广的角度定义了职业教育，确立了职业教育发展的多元化目标，扩大了职业教育的授课对象，加大了对各州职业教育的财政支持力度，对于职业教育的加速发展提供了法律保障。在该法的实施过程中，联邦政府对职业型高等教育的干预越来越强了。

进入20世纪70年代，美国的高等职业教育发生了一些变革，主要体现为：美国的教育总署署长西德尼·P. 马兰掀起了轰轰烈烈的生计教育运动。[②] 这一运动的主要目的是实现职业教育和普通教育的有效融合。生计教育运动涵盖从幼儿园到大学的每个教育环节，从小培养孩子的职业意识，自始至终坚持学术教育与职业教育并重，同时增加学术教育中的职业教育内容，强调大学教育的应用性特点。在这种运动的推动下，美国人史无前例地设立了职业教育的本科层次和研究生层次，学位的授予由传统的学术型大学来完成。这一时期，美国联邦政府的高等职业教育拨款增幅略有下降，但总量上仍有较高增长。相反，州政府无论在总量上还是增幅上的增长都是迅速的，且州政府对高校财政拨款相对于联邦政府显得更加重要。表明高等职业教育拨款由20世纪60年代州与联邦政府共同分担转为以州政府拨款为主，原因是州政府认为应该在职业型高等教育的发展中发挥更重要的作用。

3. 美国职业型高等教育财政拨款体制调整时期

20世纪80年代以后，美国的经济处于低迷状态，从而也影响着联邦政府对职业教育实施的拨款政策，具体表现在以下几个方面。

---

① 续润华：《五个重大法令对美国职业教育发展进程的影响》，载《河北师范大学学报》2009年第3期，第59—63页。

② 匡瑛：《比较高等职业教育：发展与变革》，上海：上海教育出版社，2006年，第39页。

（1）联邦政府减少高等教育支出

里根担任美国总统期间，国家财政政策的实施受供给学派的影响最大，认为资金只有在公立和私立高等院校之间进行竞争来获得联邦资助，才能体现公平原则，联邦只应对那些贫困家庭予以资助。如表5—1所示，1980年，联邦政府对公立高校拨款总数为55.401亿美元，之后一直呈不断上升趋势，1990年的时候达到97.634亿美元，1990年与1980年相比，增幅为76.2%；而从1980—1990期间，州政府拨款、学费、高校销售服务收入的增幅分别是94.3%、173.9%、154.8%，均高于联邦拨款76.2%的增长速度。从1980—1990期间高校收入的构成看，在8项收入来源中，只有联邦政府、州政府、地方政府的拨款显示出下降的趋势，其他的来源均有不同程度的提高。通过变化的相对比率和来源构成不难看出，美国联邦政府不像过去那样履行高等教育责任了，他们更多地借助市场手段来满足经费日益增长的需要。

表5－1　美国公立高校经常性收入来源及构成

（单位：亿美元）

年份 来源	总量			占总量的百分比（%）		
	1980—1981	1985—1986	1990—1991	1980—1981	1985—1986	1990—1991
学费	55.70	94.39	152.58	12.9	14.5	16.1
联邦政府	55.40	68.52	97.63	12.8	10.5	10.3
州政府	196.76	292.20	382.40	45.6	45.0	40.3
地方政府	16.23	23.26	35.32	3.8	3.6	3.7
私人捐赠、助学金及合同收入	11.00	21.10	36.51	2.5	3.2	3.8
捐赠收入	2.15	3.99	4.31	0.5	0.6	0.5

续表

来源＼年份	总量			占总量的百分比（%）		
	1980—1981	1985—1986	1990—1991	1980—1981	1985—1986	1990—1991
销售和服务收入	84.55	129.91	215.46	19.6	20.0	22.7
其他来源	10.16	16.68	24.83	2.4	2.6	2.6

数据来源：美国国家教育统计中心（http：//www.nces.com）

（2）高等教育财政拨款开始转向对学生的资助

从1980年开始，里根政府把对高等教育的支出责任从增加拨款转向了资助贫困学生，并不断扩大资助的范围。到1995年，联邦政府对高等教育的支出总共是336亿美元，其中47%用于大学的研究和款项，46%用于学生奖助学金，剩余的部分是其他对大学的各种协助和款项。1995—1996年度，联邦政府补助高中后学生的经费类型分别为助学贷款287亿美元、奖助学金与工读金87亿美元、机构和其他奖助金100亿美元、州提供的奖助学金30亿美元（见图5－1）。

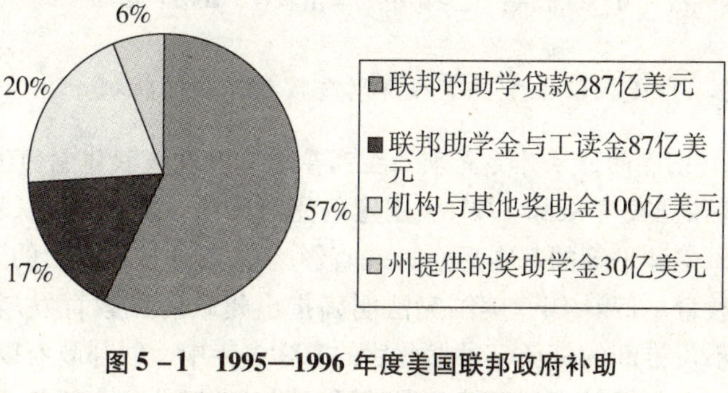

图5－1　1995—1996年度美国联邦政府补助高中后学生的经费总数与类型

资料来源：［美］阿尔巴赫等：21世纪美国高等教育：社会、政治、

经济的挑战［M］. 北京：北京师范大学出版社，2005：161.

（3）高等教育财政拨款突出研发经费

为了支持国家优先战略，从里根政府时期开始，美国政府不断增加对大学的研发支出，联邦政府的拨款在1980年和1995年间增加了50%（见表5—2）。

表5—2 1980年与1995年大学的研发经费

经费来源	补助经费（百万美元）		
	1980年	1995年	增加的百分比（%）
联邦政府	8864	13442	51.6
州政府与地方政府	1062	1654	55.8
产业界	510	1551	203.8
机构的资金	1806	4033	123.3
其他来源	872	1654	89.8
总计	13114	22334	70.3

数据来源：［美］阿尔巴赫等：21世纪美国高等教育：社会、政治、经济的挑战［M］. 北京：北京师范大学出版社，2005：157.

（二）美国职业型高等教育财政拨款体制的特征

1. 完善的立法体系是职业型高等教育财政拨款体制的依据

《独立宣言》和1791年制定的宪法中所规定的美国民族自由、民主和平等的基本理念，一直影响着美国方方面面的发展，包括教育。1791年，美国宪法明确指出州政府在教育发展过程负有不可推卸的责任，虽然此后的200多年中，联邦政府以法律的形式参与了教育的调控，促进了不同时期职业型高等教育的发展，但并没有改变州政府的主导地位。从最初的《莫里尔法案》的制定，发展到现在，美国颁布的职业教育法已多达154个。联邦政府不惜花巨资来制订法案。1994 年 4 月美国通过《2000 年目标法案》，5 月又制定了《从学校到工作机会法》。为实施这些法案，政府还成立了有关机构加以推行和监督，如“国家标准委员会等”。①

通过对美国不同发展阶段立法工作的分析，我们有这样几点体会：一是美国的职业教育发展离不开联邦立法的指导，这些立法是教育发展的根本保障，一般不具有强制性；二是美国的立法内容多数情况下离不开具体的经济措施；三是支持美国职业教育发展的立法具有独立性，且这些法律共同组成一个统一的立法体系，具有系统性和完整性的特点；四是与联邦立法相比，州政府的立法具有普遍较强的约束力与强制性。②

2. 分级筹措的财政拨款体制

美国职业型高等教育财政拨款的一个显著特点是，联邦政府及其所管辖的州政府、地方政府和各个专门机构，虽然没有必然的对于高等教育的支出责任，但他们都同时履行着对高等教育的支出责任。而联邦政府层面上的教育部从不履行行政管理职能，只是提供一些信息咨询、宏观指导以及适应国家对高等教育发展的要求向高校提供财政资助。联邦政府高等教育拨款主要表现在以下几个项目：一是设立和管理奖学金、助学金和贷款项目，对贫困学生进行资助；二是设立专门资助项目，鼓励各州对州内高等院校进行改革和创新。州政府拥有直接的高等教育管理权限。州职业型高等教育财政拨款由高等教育管理委员会或协调委员会进行管理，高等教育管理委员会作为政府和高校间的“缓冲

① 匡瑛：《比较高等职业教育：发展与变革》，上海：上海教育出版社，2006 年，第 39 页。

② 吕炜等著：《高等教育财政：国际经验与中国道路选择》，大连：东北财经大学出版社，2004 年，第 29 页。

器”，能有效地避免政府对高校内部事物的过多干预。各州政府不仅从法律角度约束高等教育的发展，而且通过财政拨款实施对高校的调控；州政府在高等教育管理和资源分配中拥有绝对的权力，对大学的拨款和使用管理具有法定性和强制性，成为大学经费的主要来源。

从拨款的范围看，联邦政府的预算支出主要用于对贫困学生的资助和高校科研拨款两个方面。1965 年，联邦政府的所有教育资助项目金额为 53.31 亿美元，其中中等后教育资助项目为 11.98 亿美元，对大学及相关机构的科研拨款为 18.163 亿美元，两者占联邦教育资助项目总量的比例分别为 22.5% 和 34.1%；2002 年，对所有教育项目资助总额为 1080.24 亿美元，其中中等后教育项目和大学科研拨款总量分别达到 228.34 亿美元和 256.65 亿美元，两项占总量的比例为 21.1% 和 23.8%，分别是 1965 年的约 19.1 倍和 14.1 倍。美国各州的财政拨款多立足于本州实际，州与州之间差距很大。1999—2000 年度州对高等教育的拨款达到了 1523.25 亿美元，其中拨款排在前 5 位的州总计达 521.64 亿美元，占该年度总量的 34.2%。总之，美国各州高等教育拨款的分权化特征明显。

近年来，联邦政府对公立高等院校的拨款在 10% 左右，而州政府对公立高等院校的拨款基本维持在 35% 左右。对于私立高等院校，1995—1996 年度联邦政府的拨款占年度总量的 14.10%，而当年州政府对私立高等院校的拨款仅占总量的 1.85%，可见联邦政府在对私立高等院校的拨款上要超过州政府的水平，州政府的主要高等教育拨款流向了本州的公立高等院校。

3. 美国的职业型高等教育拨款模式

美国高等教育拨款由教育经常费拨款、资本性拨款和专项拨款三部分组成。教育经常费拨款的实现借助于四种方式：增量拨款法、公式拨款法、合同拨款法和协商拨款法。专项拨款以采用绩效拨款的形式为主。

（1）增量拨款法

增量拨款法是在计算前期费用和支出总额的基础上，结合现实的财政收支状况，提供一个固定比例的增长率。增长率的确定可以通过按拨款公式测算、经验判断和简单的增长比例来获得。该模式的缺点是财政已经越来越难以满足简单的增量拨款的要求，财政拨款的使用效益不能体现。

（2）公式拨款法

公式拨款法是通过对影响财政拨款因素的分析和整理，建立包含权重因素的拨款公式，公式随客观条件不同而变化，充分考虑各类、各地区大学的特点，能够减少决策中的不确定性，做到有的放矢。它的缺点是要以前期数据为参考，缺乏对新因素的考虑。

（3）合同拨款法

合同拨款法主要采取与高校签订合同，然后通过拨款项目的招标和投标这一方式来完成对高校的拨款。这种拨款方式鼓励高校之间的竞争，能够充分利用社会与高校两个资源市场，逐步扩大高校的办学自主权。这种方法同样存在缺点，容易引起高校之间的无序竞争，造成资源浪费现象，为了争取更多的拨款，而忽视基础学科和基础项目的规划和研究。

二、美国多元化的职业型高等教育经费筹措

美国高等教育的领先地位离不开有力的经费筹措，从构成看，美国高等教育的经费来源主要是三级政府的财政拨款（联邦、州、地方三级政府）、学杂费、销售及服务收入、捐赠收入等，见表5－3。

表 5－3 美国高等教育经费来源构成（%）

经费来源	公立高等教育				私立高等教育			
	1994—1995	1995—1996	1996—1997	1999—2000	1994—1995	1995—1996	1996—1997	1999—2000
联邦政府	11.1		11	10.8	14.4		14.4	13.8
州政府	35.9	51.0	35.6	35.8	2.1	16.5	2.1	1.9
地方政府	4.0		3.9	3.8	0.6		0.6	0.7
学杂费	18.4	18.8	19	18.5	42.4	43.0	42.4	43
销售及服务收入	23.1	22.2	22.3	21.6	22.2	21.0	22.2	21
捐赠收入	0.6	4.7	4.9	5.6	4.7	14.4	13.6	14.3
其他收入	6.9	3.3	3.3	3.9	13.6	5.1	4.7	5.3

数据来源：美国国家教育统计中心（http：//www. nces. com）。

表5－3表明了美国高等教育经费筹措的特点，即经费来源多元化。1994—1995年度，美国联邦、州、地方三级政府拨款在公立高等学校中占51%，在私立高等学校中占17.1%；学费收入在公立高等学校中占18.4%，在私立高等学校中占42.4%；销售和服务收入在公立高等学校中占23.1%，在私立高等学校中占22.2%；捐赠收入在公立高等学校中占0.6%，在私立高等学校中占4.7%；其他收入在公立高等学校中占6.9%，在私立高等学校中13.6%。到了1999—2000年度，这些经费的构成比例发生了变化，这种变化体现在高校的公立或私立上。在公立高等学校的经费中，联邦政府拨款占10.8%、州政府拨款占35.8%、地方政府拨款占3.8%、学杂费拨款占18.5%、销售和服务收入拨款占21.6%、捐赠收入拨款占5.6%、其他收入拨款占3.9%。而在私立高等学校的经费中，联邦政府拨款占13.8%、州政府拨款占1.9%、地方政府拨款占0.7%、学杂费占43%、销售和服务收入占21%、捐赠收入占14.3%、其他收入占5.3%。

（一）政府拨款是经费主体

美国公立高等学校的经费一半以上依赖政府的财政性拨款，特别是州政府。1999—2000 年度，由三级政府提供的经费占据了本年度经费总额的 50.4%，远远超过了其他渠道的经费数额。而且在公立高校中，联邦政府的投入逐年增加，占经费总额的比例稳中有升。

在私立高等学校，政府的财政拨款比公立学校少得多，但他们的在校生可以同公立大学的学生一样申请政府的奖学金、助学贷款，其中一些有实力的私立高校可以与公立高校一样申请政府的科研经费。尽管联邦政府的经费占经费总额的比例在逐年下降，但它的经费总额是在逐年增加的。

（二）学费呈上升趋势

高等教育的发展实践表明，几乎免费的美国高等教育并没有实现教育机会均等，最大的受益者是那些有高收入的家庭，而且，不收学费或学费过低使部分大学生不珍惜受教育的机会，导致高等教育资源的巨大浪费，不利于高等教育的良性发展。同时，越来越多的私立职业型高等学校的出现，要求学费在经费总额中占有越来越大的份额。

表 5-4 列举了 1974 年度至 1994 年度公立、私立大学每学年学费变化情形，可以看出，由于私立学校学费收取的起点高，所以在这 20 年中，公立大学的学费增长比例反而超过了私立学校的学费增长比例，而且技术学院和两年制社区学院的增长比例更高。

表 5—4 1974 年度至 1994 年度公立、私立大学学费变化情形

年度	私立大学		公立大学	
	大学	学院	大学	两年制学校
1974—1975	2614 美元	1954 美元	599 美元	277 美元
1979—1980	3811 美元	3020 美元	840 美元	355 美元
1984—1985	6843 美元	5135 美元	1386 美元	584 美元
1989—1990	10348 美元	7778 美元	2035 美元	756 美元
1994—1995	14510 美元	10698 美元	2982 美元	1914 美元
1990—1995 所增加的百分比%	40	86	47	153
1985—1995 所增加的百分比%	24	108	115	228

数据来源：美国国家教育统计中心（http：//www. nces. com）.

（三）销售及服务收入

1904 年，威斯康星大学提出了“威斯康星理念”，赋予威斯康星大学两项重大使命——帮助州政府在全州各个领域开展技术推广和函授教育以帮助本州公民。服务职能的增加给美国高等教育带来了一场革命，使得美国传统高等教育制度发生了重大变化，它打破了美国高等教育的封闭体制，在高等学校和社会之间建立了有机联系，使得为社会服务和为国家发展服务成为高等学校的主要职能。①

高等教育服务职能的确立为高等教育的经费筹措开辟了一条新的道路——销售及服务收入。1999—2000 年度，美国公立高校的销售服务收入为 21.6%，私立高校的销售服务收入为 21%。

① ［美］阿尔巴赫等著，杨耕、周作宇译：《21 世纪美国高等教育：社会、政治、经济的挑战》，北京：北京师范大学出版社，2005 年，第 4 页。

销售服务收入具体包括校办企业收入、产学研合作收入、专利收入。在美国，职业型大学利用自身优势，开展与企业的合作，为企业培训人才并提供咨询服务；反过来企业可以给高校提供生产实践的园地，提供社会信息，提供用人职位，更重要的是，企业可以以部分盈利支援学校的发展。例如，从 1950 年到 1980 年间，美国俄亥俄州大学与企业共同建立了 27 个研究园区。1994—1995 年，产学研合作收入为 183. 36 亿美元，占本年度经费总额的 3. 0% 。[①]

（四）教育捐赠

在美国，教育捐赠的历史悠久。1970 年，捐赠收入占美国大学收入总额的 7. 64% ，达到 16. 45 亿美元。到了 1996 年，捐赠收入占美国大学收入总额的 8. 31% ，达到 164. 65 亿美元。无论是在绝对量还是相对量上都呈现出上升趋势。通过近 30 年的数据看出，捐赠收入占美国大学收入总额的比例始终维持在 8% 左右。[②] 当然，并不是所有大学获得的捐赠都是充足的，这和大学本身的法人性质、影响力还有很大的关系，比如说，2006 年，美国私立院校获得的平均捐赠收入最多，达到 1. 9 亿美元；公立两年制院校获得 160. 01 万美元，排在最后。从捐赠收入的来源看，美国大学 2006 年得到的 297. 5 亿美元捐赠中，基金会的贡献最大，占 28. 6% 。校友捐赠也占有 27. 8% 的份额，最少的是宗教组织的捐赠。

美国政府制定了完备的法律法规支持和鼓励个人、企业及非

① 吕炜等著：《高等教育财政：国际经验与中国道路选择》，大连：东北财经大学出版社，2004 年，第 90 页。

② 周保利、刘国学：《美国大学教育捐赠制度的特点》，载《教育与经济》2009 第 1 期，第 68—70 页。

营利组织向大学踊跃捐款。比如，不动产捐赠和捐赠中的个人所得税优惠政策适用的是2002年制订的“财经法案”。与此同时，美国还是一个可以征收高额遗产税的国家，这种税收政策提倡的就是财产的所有者要积极参与慈善活动，不断回报社会，而最大限度地防止财产的代代相传。这些政策的出台，使教育捐赠成为重要的经费来源，有效缓解了教育经费的紧张。①

三、美国的高等教育绩效拨款

1974年，美国田纳西州高等教育委员会（THEC）尝试从学生的学习情况和教学质量这两个指标入手，来确定高等教育拨款数额，从而开创了全美范围内的高等教育资金的绩效评价局面。

美国各州的绩效评价由高等教育委员会负责实施，高等教育委员会能够起到“缓冲器”的作用，它连接着政府和高等教育，承担组织、规划、控制、管理的责任。既是高等学校的代言人，代表学校参与对政府的博弈活动，又是政府的得力助手，将政府的管理责任传递给高等学校。

美国的高等教育绩效拨款主要有以下特点。

第一，按照周期评估，贯彻长期战略。

一般来说，绩效指标的选取和测量受短期行为的影响比较深，从而忽视了长期行为的监测，注重短期利益，淡化长期利益。为了规避这个风险，美国各州从一开始就设计了一套以周期为单位的评估指标体系，经过评估、打分环节，只有分数高的院校才能获得绩效拨款，该机制一般以5年为一个周期，每隔一个周期都会根据评估结果调整一次。

---

① 周保利，刘国学，《美国大学教育捐赠制度的特点》，载《教育与经济》2009第1期，第68—70页。

第二、科学、合理的绩效指标评估体系。

绩效评价的结果是否准确取决于绩效指标评估体系的完整性，也就是绩效指标的选择。美国的绩效指标评估体系主要有两个特点。绩效指标的系统性。绩效指标由投入、过程和产出三部分组成。每一部分都有具体的衡量指标和标准。绩效指标的发展性。绩效指标是随环境的改变而改善的，也是随着政府、院校、学生、家长、商业人士的需求改变而发展的。①

第三、强调公开理念，鼓励广泛参与。

当美国的高等教育受联邦政府干预较多时，公众对于教育的关注不足。随着政府高等教育支出责任的减少，民间资本大量抢滩高等教育领域，公众参与高等教育决策过程的积极性提高。同时，美国各州政府会定期发布对于高校绩效评价的结果，从而使教育工作者和政府决策者意识到存在的问题，吸引更多的公众参加到绩效评价体系中来；最终推动绩效评价的开展。

第二节　德国的职业型高等教育财政政策

德国历来十分重视职业型高等教育，把职业教育视为其经济发展的基石。其职业教育体系以形式多样、注重实践、办学效率高、学生动手能力强、综合素质好等特点闻名于世，为德国社会和经济各部门行业输送了大量人才。

---

① 郑晓凤：《美国高等教育绩效拨款特征——以田纳西州为例》，载《中国高等教育评估》2006 年第 2 期，第 43—46 页。

一、德国的职业型高等教育财政拨款体制

（一）职责明晰的管理体制

德国是个联邦制国家，各级政府和专业部门分工协作，共同承担高等教育的管理责任。在联邦层面，联邦政府不使用专有立法权来干预教育事务，但掌握着经济和劳动事务。由联邦教育与研究部（BMBF，Bundes ministerium für Bildung und Forschung）具体负责职业型高等教育的发展，其他专业部门如要介入职业教育的管理必须获得教育与研究部的同意和授权。

在州政府层面，赋予其管理高等教育具体事务和立法工作的绝对权力，具体由文化教育部门负责权力的行使。各州的文化教育部门同时行使对职业型高等教育的管理权。各州设立由企业、个人、政府代表组成的职业培训委员会，为职业教育的发展献计献策。

在地方政府层面，通常运用行业协会来保障企业培训的质量。

（二）财政拨款体制

德国是联邦制国家，高等教育财政政策亦以此为基础，实行联邦、州、地方三级财政，资金来源渠道众多，最重要的资金来源是税收。三级政府根据联邦基本法所赋予的使命和承担的具体任务分配经费。高等教育的经费主要由州承担，联邦政府通过财政拨款对高等教育进行支持。

1. 联邦政府对职业型高等教育予以财政拨款的资助形式有以下六种。

（1）联邦政府根据高校建设促进法的规定和州政府共同承

担大学建设的资金，其中联邦政府主要负责基本建设部分和大型实验设备的支出，其余部分的支出由州政府承担。

（2）联邦政府通过间接的渠道使财政资金流向大学，具体有两种方式，一是通过设立试点，资助科学研究的途径提供；另一种是通过具有研究性质的准官方机构向大学分配资金。

（3）联邦政府负责大学生资助款项的三分之二部分，其余由地方政府承担。

（4）此外，联邦政府通过外交部、教育部、科技部这样的政府分支机构帮助大学生和博士后进行科学研究，鼓励他们进行国际性的学术交流活动。1994 年来源于这些政府部门的经费占到经费总额的 83.2%。1994 年洪堡基金会的总经费为 0.7468 亿马克，其中 95% 来自联邦外交部、教育部、科技部。[①]

（5）德国联邦政府在筹措职业教育经费过程中建立了中央基金制度。中央基金即由国家依法设立，由个人和企业共同负担，政府统一管理并分配使用的资金。它的使用方向主要是对企业的培训支出给予补助，补助的比例从 50% 到 100% 不等。不同的地区、不同层次的企业、不同的培训内容得到的补助也不尽相同。[②]

（6）通过奖学金和贷款贴息的方式资助困难学生。

2. 德国州政府对高等教育的财政拨款采用四种方式。

（1）州政府负责大学的人员经费和全部的运转费用。支持大学开展常规的教学和科学研究活动。

（2）大学基础设施建设费由州政府负担 50%，同时负担房

---

① 杨明：《20 世纪 90 年代德国高等教育财政改革述评》，载《高等教育研究》2001 年第 4 期，第 92—96 页。

② 王小军、赵函、黄日强：《政府拨款：德国职业教育经费的重要来源》，载《武汉职业技术学院学报》2010 年第 2 期，第 91—92 页。

屋维修费。

（3）由专业协会代替州政府分配财政资金。

（4）州政府向困难的本专科生和研究生提供补助。

3. 校舍设备的建筑、经常的维修和管理以及管理人员的工资等人事费用由地方政府承担，并可以从州政府获得转移支付。同时，州政府还向有资质的高等教育机构和学校提供少量的补助。[①]

德国还存在着其他影响高等教育资源分配的决定力量。联合委员会（BLK）负责联邦和州的高等教育规划和科研，联邦教育部和科技部在该委员会中拥有50%的投票权。科学委员会使得高等教育领域的决策具有民主化的特点。联邦审计署负责控制预算资金的去向和使用效果。[②]

（三）德国高等教育财政拨款的监督与评估

德国的高等学校过去受政府干预较多，导致了大学间缺乏竞争，在质量和绩效方面相差不大。另外，德国通用的政府拨款模式属增量拨款，是预算程序和协商的结果，决策过程缺乏透明性。因此，加强评估工作在德国未来的高等教育改革中也占有重要的地位。德国的高等教育评估机制更多地体现出社会化和多元化的特点。德国通过政府组织专家对综合大学的学科、专业进行评估，另外政府还聘请社会上的评估机构对大学进行跟踪评估，最终的评估结果也会影响到对大学的拨款。在高校研究资金的竞争拨款中，联邦政府建立了一些专门的机构，负责选择大学优秀

---

① 王小军、赵函、黄日强：《政府拨款：德国职业教育经费的重要来源》，载《武汉职业技术学院学报》2010年第2期，第91—92页。

② 杨明：《20世纪90年代德国高等教育财政改革述评》，载《高等教育研究》2001年第4期，第92—96页。

的研究项目，提供相应的资金支持，而这些项目的选择过程是通过竞争程序和评估工作展开的。① 2004 年，受德国科研捐赠者联合会的委托，一个由 12 位国内外专家构成的评估委员会对德国当时的 16 所私立高等学校进行了首次评估。这次评估活动主要涉及办学特色、教学质量、与外界的合作和经费来源等几个方面。②

二、高等教育经费筹资渠道的相对狭窄

与美国多渠道筹资方式比，德国的高等教育经费渠道相对狭窄。政府和企业构成了经费支付的主体，政府负担职业学校的运转经费，包括教职工人员经费、教学科研基础经费、运转费用、校舍、设备的建筑与维修费用以及管理人员的工资等人事费用。企业的支出主要用于进行内部的职业培训费用。

除了政府拨款和企业资助外，德国许多州正引入学费制度以增进德国高等教育系统内部的竞争。同时，高等教育机构将致力于进一步扩大其收入来源——尤其是通过捐赠。③

① 刘金龙：《英、日、德高等教育财政拨款体制及其启示》，载《现代教育管理》2009 年第 12 期，第 94—96 页。

② 范文曜、马陆亭：《国际视角下的高等教育质量评估与财政拨款》，北京：教育科学出版社，2004 年，第 68 页。

③ ［俄］米歇尔·列申斯基：《德国高等教育中的财政和绩效导向预算：竞争激发效率》，载《北京大学教育评论》2008 年第 1 期，第 136 页。

第三节 日本的职业型高等教育财政政策

一、日本职业型高等教育财政拨款体制

（一）日本高等职业教育的分类

日本拥有世界先进水平的制造业，拥有大批高级技术型人才，这些人才主要由高等专门学校、短期大学、高等专修学校来培养。高等职业学校根据办学主体的不同，分为国立、公立、私立三种类型。不同类型的学校有不同的产生背景，也具有不同的特点，下面分别来看一下。高等专门学校最初创立于 1961 年，它不招收高中毕业生，学生具有初中文化程度即可入学，学习时间为 5 年，这期间将学生未参与的高中部分学习纳入了高等教育学校中。短期大学创立于二战以后，学制为 2—3 年，在不断发展的过程中培养了大批中级技术人才，支持了日本的经济复苏和产业结构升级。鉴于短期大学的贡献，日本国会修改了《学校教育法》，确立了短期大学的合法地位。高等专修学校创立于 1976 年，招收高中毕业生，从事专门的技术教育，如今已经发展成为日本职业型高等教育必不可少的部分。

日本的高等教育机构主要由学术型大学、短期大学、高等专门学校、高等专修学校组成，而后面三种都属于职业型高等教育的范畴。1992 年，在日本全部的 3964 所高校中，三种职业型高

等教育类型总数为3441所，占全部学校总数的86.81%。[①] 1990年，高等职业机构在校生总数为110.6万人，占高校总人数的35.78%。[②] 由此看出，职业型高等教育已在日本高等教育体系中占了非常突出的地位。高普及率的职业教育满足了经济社会发展对大量应用型人才的需求。

（二）日本职业教育的财政拨款体制

上面提到，日本高等职业教育包括国立、公立、私立三种类型。国立学校主要包括高等专门学校，私立学校则以短期大学和高等专修学校为主。根据不同的法律规定，国立、公立、私立的财政拨款体制是完全不同的。

1. 国立高等职业教育财政拨款体制

日本国立学校的财政拨款依据就是《国立学校设置法》，国立学校的经费由中央财政负担。为了更有效地使用财政资金，日本特别制定了《国立学校专项会计法》，单独对国立学校的收入和支出进行计算，并列举了国立学校收入和支出的具体类型。

由于国立学校的资金是单独核算，从而使国立学校在预算外资金的运用上更加自由，可以吸收更多的资金服务于学校教学和科学研究能力的提升，从根本上保证了国立大学的办学质量。[③] 由于政府拨款占据了国立学校预算的绝大部分，国立学校的教学和科研等各项工作是有资金保障的。它自己可能获得一部分其他收入，但与拨款数额相比微乎其微，因此，国立学校的办学经费主要来源于政府经费。

---

① 袁韶莹：《当代日本高等教育》，长春：吉林教育出版社，1993年，第34—35页。

② 国家教委教育管理信息中心：《教育参考资料》第15—16期，第13页。

③ 柯佑祥：《日本高等教育财政研究》，载《江苏高教》1998年第2期，第54页。

2. 公立高等职业教育财政拨款体制

国立学校的经费绝大部分来自中央政府的经费投入，而公立学校的经费主要来自地方政府。地方政府必须负担公立学校的办学经费是在《学校教育法》中明文规定的。但是，日本国内也存在地区经济发展不均衡状态，导致不同地区的公立学校在办学规模和质量上存在差距，形成了教育供给上的不平等。[①] 为了把这种差距缩小，消化不平等的不良后果，日本政府出台了国家转移支付制度，即公立高等职业学校的经费由地方政府的拨款和中央政府转移支付的资金共同构成，同时明确各参与主体的责任与权力。

1989 年，日本国家和地方对学校的资助占全国教育经费总额的 79%，这其中地方政府的份额为 55.7%，地方政府的支出主要用于公立学校。公立学校同国立学校一样具有收取学费的权力，上交政府统一管理，除此之外的收入份额微乎其微。因此国家和地方拨款构成了公立职业高等学校的主要办学经费。[②]

3. 私立高等职业教育财政拨款体制

日本私立高等职业教育比国立、公立高等职业教育具有更大的规模，在整个日本高等职业教育体系中占有数量优势。但是，私立高等职业学校的经费取得与国立、公立学校截然不同。《私立学校振兴助成法》中指出，私立学校经常费用可以由国家给予一定量的补偿资助，并提供税收优惠政策给私人学校的主办者。具体措施如下。

（1）经常费用的资助项目。国家为支持私立学校的基础活

---

① 邹艳：《日本高等教育经费的研究及启示》，载《日本问题研究》2002 年第 4 期，第 60 页。

② 黄家泉、吴开俊：《日本高等职业教育财政初探》，载《广州大学学报》（综合版）1999 年第 3 期，第 43 页。

动，通过私学振兴财团为私立学校提供资助。资助有“一般补助”和“特殊补助”之分，一般补助是为了满足正常的资金需要，而特殊补助用于特色的教学与科学研究行为，在数量上是高于一般补助金额的。

（2）补助私立高等学校的设备费用。为了促进私立大学科学研究工作水平的提高，日本从 1983 年起开始对私立短期大学、高等专门学校、专修学校配备大型教育实验设备的专项费用给予补贴。1992 年，该项补贴的总金额达到 23.53 亿日元。①

（3）建立私立学校的贷款制度。这种贷款由日本私学振兴财团提供，收取较低的利息，由于成本较低，这项贷款的使用在日本已经相当普遍。贷款的具体投向主要是基础设施建设、设备的购买等。②

（4）私立学校享受税收优惠政策。由于私立教育提供的是公共产品或准公共产品，可以从国家获得矫正性的补贴，有权利享受国家在税收上的各种优惠。这些优惠具体包括对学校的基础设施免征固定资产税，免收私立学校的法人税、事业税，以及对向私立学校进行捐赠的企业或个人免税或扣除部分所得金额等。③

（三）日本职业型高等教育财政拨款体制特征

1. 政府主导

无论是对国立高校的直接拨款，还是对公立高校的转移性支

---

① 黄家泉、吴开俊：《日本高等职业教育财政初探》，载《广州大学学报》（综合版）1999 年第 3 期，第 43 页。

② 柯佑祥：《日本高等教育财政研究》，载《江苏高教》1998 年第 2 期，第 53 页。

③ 黄家泉、吴开俊：《日本高等职业教育财政初探》，载《广州大学学报》（综合版）1999 年第 3 期，第 44 页。

付拨款和地方税款，还是对私立高校的经常费用资助，都反映出日本政府在职业型高等教育财政拨款中的主导地位。政府财政拨款是国立职业教育和公立职业教育的绝对经费来源。

2. 有法律保障的财政拨款

第二次世界大战以后，为了使经济快速恢复到原有的水平，日本首先强调政府投资高等教育的重要性，颁布了相关的法律，对教育经费负担者和具体的比例做出明文规定，确定了中央财政对国立学校经费支出的主要责任，为双重结构办学格局的形成奠定了基础，同时强调政府是高等教育资源配置的唯一力量。这些规定具体分布在《教育基本法》《学校教育法》《美国教育使节团报告书》等一系列文件中。① 此后，《国立学校设置法》《国立学校专项会计法》等法律规定，规范了国立高等职业教育的财政拨款，确立了政府对国立高校的拨款首要责任；在中央对私立高校的财政支持上，《私立学校振兴助成法》《私立学校财团法》对此进行了专门的规定；在中央对地方政府的转移支付上，《地方财政法》《地方交付税法》给予了详细的说明。

3. 日本职业型高等教育财政转移支付政策

日本职业型大学有国立、公立和私立之别。国立大学经费由文部省拨付，公立大学经费由地方政府拨款，国家给予补助，私立大学经费由学校法人提供，国家和地方政府给予补助。② 公立大学经费主要靠地方政府财政拨款，但由于各地经济发展水平不同，也会产生教育机会和教育条件的不均衡。为了实现地区间的协调发展，缩小地区差距，消除教育投入中的不平等现象，日本

① 吕炜等著：《高等教育财政：国际经验与中国道路选择》，大连：东北财经大学出版社，2004 年，第 57 页。

② 刘金龙．《英、日、德高等教育财政拨款体制及其启示》，载《现代教育管理》2009 年第 12 期，第 95 页。

政府确定了对私立高校的横向和纵向相结合的转移支付制度和地方支付税金制度，即从地方交付税金中提取一定比例的经费用于高等教育，这是保证公立大学财源的有效措施之一；同时，中央政府对私立高等职业教育给予经常费用补助和税收优惠，这些措施的实质是日本政府实施的教育财政转移支付政策。

4. 完善的财政拨款监督与评价

日本政府对于高等学校的评估开始于20世纪90年代中期，通过评估实现财政拨款的有效使用，并为将来的拨款提供依据。我国目前正在进行的大学本科教学水平评估也包含这样的主要目的。日本的高校评估由初期策划、过程实施和结果评估三个部分构成。使用的评估方法很具体，包括学生对教学质量的评价；学校围绕教学和科学研究水平开展的自我评价；机构评价。

自我评价不是由政府牵头进行，也不是由高校自我实现，而是依靠一些准官方的或高校认可的行业协会和团体组织来确定评估的项目和内容，这样的评估可能是经常化的。自我评价涉及学校最重要的两项活动，那就是教学与科研，具体指标包括学校的办学定位与办学目标、常规教学活动的开展、科研工作水平、师资队伍建设、教育基础设施的提供、国际合作、学校的内部运行机制和财务状况、反馈机制等。

日本政府明文指出，学校内部的评估方法、过程及评估结果有义务向社会公布，接受学校以外人士对其评估结果的检查和核实。

由于自我评估带有很强的任务性，因此缺乏评估的客观性。自20世纪90年代末，在借鉴其他国家评估的理论与实践的基础上，又增加了由第三方机构即学校以外的评价组织在大学自我评估的基础上进行再评估的办法，对学校进行全面评价。

2000年4月，日本设立了大学评价与学位授予机构。该组织由大学学者，企业人士，社会、经济、文化等各个领域的有识之士组成。其内部组织由大学评估委员会、专门委员会、委员及评估员构成。大学评估委员会负责制定评估计划及实施方针，审议、核实评估结果。专门委员会是大学评估委员会的下设机构，负责审议各专业的评估项目、内容及方法等。各专门委员会下又设若干名委员及评估员，开展具体的评估活动。① 外部评估组织机构成立于2000年4月，2003年4月开始正式实施外部评估制度。在2000至2003年的三年时间里，大学评价与学位授予机构有计划地选择部分国立大学进行了外部评估的试点工作，2003年4月作为一种制度正式实施。大学评估机构作为国立的大学共同利用机构，国立大学有义务接受大学评估机构的评估，公立大学和私立大学也可利用大学评估机构的评估服务。现在外部评估制度除了国立大学已全部实施外，部分公立大学和私立大学也已实施，实施校数及学部数不断增加，使评价结果有机地与资源配置结合起来。

现在，日本高等教育的部分资金拨款主要是用来划拨给那些教学科研成果比较突出的高校，而评估机构的评价结果是竞争性资金拨款的依据。

二、日本职业型高等教育经费的具体构成

财政拨款、学费收入、校产收入、捐赠收入、科学研究收入构成了日本国立高等学校、公立高等学校和私立高等学校的经费总来源，从数量上考察，财政拨款和学费收入占据了绝对份额。

---

① 范文曜、马陆亭：《国际视角下的高等教育质量评估与财政拨款》，北京：教育科学出版社，2004年，第148页。

（一）学费

在日本，根据《学校教育法》的规定，国民除了参加义务教育的部分外，其他教育形式和阶段均要缴纳学费，作为成本补偿的一条途径。日本三和银行对1978年度的教育费总额进行了调查发现：公共教育支出111180亿日元，家庭教育支出50416亿日元，合计161596亿日元。其中，三分之二是公费，三分之一是学费。

日本学者金子元久通过对国立高等教育学费占家庭收入比例的研究，发现这一比例从1950年的8%提高到1990年的17%。而私立学校住宿在外的学生的这一指标从1970年起基本稳定在31%—36%。①

而且，在总体学费负担重的情况下，私立高等学校的压力更大。比如20世纪70年代初，私立大学的生均学费高达十几万日元，而国立大学的学生每人只需要承担12000日元。到了1980年，国立大学的学费平均为12.7万日元，公立大学的学费平均为11万日元，而私立大学的学费平均为32.8万日元，私立大学的学费是国立大学的近3倍。到1996年，由于学费的增加，国立大学的学费收入占学校总收入的10%左右。私立大学的学费收入占学校总收入的80%左右，说明私立大学的办学经费仍主要依靠学生的学费。②

过高的学费不但增加了家庭负担，而且不利于职业型高等教育的发展和良好教育格局的形成。私立高等学校在学校和学生两

① 吕炜等著：《高等教育财政：国际经验与中国道路选择》，大连：东北财经大学出版社，2004年，第110页。

② 吕炜等著：《高等教育财政：国际经验与中国道路选择》，大连：东北财经大学出版社，2004年，第111页。

个方面均占据了高校总数的绝对比例，但能够从政府那里获得的资助仅是国立高校和公立高校的30%左右。对于私立高校来说出现了事权与财权的分离，影响高等教育事业的发展。[①] 之所以是这样的结果，与日本政府坚持发展私立高等教育的功利主义不无关系，财政对职业型高等教育的拨款结构必须进行调整。

（二）校产收入

国立高校、公立高校和私立高校具有大致相同的校产收入，主要是为社会提供有偿服务获得的收入，大学的附属机构比如医院和幼儿园获得的收入，大学的资产收入，开办校属企业的收入等。而在私立高等院校的经费构成中还包括一些其他类型的收益性事业收入。上面的这些收入具体构成了高等学校经费的重要来源。

在日本大学内部，由学校自身支付的科学研究经费能够占到大学科研总经费的46%左右，而科研经费中来自企业的经费比例近年来有逐步上升的趋势，这说明企业与大学在科研方面的合作有增强的趋势。

（三）捐赠收入

在日本的法律法规中明确规定了对高等学校进行捐赠的税收优惠措施，具体包括对学校的基础设施免征固定资产税，免收私立学校的法人税、事业税，以及对向私立学校进行捐赠的企业或个人免税或扣除部分所得金额等，这些措施从源头上鼓励日本的企业和个人参与捐赠的积极性，使得捐赠收入在高校总经费中占

① 柯佑祥：《日本高等教育财政研究》，载《江苏高教》1998年第2期，第54页。

有相当的份额。[①]

第四节 各国职业型高等教育财政的经验与启示

一、财政拨款的范围

美国是典型的市场经济国家，财政拨款体制采取分权制。分权管理的一个主要特点是根据各级政府事先划分的事权和财权范围，分别在各自层面履行职责。在美国的教育财政分权式管理体制中，突出强调了各州政府对发展高等教育的绝对管理权，而联邦政府的管理集中表现在为高等教育的发展制定相关的法律依据，并在宏观结构和发展方向提出指导意见，这些意见本身都是具有非强制性的特点。在这样的事权划分基础上，联邦政府和州政府的财权范围也就有了可参考的依据，既然联邦政府不行使具体的高等教育管理权，它对高等学校的直接管理就是缺乏法律依据的，所以它通常采用各种经济手段达到对高等教育实施宏观调控的最终目标，也就是说行政手段是无效的。联邦政府可以采用的经济手段主要是对各类所有制成分构成的公立和私立高校给予科学研究上的经费支出并帮助那些贫困学生。与此相对应，州政府对高等学校的调控使用的是部分经济手段和绝大部分的行政手段，为各类所有制性质的高校进行教学拨款，并提供一定比例的科学研究经费和极少量的学生资助费用。

① 吕炜等著：《高等教育财政：国际经验与中国道路选择》，大连：东北财经大学出版社，2004 年，第 112 页。

德国是联邦制国家，联邦政府、州政府、地方政府共同负责职业型高等教育的拨款，州政府直接具体负责高等教育的拨款。联邦政府的拨款主要有6项：高校基本建设资金、科研资助资金、大学生资助、通过天才资助机构向大学生和博士生提供资助、设立学生奖学金、设立职业教育中央基金。州政府的拨款主要包括大学的教学和科研经常费用和部分的学生资助。

日本的高等学校由于创办的类型不同，拨款的具体操作也不尽相同。首先，日本的中央政府只对占高校总数较小比例的国立部分给予拨款，在会计制度上采用国立学校的特别预算。公立高校的财政拨款主要由地方政府负责解决，还可以从中央政府获得一定数量的补贴。而无论在高校数量还是学生人数上，都占有绝对优势的私立高等学校，它的经费主要通过自己筹措的方式解决，主要体现在学费收入和为社会提供服务的收入。为了鼓励私立高校发展的积极性，日本的中央政府和地方政府近年来加大了私立高等教育的财政支持力度，主要是通过私学振兴财团发放贷款，或由中介机构实施对困难学生的补助来得以实现，这种中介机构是具有准官方性质的，运作费用主要由政府的财政拨款提供。

从以上三个国家的高等教育拨款中我们还可以看出一个共同点，那就是中央政府和地方政府均占据重要地位，呈现显著的“中央+地方”两级拨款模式。

二、财政拨款的法律依据

在美国和日本的职业型高等教育财政拨款体制中特别重视法律的基础和约束作用。

从最初的《莫里尔法案》到《退伍军人法》《国防教育法》《职业教育法》等法律的制定和实施，迄今为止，美国颁布的职业教育法已多达154个。这些立法通常具有以下特点：一是联邦层面的法律对高等教育的发展起到的是宏观指导的作用，这些法案不强制规定高等学校和学生什么事情能做什么事情不允许做，除非是在特殊情况下的附加说明中才会出现强制要求和条款。二是联邦政府的立法内容绝大多数都和具体的支持高等教育发展的经济手段紧密相连，这些手段是服从于联邦政府宏观调控总体目标的。三是支持美国职业教育发展的立法具有独立性，且这些法律共同组成一个统一的立法体系，具有系统性和完整性的特点。四是与联邦立法相比，州政府的立法具有普遍较强的约束力与强制性。

第二次世界大战以后，为了使经济快速恢复到原有的水平，日本首先强调政府投资高等教育的重要性，颁布了相关的法律，对教育经费负担者和具体的比例做出明文规定，确定了中央财政对国立学校经费支出的主要责任，为双重结构办学格局的形成奠定了基础，同时强调政府是高等教育资源配置的唯一力量。这些规定具体体现在《教育基本法》《学校教育法》《美国教育使节团报告书》等一系列文件中。[①] 此后，《国立学校设置法》《国立学校专项会计法》等法律规定规范了国立高等职业教育的财政拨款，确立了政府对国立高校拨款的首要责任；在中央对私立高校的财政支持上，《私立学校振兴助成法》《私立学校财团法》对此进行了专门的规定；在中央对地方政府的转移支付上，《地方财政法》《地方交付税法》给予了详细的说明。

① 吕炜等著：《高等教育财政：国际经验与中国道路选择》，大连：东北财经大学出版社，2004年，第57页。

三、高等教育财政拨款的评估

为了提高高等教育拨款的使用效益，美国、日本和德国都对拨款进行了必要的评估。

美国各州的绩效评价由高等教育委员会负责实施，高等教育委员会能够起到“缓冲器”的作用，它连接着政府和高等教育，承担组织、规划、控制、管理的责任。同时，美国各州政府会定期发布对于高校绩效评价的结果，从而使教育工作者和政府决策者意识到存在的问题，吸引更多的公众参加到绩效评价体系中来，最终推动绩效评价的良性开展。这种绩效评价体系既保证了高等教育的效率生产，同时又满足了来自学术、公众和市场的各方面需求，可谓一举多得。

日本政府对于高等学校的评估开始于20世纪90年代中期，通过评估实现财政拨款的有效使用，并为将来的拨款提供依据。我国目前正在进行的大学本科教学水平评估也包含这样的主要目的。日本的高校评估由初期策划、过程实施和结果评估三个部分构成。使用的评估方法很具体，包括学生对教学质量的评价；学校围绕教学和科学研究水平开展的自我评价；机构评价。现在，日本高等教育的部分资金拨款主要是用来划拨给那些教学科研成果比较突出的高校，而评估机构的评价结果是竞争性资金拨款的依据。①

德国对高等学校的评估主要有三个指标：毕业生质量，大学争取到的第三方经费，以及通常由德意志研究联合会的科学家做出的研究水平评估意见。在高等教育质量保证方面，联邦和州政

① 杨秀文：《日本高等教育的财政拨款与评估机制》，载《中国高教研究》2003年第7期，第48页。

府长期以来实行的是严格的行政审查程序，目的是保证基本质量。①

四、高等教育财政拨款中介机构的建立

通过对世界各国职业型高等教育财政拨款体制的考察，我们不难发现，由政府自身既负责经费的拨付，又评价经费的使用效益，这种做法显然是有失公平和效率的，于是各国纷纷在政府与高校之间建立一种准政府中介机构，来完成教育经费拨付和绩效评价。它是准政府性质的是因为它由政府出资建设，但不隶属于政府的中间机构，具有独立的行政权力。

美国在各州设立的高等教育委员会，德国的德国研究协会、马克斯·普朗克协会、弗劳恩霍夫协会、德国学术交流中心、联合委员会，日本的私立学校振兴会、大学评价与学位授予机构等都属于政府与高校之间的中介机构，这种机构能够起到“缓冲器”的作用，它连接着政府和高等教育，承担组织、规划、控制、管理的责任。既是高等学校的代言人，代表学校参与对政府的博弈活动，又是政府的得力助手，将政府的管理责任传递给高等学校。

五、职业型高等教育经费的多元筹措

通过公共产品理论的分析，我们认为职业型高等教育是准公共产品，它带来的社会边际收益大于私人边际收益。它不仅为个人带来直接的经济利益，也促进了社会收益的增加。这种增加的

---

① 范文曜、马陆亭：《国际视角下的高等教育质量评估与财政拨款》，北京：教育科学出版社，2004年，第67页。

的社会收益主要体现在职业型高等教育向社会提供了高素质、高层次的职业型人才，技能型、应用型人才，为整个社会的全面发展和进步作出贡献。职业型高等教育的这个特点决定了政府应该承担其为高等教育提供经费的主导责任。同时，还要拓宽渠道，吸引更多的社会资金加入职业教育的生产。政府对职业型高等教育的拨款在发达国家主要是由中央政府和地方政府来共同完成的，这和我国的情况基本吻合。多元化的经费筹措包括收取的学费、高校提供有偿服务、产学研合作收入、捐赠收入、教育基金等等。

（一）财政性教育经费为主

教育是政府对人们的一项公共服务，职业型高等教育是培养国家高级职业型人才的政府公共服务。职业型高等教育不仅生产劳动力，而且还将科学技术转化为直接生产力，不仅为社会服务，而且为国家和人民的全面发展服务。既然国家从职业型高等教育的发展中收益最大也最直接，就应该义不容辞地承担起支出责任，发挥财政资金的主导作用。即使采取了多渠道的经费筹措，政府对于职业型教育的主导责任和相应的权利义务是多元化的经费筹措格局所不能改变的，也是发达国家一直坚持的做法。随着社会经济的发展，国家对职业型高等教育的投入会越多。

然而有一点要引起重视，就是政府对职业型高等教育的发展负有首要责任，但政府的公共支出毕竟有限，随着公共服务均等化水平的不断提高和人民对公共产品需求层次的不断提升，政府的教育经费一定要更好地发挥“汲水”功能，不断提高支出的效益，更多更好地调动企业和个人参与职业型教育发展的积极性。

（二）增加非财政性经费

财政性经费的有限性要求高校必须摆脱对政府财政的依赖，开展多渠道筹措经费工作。多渠道的经费筹措是一项有效的、应当长期坚持的措施，它有利于提高资源的利用效率和高校内部效益，有利于扩大高校规模，有利于高校社会服务能力的提高。多方面的经费筹措包括收取的学费、高校提供有偿服务、产学研合作收入、捐赠收入、教育基金，等等。

1. 学费

当今世界的不同国家，由于采用不同的财政体制和税收政策，所以对待大学生的学费收入也有不同观点。在挪威、希腊、丹麦、葡萄牙、芬兰等国家实行的是高福利政策，对在校大学生不收取任何费用，这种政策的实施是以本国居民的高税收负担为前提的。而同样是资本主义的日本，发展依靠私立高等教育，但一直要求私立学校坚持收费政策，使学费收入成为大学经费的主要来源，这部分收入几乎占到了全部经费的67%。[①] 同时日本的私立高等学校吸收了国内80%的在校学生，在财政拨款有限的前提下，不吸取足够多的学费，经费的筹措和职业型高等教育的发展就是空中楼阁。

通过对世界各国的数据比较和对未来发展趋势的一种预测，学费收入在高校全部经费收入中占有的比例还将保持上升趋势，但要求这种上升一定要符合国家总体的财政体制，注重政策之间的协调配合，同时还要考虑具体国家的人文、历史、文化等因素产生的制约作用。中国目前面临着高等教育大众化的压力，到2020年高等教育毛入学率要达到40%，这是一方面；另一方面，大量来自中低收入家庭的孩子难以支付学费，如何在两者之间谋求一个近似合理的学费水平是至关重要的。

2. 高校的社会服务收入与产学研合作收入

大学可以用发明创造来开发新产品，或建立公司，直接走向

---

① 吕炜等著：《高等教育财政：国际经验与中国道路选择》，大连：东北财经大学出版社，2004年，第119页。

市场创收。同时利用自身的科学技术优势，为社会提供咨询和企业培训，提供法律援助，进行合作产品的开发等。这些形式既可以为学校带来收入，也可以创造就业机会，解决大学生就业难问题。

在世界各国，高校的科学研究能力和成果产出能力正在不断变强，他们拥有开发必备的资金、技术、设备和最重要的元素——人才。凭借这些，高校可以创造出新的技术，形成直接的社会生产力，高校有能力承担企业的技术攻关项目，提供咨询和决策服务，从而获得一定的收入，如德国的此项收入与政府拨款同时为教育经费的两大主要来源。

目前，我国的普通高等学校在这方面的能力还有待于进一步提升，关起门来做学问，或是自身具备较差的社会服务能力都有碍于这方面经费的筹措。职业型高等教育如果不开拓好这方面的收入来源，其在市场上生存状况可想而知。

3. 捐赠收入

大学捐赠在不同的国家有着不同的传统。捐赠收入的多少还与国家的具体经济实力有关，人民富有了，才会有捐赠的意愿，否则是不切合实际的。同时，对教育的重视程度及社会的整体氛围也直接关系捐赠的额度。一般来说，在低收入国家，捐赠的总体收入会很低；在发展中国家，受经济发展水平和居民收入分配不合理的限制，捐赠的收入略有增加但不明显；在经济发达国家，教育所获得的捐赠收入最多，社会氛围有助于此项工作的展开。同样是发达国家内部，捐赠收入也不尽相同。美国无疑是捐赠收入最多的国家，其捐赠收入在2000年度的私立高等学校收入中占据了14.3%。德国在捐赠方面的收入有但相比美国却少得很。

第六章　新型职业型高等教育体系的建立

中国新型职业型高等教育体系不同于传统的高等职业教育，但脱胎于现有的高等教育，既有发展的延续性，又是对高等职业教育发展的一种自我否定。体系的建立首先要实施学术学位与职业技术学位并行的学位制度，选择正确的发展道路，明确人才培养目标，调整现有的招考制度，理顺政府、市场、学校之间的办学关系，最终确定职业型高等教育发展的投入问题。

第一节　实施学术学位与职业技术学位并行的学位制度

一、职业技术学位是职业型高等教育发展的根本保障

回顾高等教育发展的历史，职业教育之所以会经历如此曲折的过程，其原因就在于，职业教育以社会分工为中心，不可避免地与经典大学理念相冲突，很难获得精英高等教育主流价值观的

认可。[①] 同时，高等职业教育在萌芽阶段就是附属于其他高等教育机构的，后来虽然脱离了原来的机构，成立了独立的院校，但仍然没有摆脱原来那种依附的属性。加上学历主义的倾向，它本可以向大众化教育甚至普及教育发展的倾向，变得更加微弱了。直到今天，仍然有学者认为："一所著名大学可以没有法学院、医学院或商学院而依然是大学。普林斯顿大学就没有这些学院，但却无人怀疑它的水平。"[②]

转变职业教育低人一等的固有观念，建立职业型高等教育体系，不是靠从高等职业学校向普通本科院校的形式转变，也不是把所有的高等职业学校全部升级为本科层次，甚至招收大量的研究生就可以把问题解决了，这样的发展思路注定是没有前途的。在本书开篇的概念厘定部分已经指出，职业型高等教育是与学术型高等教育相并列的高等教育类型，因此实行学术学位与职业技术学位平起平坐的学位授予制度，才是根本出路，也从根源上保障了职业型高等教育的发展。

学位是授予个人的一种终身称号，表明称号获得者曾接受教育的水平或已达到的学历水平。学位制度是指不同等级和类型学位结构及其相互关系，它规定着不同等级或类型学位教育的性质、任务、入学条件、修业年限及他们之间衔接与转换的关系。学位结构与高等教育结构是相互匹配的，一级学位的授予代表着一个高等教育的完结。对于准备继续学业的学生，学位是以往学历的证明，对于准备就业的学生，学位则可以看作为进入某种职业的入场券；就社会而言，一级学位的授予代表着社会对某些职

① 王建华：《高等教育的理想类型》，载《高等教育研究》2010 年第 1 期，第 1—10 页。

② ［美］亨利·罗索夫斯基著，谢宗仙等译：《美国校园文化——学生·教授·管理》，济南：山东人民出版社，1996 年，第 118 页。

业和岗位的基本从业标准；就学生而言，一级学位的授予代表着一个目标，学生既可以从实现目标中获得心理上的满足，又可以在一个阶段完结时，更成熟、更有把握对自己的未来作出再一次的选择。①

职业技术学位还有助于职业型院校学生的教育公平的实现，并能让职业教育彻底摆脱低层次教育身份，成为与普通高等教育身份平等只是职能不同的两元教育系统之一。

职业型高等教育的学位制度是其发展的必要前提，同时关系到职业型人才培养模式和质量。职业技术学位的设立不是任何人的主观建构，而是多种客观因素综合作用的必然结果，经济、社会、文化因素是首先需要考虑的。美国等西方国家在这方面已经进行了尝试。

二、国外职业技术学位授予的经验
——以美国为例

美国的职业型教育最突出的例子就是创立于19世纪末的社区学院，它的建立为美国高等教育的普及化和大众化发挥了重要作用。目前，美国各州均设有社区学院。20世纪70年代初，社区学院开始对学生颁发文科、理科和应用科学三种副学士学位(Associate Degree)。2001年开始，美国尝试允许社区学院颁发学士学位，至2004年，已经有11个州的16所社区学院能开展学士生教育。② 目前，根据学士学位授予权的归属，美国社区学

---

① 宋湘绮：《论高职教育人才层次问题》，载《长沙铁道学院报》，2002年第3期，第114页。

② 曹必文、刘青：《欧美高等职业教育的学位授予及其启示》，载《中国高教研究》2010年第9期，第49页。

院授予学士学位分为两类：一类是社区学院拥有独立的学士学位授予权，这主要限定在地区经济发展急需的应用型科学技术专业；另一类是社区学院与其他普通高等学校合作，学士学位由大学颁发。

在美国，另一个授予职业技术学位的例子就是第一职业学位制度。和社区学院不同的是，第一职业学位通常是授予“博士”学位。根据美国国家教育统计中心（NCES）的解释，第一职业学位授予那些完成了大学后阶段学习并且掌握了进入某些特定领域（这些领域由教育部指定并有一套公开的选择标准）开业所应具备的基本理论知识和技能的学生。在美国要获得第一职业学位必须满足如下条件：一是完成了在一个特定职业领域开业之前所需的课程学习；二是获得了高于一般学士学位水平应具备的专业技能水平；三是要求学生在进入该职业培养计划之前至少进行了为期两年的大学阶段学习，并且连同之前接受的大学阶段教育在内的总共学习时间不少于6学年。①

目前，美国仅授予11类第一职业学位：按摩学博士、牙科博士、医学博士、验光学博士、骨疗医学博士、犹太法学博士、药学博士、足病学博士、兽医学博士、法律博士和神学博士。这里要注意的是，第一职业学位不同于传统的学术型博士学位，它是直接与特定职业领域相接洽的学位，应是高于学士学位教育，而处于研究生层面。第一职业学位也不同于传统职业教育，它不仅要求获得者具有很强的实践运用能力，还要达到一定的学术标准。从根本上说，第一职业学位是为特定领域培养高层次应用型人才的。

通过社区学院和第一职业学位的例子，我们不难看出，美国

---

① 朱永东、叶玉嘉：《美国第一职业学位教育的研究》，载《学位与研究生教育》2008年第7期，第74页。

已经建立了和传统学术学位并行的职业学位制度，而且实行分类培养、差异发展的原则，这样的学位制度实现了传统的单一型“高学历”或“高技能”人才向“高学历+高技能”复合型人才的转变，有效地支持了经济社会的发展。

三、我国职业技术学位的内涵

（一）职业技术学位与专业学位的异同

1991 年，我国开始设置工商管理硕士，截至 2011 年 1 月，我国共设立了工商管理等 38 个专业硕士学位，教育、临床医学、口腔医学、兽医等 4 个博士专业学位以及 1 个建筑学专业学士学位。从结构上看，明显是一种头重脚轻的状态，本科层面的专业学位明显过少，这与经济发展对人才的需要难以吻合。应该说，专业学位和职业技术学位存在共同之处，但二者的差异也十分明显。

1. 相同点

专业学位教育与职业型高等教育的范畴是一样的，同属高等教育；人才培养的规格是一致的，都是培养应用型、专业型和技术型人才；培养目标的定位是相同的，即培养适应社会特定职业或岗位的实际工作需要的应用型高层次专门人才。[①] 因此，专业学位教育与职业型高等教育的本质都是针对特定职业岗位的职业教育类型。

2. 不同点

专业学位归属于普通高等学校，专业学位的授予权掌握在传

---

① 何万宁：《试析专业学位教育与高等职业教育的对接》，载《高教探索》2002 年第 4 期，第 3 页。

统的学术型大学中，从师资到教学资源的软硬件条件来说绝大多数和学术型教育相同，对于培养“异类”的职业型人才存在先天不足。职业型高等教育是与学术型高等教育相并列的教育形式，具有独立的教育体系。专业学位基本上以授予硕士学位为主，而职业技术学位提倡分类培养、差异发展、逐步推开的思路，能实现从专科、本科、硕士、博士学位的全覆盖，并力争实现内部结构的比例协调。

从我国经济社会发展的历程不难看出，专业学位是我国渐进式改革的又一尝试，符合中国的具体国情。但经过长时间的实践，职业技术学位可以完全替代现有的专业学位制度。

（二）职业技术学位的层次

职业技术学位有多个层次，涵盖专科、本科、硕士和博士。专科职业技术学位可以由专门的高职机构授予。本科及以上层次的学位既可以由职业型大学授予，也可以由普通高等学校里的职业学院授予。职业学位授予的对象为除学术类专业以外的应用性职业性很强的各专业学生。如培养医生的临床医学专业、培养教师的师范专业、培养工程技术人员的工学专业都属应用性职业性很强的专业，在硕士层次上还包括临床医学硕士、教育硕士、工程硕士等职业技术学位。职业技术学位不同于现有的“双证书”制度，因为“双证书”仍是脱胎于传统学术学位的中庸做法，职业技术学位应该比它更具有吸引力和生命力。

（三）设立职业技术学位的建议

为实现职业技术学位的有效设立，并实现理论与实际的结合，需要关注以下几个问题。

建议成立全国职业技术学位教育指导委员会。① 该委员会在国务院学位委员会和教育部的领导下，由培养单位的专家、学者和各行业企业负责同志共同组成。在制订培养方案、师资培训、教材与案例的建设、实习实践、质量评估等方面发挥重要作用。

职业学位授予应严格控制，要分区域、分专业、分学校，逐步推开。特别是要考虑到我国东、中、西部经济发展水平的差距，实施差别化、层次化的授予制度，切不可使用“一刀切”的做法。

职业技术学位既然不同于学术学位，那么授予标准就不能和学术学位完全一致，应采用差异化策略，学位的授予不仅仅是一篇论文或毕业设计，而更应该突出考核学生的实践性特征或是实际操作能力，并以国家条例的形式公布执行。

最后，我们应坚持系统发展的观点，学术性学位和职业技术学位要互通有无，切不可割裂发展，要以学位为桥梁，构建学术型高等教育与职业型高等教育的立交桥，形成开放、自主、动态的高等教育体系，满足社会发展的需求，给受教育者更多的发展途径和机会。

第二节　职业型高等教育发展的两条不同道路

依据中国目前的情况，发展职业型高等教育可以采取两条道路，一条是在普通高等学校中发展职业学院；另一条是创建独立的职业型大学。

---

① 宋湘绮、刘松：《论高等职业技术教育的学位问题》，载《长沙民政职业技术学院学报》2008 年第 3 期，第 71 页。

一、传统学术型大学创建职业学院模式

（一）职业学院的创办符合高等教育的发展趋势

1. 职业型高等教育属于高等教育的范畴

联合国教科文组织于1997年推出的《国际教育标准分类》明确把高等教育分为两大类：一类是学术型高等教育，以培养研究型人才为主，主要从事知识的创新、科学发明、研究工作的高等教育；另一种为职业型高等教育，是以培养应用型和职业型技术人才为主的通才教育，他们的知识与能力结构具有特定的职业指向性。在中国，除了那些以学术型研究为主，在科研上承担发展学科和推动科学技术发展为主要职能的研究型大学以外，各类以应用型、技术型为主的普通高等院校中的各专业学院、成人高校、独立设置的高职院校及实施中级以上职业资格证书教育的高级专门机构均应属于职业型高等教育范畴。一些普通本科院校（比如说师范大学）实际上是以应用型、技术型、职业型专业学院为主，但由于职业型高等教育并未作为独立的教育类型得以确立，从而导致所有的普通高等院校都盲目追求学术型的发展目标。

2. 职业学院是普通高等院校的战略选择

从理论上说，高等教育价值取向既要重视学术性，又应强调职业性。但在实践中，这是个无法平衡的两难问题。因此，我们将高等教育分为了两类，学术型高等教育和职业型高等教育。学术型大学在科研上承担着发展学科和推动相关科学技术发展的重要社会责任，基础性研究大部分集中在这类高校之中。因此，学术型大学要求学生的多方面素养、基础学力、创新意识与能力、心理素质与思维品质等都要达到较高水准。同时，学术型大学对

中国高等教育事业发展起到高层次的支撑作用，它们的存在与发展是中国高校能否与国际一流大学平等对话的重要条件。所以，学术型大学不适宜发展职业型高等教育，否则会影响到学术型教育的发展和精英教育的质量。

对于以应用型、技术型为主的普通高等院校来说，其人才培养目标更重视学生的应用能力和实践动手能力。同时，这些普通高等院校在长期的办学实践过程中积累了丰富的应用型人才培养经验，且与相应的企业单位建立了长期的合作关系，因此这些普通高等院校完全具备举办职业学院的各种基本要素。特别是对于普通高等院校中大量的地方性院校来讲，由于这些地方性院校具有较强的区域性、地方性和行业性，发展职业学院是明智的选择。①

（二）职业学院的创建模式

根据管理体制的不同，职业学院可分为四种类型。

1. 独立设置的学院

这种模式是在普通高等院校内部重新组建新的学院，从学院管理者、专职教师队伍到管理人员的配备都是新组合，有独立的办学场所和实验条件，有校外的合作资源。师资是独立学院设置的难点和重点，传统的学术型教育下培养的教师，理论知识绰绰有余，实际操作差强人意。如果教师本人又不能正确看待职业型教育，势必会直接影响教学的效果和水平。为此，理论部分的教学可以聘请本校教师任教。专业教学除了要对教师进行再培养外，还要聘请生产第一线有经验的工程技术人员作为兼职教师。独立学院在招生上也应具有与普通招生并列的招收权力，同时录

① 孟庆菊：《普通高等院校高职教育发展模式的研究——以石河子大学高职学院为例》，石河子大学硕士论文，2008年，第7页。

取，高标准选拔。独立学院的模式是最彻底的发展模式，从办学理念的执行到人才培养质量的保证都是可靠的。美国哈佛大学商学院可以看成是独立学院的典型代表。

2. 以学校原来的某个机构为基础，与地方合作共同组建新的职业学院

这种类型具有很强的地方性、区域性，能够利用社会资源为本地区服务。学院的师资由专职和兼职部分组成，教师应该既具有学历证书又同时具备职业资格证书，这样可以更好地培养学生。

3. 由大学与企业（公司）合作办学，组建具有民营运行机制或混合所有制的职业学院

这种模式下，通常由大学负责提供校名、校誉、师资等有形和无形资产，负责教学组织和管理，公司提供办学场地、办学设施等办学条件以及后勤保障和服务。学院实行董事会领导下的院长负责制，独立核算，自主管理，在办学体制、管理体制和资金筹措方面也更多地表现出市场化倾向。

4. 在原有的成人教育学院的基础上，通过机构合并、人员扩充组建的职业学院

目前中国有相当一部分普通高等院校采取这种模式。这种模式的好处就是能够实现职业学院的快速涌现，缺点是“换汤不换药”，人才培养的理念、模式仍旧和以往的标准没有太大的差距。①

---

① 孟庆菊，《普通高等院校高职教育发展模式的研究——以石河子大学高职学院为例》，石河子大学硕士论文，2008年，第24页。

二、创建新型职业型大学模式

（一）“科技大学现象”

1. “科技大学现象”

21 世纪初，职业教育和普通教育发展水平比较接近的国家和地区，如英国、德国和中国台湾，其高职院校纷纷升格为“科技大学”。这种现象不是个别国家和地区的做法，而是陆续出现在世界职业教育发达的国家和地区。

最早升格科技大学的是英国。1992 年，英国国会审议通过了《继续和高等教育法案》，允许将多科技术学院改制为大学，这一法案确立了科技大学享有与普通大学同等地位与完整权利的法律基础。于是，1993 年 9 月，35 所多科技术学院全部升格为“科技大学”。

与此同时，我国台湾地区也出现了技术学院升格为科技大学的现象。升格以后，学校的各项制度安排也发生了根本的变化，以招生政策为例，技术学院的生源以高等职业学校的毕业生或学生为主，升格以后，科技大学可以招收大量的普通高中毕业生，这无疑提高了科技大学的生源质量。生源质量的提升从根源上保证了职业型高等教育的质量。

进入 21 世纪，德国也进行了新办学体制的实践，原来的高等专科学校不断向科技大学或“综合大学”转变，有的以技术学院或技术大学的身份出现，还有小部分成为应用技术大学。该类学校还进行应用科学的研究。①

① 匡瑛：《比较高等职业教育：发展与变革》，上海：上海教育出版社，2006 年，第 202 页。

2. 科技大学的特征

（1）新的科技大学改变了原来具有很强的岗位针对性的特征，把目标拓展，定位为职业群或整个行业。同时，不仅仅注重入门的技能，更兼顾个体整个职业生涯的发展。

（2）由于升格的科技大学具有普通高校相近的结构，因此，可以进行从大专层次一直到博士阶段的教育，不少学生选择升学，于是，升学也成为科技大学的目标之一，改变了过去以单纯就业为目标的情况。

（3）从教学内容上看，升格的科技大学虽然没有放弃学生实践能力的培养，但很显然，也加强了基础理论和非技能性能力的培养，从过去的“专才”培养转变为“通才”培养。

（4）新的科技大学开始注重科学研究。如中国台湾的云林科技大学在其未来展望中就提出：“为配合高科技的发展趋势，培育社会所需的科技人才，未来本校除继续注重大学部教育外，还兼顾发展研究生教育，逐年增设博、硕士研究生班。”

（二）发展职业型大学的历史背景

一些国家和地区“科技大学”的实践向我们说明，每个国家可以根据本国的国情选择适合本国的教育发展道路，职业型大学在当前中国的时代背景下，应该可以找到自己的“一席之地”，这些具体的背景包括：

1. 时代的发展

当今世界正经历着由旧工业化社会向新工业化社会、工业化社会向信息化社会的巨变，国家的个体经济已经为全球化的经济所代替，科学知识的探索、科技成果的转化和技术创新应用三者紧密结合，学习型社会建设的步伐在加快，由“专才”培养向人的全面发展转变，这些新的时代特征带来了各国和地区社会各环节的变化：信息社会带来高新产业和服务类产业的激增以及岗位间的流动，全球经济带来人口的迁移即技术的快速发展，以技术创新和应用为主带来岗位技术含量的提升，终身学习理念带来学习型社会，人的全面发展为人的成长成才提出了更高的要求。这些都对职业型高等教育提出新的要求。

2. 技术的变化

技术发展速度不断加快，技术不断综合化，这一进步促使低技术岗位消亡，高新技术岗位增加，同时，岗位的技术含量提升。由此，传统的高职教育毕业生所获得的技术落后于生产企业实际运用的技术；技术的复合性不断提升，基础理论的内容是掌握复合型技术的关键之一。[①]

3. 人们对学习能力的追求

随着学习型社会的到来，人们越来越多地考虑学习机会和能力，认为获得就业的技术是重要的，但获得继续深造的学习能力更为重要。因此，职业型大学要从单纯的技术教授转变为学习能力的习得。

（三）职业型大学的创建

1. 职业型大学的办学理念

办学理念应该是一个学校长期办学经验、思路及理性思维的总结和结晶，其形成有一个实践、积累、提炼、升华的过程，体现了学校的办学特色及价值判断、取向及追求。高等职业教育的人才培养质量与社会认可程度不高的一个重要原因在于高职院校缺乏大学文化的积淀。

我们倡导的职业型大学应以“厚基础，宽口径，学理论，

① 匡瑛：《比较高等职业教育：发展与变革》，上海：上海教育出版社，2006年，第205页。

重实践”为标准，通识教育与专门教育结合，理论知识与实践能力并重，以解决经济的阶段性、区域性、不均衡性问题为出发点，立足长远、特色鲜明、纵横发展的多层次职业型人才培养机构。

2. 职业型大学的目标定位

职业型大学创办成功与否，取决于它能够给社会提供什么样的人才，如果提供的人才与学术型教育无异，它就失去了存在的必要性。为此，人才培养的目标定位就格外重要，如果用一句话概括，就是要提供“人才”而不是“人材”，说得具体些，就是要培养生产、管理、服务各环节所需的高质量工程技术应用型人才。这种人才首先具有完备的本科阶段教育，学习基本理论知识。其次，要强调知识的具体运用，也就是与职业紧密相连。这两点要求是职业型教育获得发展空间的必然选择。这里，我们还要转变一种固有的观念，就是认为只有学术型大学才可以培养出社会所需要的人才，才能办出高水平。其实不然，每一种类型的教育内部都有成功的榜样和排头兵，只是对经济社会的贡献体现在不同的方面。职业型教育本身也是分层次的，它不再是以培养“高职”、技工为单一目的，而是在条件允许的情况下，发展本科及其以上层次的教育类型。职业型高等教育对现有的本科教育的改变不是简单地要求教育的内容降层次，而是着力改变长期以来一般本科教育相对轻视实践与应用能力培养的教学模式，加大对实践过程的理论指导。最终实现“顶天（坚持本科层次的理论教学）”与“立地”（强化理论指导下的实践应用能力训练）的完美结合。

3. 职业型大学的层次定位

职业型大学是以培养生产、管理、服务各环节所需的高质量工程技术应用型人才为目标，势必需要将基础理论研究成果转化为高新技术和现实生产力，这个过程既要提供实际的职业型人才，又要肩负高层次的工程技术发明工作和研究生人才的培养工作。在职业型大学与学术型大学之间，本科层次是连接纽带，两者可以实现等值和互换。在职业型高等教育内部，同样需要不同层次的人才培养。所以职业型大学的层次定位是多维化，无论是哪种定位，职业型大学都可以成为一流水平的大学。经过实践检验，职业型大学的毕业生既可以是掌握一定科学基础理论又熟悉生产工艺、生产设备及管理方面的技术工人，也可以是不怕困难、独立分析、综合考虑、随机应变能力极强的管理者，还可以成为将科学技术转化为现实直接生产力的应用型工程师。

4. 职业型大学的类型定位

"类"和"型"具有不同的侧重点，"类"关注一所学校的学科结构特点，而"型"反映高校内部教学与科研的比例。职业型大学不像学术型大学那样强调学科的齐全性和综合性，而强调"突出重点，发挥特色"的原则，不追求十全十美，关注人才市场的细分，以优势专业为成长依托；职业型大学以教学和服务社会为主要责任，但并不忽视科学研究的重要性，它的科学研究是为教学和人才培养服务，提高自身服务社会的能力和水平。目前，学术型人才由"研究型"、"教学研究型"大学培养，技能型人才由高职高专培养。但是，处于二者之间的职业应用型人才则是高等教育培养人才的薄弱环节。这也是职业型大学最根本的办学定位所在。

5. 职业型大学的服务定位

学术型大学在一个国家中是少量的，服务于国家创新战略，推动科学的进步。职业型大学更多的是为区域经济的发展提供人才支持和智力保障。没有地方经济的发展，职业型大学就会失去坚强的后盾，没有大量高素质职业型人才的培养，地方的发展就会无法实现。为此，职业型大学要从本地实际出发，切忌眼睛向上。

从实际情况来看，我国的学术型大学为经济、社会、文化的发展作出了足够的贡献，但现有的两千多所大学如果无一例外地全部沿着学术型大学的道路发展下去，势必要走进死胡同。那么，学术型大学向职业型大学的逐渐转变，一定会获得意想不到的效果，特别是我国各省市管辖内的众多二三流大学应该抄近路，直接转型为职业型大学，像农林医药类的高等学校，如果按照职业型大学的办学理念和定位来运作，不仅可以培养急需的职业型人才，也能更大程度地促进地方经济的发展。

综上所述，我国职业型高等教育的发展要采取两条腿走路，一条是学术型大学中延伸出来的职业技术学院，另一条是独立的职业型大学。就我国目前的情况看，发展独立的职业型大学条件更容易满足，传统学术型大学的师资和办学理念是其向职业型大学转型的不可逾越的障碍。

第三节　人才培养模式

在职业型大学的办学理念、目标定位、层次定位、类型定位、服务定位确立以后，我们就要解决人才培养模式这一关键问题。人才培养模式，就是职业型高等教育培养什么样的人才，这直接关系到职业型高等教育的发展。《关于开展国家教育体制改革试点的通知》（国办发〔2010〕48 号）中指出，我国高等教育人才培养要建立开放式、立体化的实践教学体系，加强创新创业教育。这为我国职业型高等教育人才培养提出了更高的要求。

一、各国、各地区职业型高等教育的人才培养模式

在美国的高等职业教育人才培养体系中，考虑到社会的不同需要，学生的学制有 2 年和 4 年之分，学习 2 年并合格者可以获得副学士学位，学习 4 年成绩合格者可以获得学士学位。副学士

目前我国尚未设置。取得副学士学位的学生懂得并能够运用工程、科学或数学的基本原理，在工程、科学或其他的技术领域中当技术员或从事半职业性工作。取得副学位的学生可以通过继续深造，获得学士学位，这一阶段的学习在工业大学中的技术学院里完成。[①] 技术工程师是英国高等职业教育人才培养的主要目的。法国培养的是高级技术员，这些技术员可以在工业、商业和应用科学部门就职。其职责是：将抽象的设计和理论研究具体化，直接协同经济管理和工业尖端力量工作，协助工程师进行研究、计划和生产。[②] 日本《教育法》要求职业型学生必须具备专业的技术和接受可持续教育的能力。而在重视技术运用的德国，人才的发展有两个方向，一是长于实践、善于动手操作的“桥梁型”工程师，二是精于管理的“企业型”工程师。

再来看一下我国的台湾地区。依据职业型高等学校层次的不同，人才培养的目标也是差异化的。专科学校培养技术员、领班、工程师助理和技术助理，技术师由本科层次培养，而高级技术师则交给了研究生层次培养。[③]

二、我国的职业型人才培养模式

（一）总体要求

职业型高等教育培养的人才，他们的工作环境大多是生产一

---

① 刘大立：《高等职业教育国际比较研究的文献述评》，载《中国青年政治学院学报》2005 年第 2 期，第 130—137 页。

② 匡瑛：《比较高等职业教育：发展与变革》，上海：上海教育出版社，2006 年，第 221 页。

③ 刘大立：《高等职业教育国际比较研究的文献述评》，载《中国青年政治学院学报》2005 年第 2 期，第 130—137 页。

线或工作现场，他们的工作行为经常是相互联系着的群体活动，而且他们往往是现场技术人员群体的组织者和领导者，因而，在职业能力的内涵中，应十分注重合作能力、公关能力、解决矛盾的能力、心理承受能力等非技术的职业素质。

职业型高等教育应该重视培养学生的可持续发展能力。不仅要提高学生的就业能力和创业能力，而且要使学生具备为个人的进一步发展所需的可持续发展能力，能够不断适应变化着的社会和职业变动、人才流动和社会经济结构的调整，学会生存、学会创造、学会学习、学会合作，在全面发展的基础上实现终身发展。①

（二）建议

根据我国的区域经济发展的不均衡性，在统一的未来目标下，职业型人才培养模式在不同地区应该有不同的侧重。

首先，对东部地区而言，经济发展水平明显高于中西部地区，人均国内生产总值接近中等发达国家水平。在产业结构方面，高新技术产业、先进服务业和制造业发达，技术含量高。因此，东部地区对智力含量高的技术型人才、高技能人才、高水平的管理人才的需求会更多。从这种情况出发，职业型大学既要培养技术型人才，也要培养高技能人才和高级管理人才，三者兼顾，共同发展。

其次，从中部地区看，经济发展水平仅次于东部地区，但人均国内生产总值与东部地区比，还有不少的差距。在其产业结构中，技术含量高的产业不多。为此，中部的职业型大学应侧重培养高级技能型人才，并做好技术型人才的储备工作。

---

① 胡晓：《职业教育人才培养模式的现状及趋势探讨》，载《大材新论》2009年第1期，第159—160页。

再次，西部地区的发展相对比较落后，而且省际之间的差距较大，其人均国内生产总值水平比较低。在其产业结构中，西部地区的第一产业占据了较大比例，第二、第三产业的比例相对不发达。为此，西部的职业型大学应以西部地区所急需的农业、工业等领域的高技能人才为主，培养年限最好是选择专科层次的三年为宜，这样可以加快人力资源的开发和储备速度。

第四节　职业型高等教育的专业课程设置

专业课程设计是职业型高等教育培养目标的实际体现，它决定着学生今后的工作领域和当前的学习范围，关系到职业型人才的培养质量，是职业型高等教育体系的重要组成部分。

一、专业设置依据

第一，职业型高等教育专业设置必须从产业结构的调整、支柱产业的现状与发展趋势出发，考虑和研究区域范围内的专业结构布局问题。

第二，职业型高等教育的专业设置必须依据社会职业的需要来设置。否则，职业教育就失去了存在的价值，因为社会职业分类决定了职业型高等教育的专业种类和专业结构，制约着职业型高等教育专业口径的宽窄，它的变化影响着职业型高等教育专业设置的调整。社会职业岗位及其内涵的变化对从业人员的技能、知识和素质不断提出新的要求。职业型高等教育专业设置必须要适应这一变化，不断更新和调整专业。

第三，职业型高等教育的专业设置应与职业资格证书制度衔接。由于职业型高等教育是培养生产、建设、管理和服务第一线应用型专门人才的，因此，职业型大学毕业生既要有高层次的专业知识，又要有很强的实践应用能力，达到《职业教育法》规定的“学历证书、培训证书与职业资格证书制度缺一不可”的要求。

第四，职业型高等教育的专业设置必须充分考虑现有的资源条件及一切可以利用的资源。职业型高等教育资源不仅包括学校内部固有的物质资源和人力资源，还包括本地区可以利用的社会教育资源。①

二、国外的专业课程设置

我们先考察专业的设置情况。在美国，专业设置的口径有宽窄之分，口径较宽的专业有自动化技术、机械技术、核技术、农业技术，他们可以在三大产业中广泛应用。窄口径的体现为具体的职业特点，比如会计、牙医、照相、文秘等。而像航空与飞行技术这样的专业具有很强的针对性。英国的专业设置针对性不明显，宽窄口径并存，但以宽口径为主。法国的专业设置既有较稳定的宽口径专业领域，又有视社会需求而定的针对性较强的专门化领域。但处在专门化领域的专业针对的是一个相近的职业岗位群，而不是某个具体的岗位。德国专业设置采用宽窄结合原则，以宽口径为主，宽口径的专业强调与具体的专门化领域对接，如纺织与服装专业可细分为一般技术、精制技术、纺织构造等几个具体的专门化部门。瑞士的专业设置要兼顾到联邦和州政府的共

① 李永久：《高等职业教育专业的设置与管理研究》，载《辽宁高职学报》2003年第10期，第52—54页。

同利益，设置以宽口径为主，宽窄并存，且专业以技术教育为主。①

上述发达国家的专业设置经验，我们可以结合具体的国情予以参考。我们的具体国情有两条：一是我们还缺乏从事职业型教学的专业师资队伍和配套的教学设施；二是我们的专业设置始终摆脱不了学术型教育的阴影，专业特色不明显。

在课程设置上，一般存在行业单元型、职业集群型、阶梯训练型、职业发展型、概念统整型和综合型六种设置模式。德国的课程设置与“双元制”体系密不可分，企业和学校共同规划课程，共同履行教学义务，完成教学内容。在德国，课程设置虽然有企业的积极参与，但从不忽视对基础理论的学习和运用，这一部分的比例可以达到总课程数量的50%。英国的“国家职业资格证书”制度要求课程内容与工作要求紧密结合，但很重视基础理论的教学，还存在进一步强化的趋势。学术教育课程、职业技术教育课程、社区教育课程、补救教育课程、继续教育课程构成了美国社区学院的课程体系，这些课程与具体工作的联系程度不高。美国的职业教育通过课程鼓励人的全面发展，注重专业能力形成的培养。日本的课程是所有国家中最讲究实用目的的，课程与工作的匹配程度高，课程缺乏基础理论的指导。

三、我国职业型高等教育的专业课程设置

而在我国，过去设置职业学校的课程采用的是直接照搬学术型大学的做法，课程与工作的匹配程度很低，既忽视了基础理论的深入学习，对专业能力的习得也没有多少帮助，导致了理论与

① 刘大立：《高等职业教育国际比较研究的文献述评》，载《中国青年政治学院学报》2005年第2期，第130—137页。

实践的脱节。

目前，我国的大学生就业问题并没有得到妥善解决，发展职业型大学自然要把目光放在提高就业率上来，专业和合理设置和课程的优化配置都有利于这个目标的实现。

首先，我们的专业设置要有全局观念。过去中国大学千篇一律的发展模式告诉我们，为了争夺有限的资源，大学之间竞相模仿，每个大学都是“麻雀虽小，五脏俱全”，专业也是应有尽有，殊不知专业扩张的背后是师资水平的下降，学生培养质量的急速下滑。为了防止这种弊端，职业型高等教育必须调整专业设置，不要盲目追求“大而全”，以突出自己的特色发展为基本出发点，走做强再做大的路子，避免重复建设。

其次，职业型大学的课程设计要坚持专业型与学术型并进，既注重实际应用，又强化理论修养，二者不偏废。职业型大学的课程体系绝不能是把学术型大学的课程框架进行一下简单的加减，而要在打牢理论基础的前提下，注重对专业性课程的学习，使得理论课与实践课真正实现融合。

第五节　考试招生制度

职业型高等教育要想有实质性的进步和发展，必须在招生考试制度上进行彻底的改革，要改变过去的“二流”生源地位和一考定终身的考试制度。现有的招考制度以分数为标准，具备了形式上的公平性，但在实际的操作中弊端凸显。招考本身是为了选拔人才，人才的思维水平没有高低之分，仅有类型的差别，人才类型不同，就应该适用不同的招生考试选拔制度。[1]

一、我国高等职业教育招考制度沿革

20世纪80年代，我国的高等职业教育主要由职业大学和专科学校承担，招考制度类似于普通高等学校，即招收普通高中毕业生及一部分中等职业学校毕业生，必须经过全国统一考试，考试内容与普通高等学校相同，但录取分数要低于普通高等学校。也就是说，高等职业教育招收的是“二流”学生。

20世纪90年代，高职院系的数量激增，招考制度直接沿用了原来的招考制度，即全国统一高考。有些地区有所改进，如增加了技能考试，但由于专业繁多，考试出题难度很大，开始一两年的技能考试形同虚设，考试内容简单，而且以书面为主，操作能力不需要考核，因此在考生心目中形成了这样的观念，即只要能够通过高考，进不了普通高等学校，就进高等职业学校。在这样的招考制度下，高等职业学校的生源质量仍是低水平的，对学习风气、教育质量都造成了极大的不利影响。

就目前情况看，除了极个别省份采用分卷考以外，其他省份仍是以高考代替高等职业学校的考试。

我国目前的高等职业学校招考制度有其特殊的历史背景，表现出了一定的优点和不足。先看有利的方面。统一考试的好处就在于能够照搬高考的程序，操作相对简单，不需要分别处理，不会增加巨大的工作量。同时，学生只需要参加一种考试即可，不需要应付多道头绪，减轻了负担。但是，这种招考制度有明显的不足之处，对职业型高等教育的发展会产生不利影响。不利首先

① 叶华光：《我国高职教育发展的系统性冲突及其化解》，载《教育发展研究》2009年第11期，第55—58页。

表现在统一的招考不利于各学校特色的发挥，职业型高等教育区别于学术型高等教育的关键就是专业特长和办学特色，同样的考试制度势必带来职业型高等学校之间的趋同竞争，而不是优势竞争；其次，从录取顺序来说，普通高等学校始终排在高等职业学校的前面优先录取，导致高职的生源质量无法保证；最后，目前的招考制度具有相对的保护性，各地高职院校生源以本地区为主，这样不利于地区间的人才流动。

二、国际招考制度比较

（一）开放式招生制度：美国、英国

美国的社区学院采取开放式的招考制度，任何人只要注册都可以申请参加社区学院课程的学习。在入学之前，学员不需要通过任何考试，取而代之的是咨询。通过咨询，学员可以得到教师的帮助，选择最适合自己、符合自身发展需求的课程。在入学以后，通过实行学分制来保证教育质量。

英国高职的招考制度也是开放式的，但与美国不完全相同。英国没有专门的高职院校，高职归属继续教育，以课程形式存在，学员在开始课程学习前，要由学校的教师对其进行“职业认定”，以“职业认定”的结果来安排学生的学习。

美、英两国的招考制度把每个人置于平等的地位，并给予相同的机会，向每个人的每个人生阶段开放。但其有一个共同的特点是：进口宽，出口严，严格实行学分制。

（二）入学资格加职业实践制度：德国

德国的高等职业教育主要由高等专科学校和职业学院完成，两类学校采取不同的招考制度，但基本精神是一致的。

高等专科学校的入学资格为高级专科学校毕业生，有专科大学的入学资格，具有文理高中文化和职业经验，或文理中学毕业，还必须补习一定的职业实践，才能成为高等专科学校的学员。职业学院的入学条件是：一是具有高等学校的文凭，即文理高中毕业生、专业高中毕业生或通过培训达到同等学力者；二是与某企业签订了培训合同。

这两类学校的招考制度都隐含着对中等教育毕业证书的充分信任，并对学员的职业实践提出了一定的要求，只不过前者要求有实践经验在先，而后者要有实践保障的合同。

三、我国职业型高等教育招考制度选择

（一）职业型高等教育的招考不同于学术型高等教育

普通高等教育特别是学术型高等教育，注重的是学术能力，而书面考试比较容易反映学术能力，因此，书面的、统一的考试非常适合学术型高等教育。而职业型高等教育则不同，一方面，它对学术能力的要求相对不高，基础理论的学习与职业有关；另一方面，实践操作能力是招考中的一个重点，也是职业型高等教育质量保证的关键。为此，学术型高等教育与职业型高等教育应该使用不同的能力衡量标准，分开招考，用不同的适合各自特色的方式选拔人才。纪宝成（2009）主张中国的高考应该分成两类：一类是普通高等教育的高考，一类是高等职业教育的高考。随着教育改革的深化和人们观念的转变，家长就不一定让孩子非要上最名牌的大学，可以上最名牌的职业技术学院。这样就能够形成多元化的人才培养模式，这是大众化高等教育阶段最重要的特征之一。

（二）职业能力是职业型高等教育招考必不可少的组成部分

技术和技能的操作能力是职业型人才职业能力的体现，为此，在招考过程中，职业能力的考核是重要的。且在整个招考过程中，职业能力占有相当大的比重。职业能力的培养绝不是大学阶段才做的事情，而是要从基础教育开始，并在高中阶段进行必要的分流。

（三）从基础教育入手，为职业型高等教育招考提供依据

人们考察教育的发展容易把基础教育与高等教育割裂开来，单独分析，其实二者是紧密相连的，这和一个国家一贯坚持的教育基础哲学分不开。我国的基础教育应该也必须是素质教育，但现实情况则是不断朝着应试教育的发展道路前进。素质教育与应试教育内涵不一样，关心的或是倡导的基本点就不同。素质教育可以实现对不同思维类型的学生进行差异化指导，不片面强调升学的重要性。通过素质教育获得学生思维类型的第一手资料，为学生报考不同类别、不同层次的大学提供真实依据。这是一种建立在科学基础上的行为，而非人为行为，更不是靠外力推动的无意行为。根据思维类型的不同，我们可以建议学生参加不同类型的选拔考试，同时使用不同的考试内容和方法。这样做就不会造成大量的学术型人才在完成培养过程以后才被淘汰的尴尬局面，而对于希望从事具体职业的同学，道路则更加清晰和直接。同时，招生考试制度在学术型和职业型之间应该是能够实现互通的，这样就从根源上保障了生源质量，为职业型教育的生源素质提供条件保障。①

① 杨小微：《从基础教育视角思考职业教育难题的破解》，载《教育发展研究》2010 年第 5 期，第 66—67 页。

（四）注重高中阶段的教育分流

对于高中阶段教育，不同的国家有不同的适应战略。有些国家提供的是非选择性的学术性的（通识性）课程，为所有学生提供同样的学习机会；而有的国家则提供性质不同的课程，如学术性的、准职业性的、职业性的课程。学术和职业课程的差别不仅仅在于课程内容上，而且还表现在培养人的目标上。职业性课程的目标主要是为特定的职业培养人，毕业生毕业后大多数会直接进入特定的劳动力市场。

第六节　办学体制改革

发展职业型高等教育需要经济领域的支持，更需要全社会的观念转变及体制创新。《关于开展国家教育体制改革试点的通知》（国办发〔2010〕48 号）指出，要建立健全政府主导、行业指导、企业参与的办学体制机制，创新政府、行业及社会各方分担职业教育基础能力建设机制，推进校企合作制度化。教育改革是教育发展的根本动力。教育优先地位的确立还不能保证教育的科学发展，还需要教育内部深化改革，更新我们的教育观念，创新我们的教育模式，改进我们的教育教学方法，特别是在办学体制、管理体制、人才培养结构等方面深化改革。如果说优先发展强调的是全社会对教育的大力支持，那么，改革创新着力强调的是教育系统自身的改革和创新。如果说教育公平和教育质量两者缺一不可，那么，教育优先发展和教育改革创新两个一个都不能少。没有全社会的优先地位，教育要想优先发展是很难的；有全社会的支持，没有教育系统自身的改革也是做不到的。

我国目前的经济体制是社会主义市场经济体制，这就要求社会事业发展的各方面都要以市场作为资源配置的主要手段，但是，市场机制在配置职业型高等教育资源的过程中本身存在着无法克服的危机，这就需要在以市场机制为主要配置手段的同时，发挥政府的宏观调控责任。

一、市场机制在职业型高等教育发展中的失灵

改革开放后，市场在高等教育资源配置上发挥了重要作用，高等教育的大众化离不开市场机制调节，由于多种原因，市场机制并没能解决我国职业教育发展中面临的许多危机：市场机制无法实现对公共教育资源的有限配置；市场机制无法实现职业型高等教育与其他社会组织尤其是行业组织和企业组织的有效联合。市场机制往往造成垄断或短视行为；市场机制无法代替政府对职业型高等教育的高投入；市场机制无法有效实现职业型大学内部运营机制最优化。职业型大学内部管理涉及相关利益群体的切身利益，没有他们的参与，利益冲突将很难解决。①

既然市场在职业型高等教育发展中存在着不足，政府就应该在职业教育中承担相应的责任。联合国教科文组织认为，政府对职业教育的责任是政府提供法律框架；政府是形成职业教育利益相关各方之间合作伙伴关系的主导者；政府除了直接提供职业教育外，还要发挥领导、监督作用，促进、协调和建立质量保障机制，确保职业型高等教育为全民服务。

---

① 张秀兰主编：《中国教育发展与政策30年》，北京：社会科学文献出版社，2008年，第229页。

二、办学体制的创新实践

——以广东省为例

广东省是中国改革开放的发源地，市场经济程度高。体现在高等教育发展上，市场化特点明显。广东发展高等教育首先从办学体制上寻求突破，主张“三权分立”，即管理权、举办权、办学权相互制约，互动发展。其中管理权的创新起到了杠杆作用，通过管理责任的细分，首先调动的是政府的积极性。具体情况是，广东为了实现省域经济的发展，急需创办自己的大学，于是提出了“建立城市大学”的口号。为了实现这一目标，广东进行了“省市共管，以省为主”的制度安排，对于经济发展水平高的城市如广州，则提倡“省市共管，以市为主”。有了各级政府的牵头，公众参与高等教育发展的积极性自然提高，举办权的创新加快了这一进程，举办权创新重点是高校经费的多元化筹集。为此，广东一方面在公立高等教育中发挥财政资金的主导作用，另一方面调动民众参与高等教育发展的积极性，鼓励民营资本介入高等教育生产，或提供必要的捐赠。当制度环境和资金都满足的时候，办学权的创新也刻不容缓。广东的具体做法就是积极引进外地优质高等教育资源。比如，北京大学和清华大学分别在深圳、珠海等城市设立分校。同时，还推出了自主创办与外地引进并举模式，深圳、东莞是其典型。①

---

① 陈伟：《论省域高等教育的发展模式创新：以广东为例》，载《高等教育研究》2010年第1期，第28—34页。

第七节　管理体制改革

一、管理体制改革的目标

管理体制改革，主要是指政府、市场与学校之间的关系。市场追求的常常是眼前利益最大化，而不是长远利益最大化。这就要求发挥国家计划的作用，校正市场的短视行为。而职业型高等教育更应该注重长远利益，政府的作用尤为重要。当前，高等教育备受社会指责，究其根源还是与我们高校的定位有关。沿袭几十年计划经济体制的管理模式，政府和教育行政部门对高等教育的那种“主管”和“统管”的心态和行为至今没有实质性改变，还是习惯于以审批和指令的方式对人事、招生、专业设置、拨款、评价等方面进行干预和管理，政府和教育行政部门几乎包揽了学校从举办到管理的一系列权力。导致学校缺乏办学自主权，对政府和教育行政部门过分依赖。高效的职业型高等教育管理体制应该是政府、市场与学校各归其位。评价权应该交给市场，管理权交给政府，办学权则交给学校。中央政府统一领导和管理国家教育事业，制订发展规划、方针政策和基本标准，优化学科专业、类型、层次结构和区域布局。整体部署教育改革试验，统筹区域协调发展。地方政府负责落实国家方针政策，开展职业型高等教育改革试验，根据职责分工负责区域内职业型高等教育改革、发展和稳定。

二、管理体制改革的方向

（一）从教育的基本价值出发，完善管理体制

“以人为本”的科学发展观，日益深入的公共服务均等化，将教育视为重要的民生问题，提出举办“人民满意的教育”，这些都反映出中国教育的基本价值正在从传统的国家主义的立场转向满足人民、满足学生的实际需要。

这一价值也必须体现到教育行政、教育管理和教育决策中来。政府作为教育公共服务的重要供给者，也是公共教育治理的主导力量。其改革的方向，应该是加强政府促进教育公平发展的职能，完善教育宏观管理的体制和机制，改变对学校的直接管理，建立公众参与和决策科学化、民主化的机制，扩大教育开放，形成全社会共同参与教育发展的新格局。①

建立社会参与教育治理的机制。教育具有战略性、全局性、先导性，需要全社会最广泛的参与，为此要建立教育审议制度，教育审议就是由专门设置的社会中介结构就政府的教育政策进行审议、评议，或接受政府委托，就有关教育问题开展调查和评估，提供教育咨询和建议，协调政府、学校和市场之间的关系。

建立科学民主决策的程序和制度。提高教育决策的信息基础、民意基础、实验基础。建立健全决策跟踪反馈和责任追究制度，实行质询制和问责制。②

---

① 张秀兰主编：《中国教育发展与政策30年》，北京：社会科学文献出版社，2008年，第288页。

② 张秀兰主编：《中国教育发展与政策30年》，北京：社会科学文献出版社，2008年，第289页。

（二）依据委托——代理理论重建管理体制

职业型高等教育作为新生事物，它的生命力取决于质量，而非数量。在资源稀缺的总体约束条件下，我们还要面对信息不对称的难题，为了办好职业型高等教育，我们必须引进市场竞争机制，使市场成为资源配置的决定力量，从而开展以质量为平台的公平竞争。如果政府扮演的角色还是传统意义上决策者和经营者合二为一的话，效率和质量很难保证。政府必须转变观念，引进公共委托—代理制，建立新型的政校关系，突出非盈利性代理的特点。

而要实现这样的目标，具体的要求不可少。第一，作为委托方的政府，不具体负责高校专业课程设置、招考制度、学费收取、师资队伍培养、教学科研活动的开展等具体环节的工作。第二，按照《高等教育法》《职业教育法》的相关规定，给学校提供财政资金，资金本身就是代理费用。第三，委托代理要打破所有制限制，无论是公办还是民办的高等学校，只要具备职业型高等教育办学的基本条件，就可以从政府手中获得代理费用，同时接受委托人的监督。第四，作为委托人，政府有责任行使充分的监督权。要对职业型高等教育的生均拨款进行监督。要对各学校的具体教学活动进行监督，看其是否围绕国家的核心目标办教育。要建立对高校的绩效评价体系，设定具体的评价标准，定期对高校各项绩效指标进行考核，并将绩效指标的考核结果公开，接受社会的监督，合理调整资源的流向。①

（三）多元化——职业型高等教育管理体制改革的关键

职业型高等教育的管理体制直接决定着办学的多元化格局和

① 马国贤：《职业教育全覆盖战略下的财政政策》，载《铜陵职业技术学院学报》2008 年第 2 期，第 1—5 页。

办学的具体形式，不同的参与主体在管理权限和管理方法上表现出不同的特点，不能“一刀切”。

1. 政府在职业型高等教育的管理体制中居于主导地位。主导地位的实现不仅是政府要对高校进行必要的拨款，还要从宏观全局角度把握职业型高等教育发展的方向，厘清发展的思路。财政拨款不能采用“撒盐式”，搞平均主义，而是有重点地建设好几十所具有示范效应的高校，通过这些高校，掌握国家经济建设所急需的职业型人才，传达政府的调控思路。在发挥好本职作用的同时，政府尽可能以政策形式支持企业发展职业型高等学校。积极探索教育股份制、国有民办、民办公助等多种办学体制。

2. 国家先行，企业跟进符合正常的逻辑关系。明确了政府在管理体制中的主导责任，接下来就要发挥企业在多元化管理体制中的主体作用。具体操作中可采用校企合作的形式。一方面，企业处在社会生产第一线，了解现实的需求，能够提供先进设备和技术，可以帮助学校制订发展规划，参与决策；反过来，学校以合格的人力资源作为回报提供给企业，参与生产。这样，人才的供给与需求真正实现了匹配。实现学校和企业的双赢局面。

3. 当前，社会力量也迫切要求参与职业型高等教育的管理，为此，我们应该在政府的引导和管理下，出台一系列政策措施加以扶持、资助。①

---

① 张春乐、黄海滨：《论当前高等职业教育管理体制改革》，载《中国电力教育》2010 年第 7 期，第 57 页。

第七章　发展职业型高等教育的政策建议

职业型高等教育的发展离不开财政的支持，但如何支持，支持多少，将是本章着重解决的两个问题。从更深层次的角度讲，职业型高等教育发展的财政政策不仅要集中说明财政应该担负的责任，更要从价值判断和社会政策的角度给予职业教育以必要的地位。按照上一章的阐述，我们知道，在中国发展职业型高等教育可以采取两种不同道路，一条是在传统学术型大学中建立职业学院，另一条是建立新型职业型大学。道路不同，财政政策的选择自然不同，当然有些政策是适用于两条道路的。财政支持职业型高等教育的发展不是一切从头开始，而是以现有的财政政策为基础，建立新的财政体制，突破政策限制，注重财政政策的层次化与系统化实施，从而促进职业型高等教育的发展。财政支持职业型高等教育的发展并非财政“包打天下”，要突出财政资金的杠杆主导作用，直接资金支持与间接调控手段并用，直接支持为辅，间接的引导和鼓励作用为主，协调好财政资金的支持、引导和鼓励作用，国家、企业、个人根据受益程度按比例承担费用，突出企业资金的主体地位，调动好个人出资的积极性。

第一节　职业型高等教育财政政策基本思路

一、职业型高等教育财政支出原则

（一）现实性和前瞻性兼顾原则

市场经济发达国家在发展职业型高等教育上积累了宝贵的经验，也存在着诸多的不足，无论是经验还是教训都值得我国借鉴，这种借鉴一定是与自身的实际情况相吻合的。然而，借鉴并不是简单的复制过程，受经济发展水平、文化教育、政治制度、风俗习惯等潜在力量的约束，而且这种力量还很强大。所以，在具体财政政策的选择上，我们要把具体现实与未来的发展统筹起来，兼顾现实性与前瞻性，寻找二者之间的平衡点，有效地推动职业型高等教育的发展。①

同时，要把具体的教育事业发展置于《国家中长期教育发展与规划纲要》（2010—2020）和“十二五”总体规划中，从而实现系统与局部、整体与个体的良性互动发展。发展职业型高等教育，就是为国家预先储备具有前瞻性的人力资本，对现有的人力资源数量、质量、结构进行客观分析，以此明确长期的发展目标。为此，财政政策的导向和财政资金的支出应关注于具有前瞻性、创新性的职业型高端人才培养上，并承担相应的创新风险，这和我们建立创新性国家的发展战略也是极其吻合的。

---

① 黄霄雯：《发展我国高职教育的财税政策探讨》，西南财经大学硕士论文，2008年，第34页。

（二）财政间接调控为主，直接支持为辅的原则

计划经济体制下，财政的大包大揽行为在人们的头脑中留下了深刻的记忆，要想实现产业的进步和增长一定靠财政政策。这对确立财政的主导作用固然重要，但如果仅仅依靠它，就是不可行的。过分依赖的后果就是财政要不遗余力地、事无巨细地增加相应的财政支出。这种过分强调政府财政直接投入的政策取向，使财政不堪重负，也缩小了财政政策发挥作用的空间。在理顺基本的财政体制以后，财政政策的调节手段是多样化的，并非简单的政府财政拨款，还包括绩效评价、预算管理、转移支付、税收等一系列政策工具。财政对于职业型高等教育的支持不仅体现在直接的资金支持，还可以依靠财政政策本身的广化和深化，对社会资金起到引导和鼓励的作用，财政直接支持与引导、鼓励社会资金的政策工具之间存在着如下的工作机制：通过财政资金的政策导向性与示范性，透过拨款的经济杠杆作用，撬动更多数量的社会资源向政府手中集聚，诱使微观经济个体积极参与，促使其行为循着政府所期望的目标演进。在这个过程中，政府支出发挥的是“汲水功能”，处于主导地位。具体地说，按照现有的财政体制和支出标准，国家、企业、个人应大致按照30%、60%、10%的比例来出资发展职业型高等教育。

根据以上两点支出原则，财政支持职业型高等教育发展的政策实施过程是分层次进行的，直接的资金支持表现在财政体制的理顺、绩效预算的实施和收费及资助政策的优化上，财政政策的引导作用主要体现在税收政策的制定和吸引社会捐赠收入，财政的鼓励作用表现为以产学研结合方式和发展民办教育的方式推进职业型高等教育的发展。

二、职业型高等教育发展与财政政策的相互作用

（一）促进高等教育发展的财政政策，有利于政策本身的广化和深化

现代的国家和政府管理的事务涉及公共治理、宏观调控、社会发展、对外交流等诸多方面，政府履行的职能是全方位的。能否实现有效的管理取决于政府本身所掌握的资源多少，说到底就是财政资金的多少。财政资金的使用效率高，不仅能带来经济的持续增长，还可以提高政府处理公共事务的能力，解决内外部的矛盾。

当前，与建立社会主义市场经济体制目标相适应，我们提出了建立公共财政，即满足社会共同需要的财政，这种财政以政府为主体。它安排财政支出的参照物就是社会公共需要，并在矫正市场失灵、促进社会公平中发挥作用。公共财政无论在外延还是内涵上对传统的财政政策理念都进行了必然的扩展，逐渐发展成为包含了更为丰富内容的公共经济学。公共财政要求政府的预算要涉及社会生活的各个方面。作为一个国家或地区可持续发展的重要战略举措——发展职业型高等教育，培养高级职业型人才自然被纳入财政政策的范围中。如果财政政策在高等教育领域发挥得好，势必有助于提高财政政策对社会各项事业调节的广度与深度，从而使自身得到完善。

（二）职业型高等教育的发展从根本上增加了财政收入

1994 年的税制改革，国家根据未来的发展趋势，提出了建立流转税与所得税并重的“双主体”税制结构。经过十几年的发展，流转税的主体地位得以确立，并不断得到强化，而所得税

还难以成为主体税种。通过对原因的分析我们知道，构成所得税直接来源的个人所得税，虽然在总量上实现了大幅度增长，但在税收总体份额中所占比例仍不高。以2007年为例，在全部的中央财政收入中，以增值税为首的四大主体流转税种带来了25459.21亿元的财政收入，占收入总额的57.6%，而由企业所得税和个人所得税实现的财政收入为9407.78亿元，仅占收入总额的27.9%。[①] 个人所得税成为主体税种不仅是世界各国的普遍特点，更是我国经济发展的必然结果。发展职业型高等教育，提高广大劳动者获得收入的能力，使他们更有效地参与改革成果的分配过程，无疑将带来个人收入份额的不断上涨，个人收入增加了，建立在它基础上的个人所得税也会大幅增加。同时，接受过职业型高等教育的职业型人才的收入增长能力和速度都会提升很快。因此，职业型高等教育的发展，有利于加快高级职业型人才的培养，能极大地提升个人收入水平，丰富税源结构，实现国家财政实力的增强。

（三）职业型高等教育发展的财政政策能够促使社会人才结构合理化

职业型高等教育作为高级技术型、技能型人才培养的摇篮，能够为经济发展方式从粗放型向集约型转变储备人力资本，加快创新型国家建设的进程。而实现这一目标，离不开财政政策的持久主导作用。财政政策的有效安排和及时调整，既是顺应知识经济时代国际化竞争对高级职业型人才需求的明智选择，又有利于

---

① 中华人民共和国财政部.《中国财政基本情况（2008）》，北京：经济科学出版社，2009年，第9—10页。

解决中国社会经济转型时期所出现的人才供求失衡矛盾。[①]

第二节　理顺职业型高等教育财政体制

职业型高等教育发展的核心问题是如何处理教育投入中不同层级政府间的财权、事权关系，确定中央、地方政府的财政支出责任。

一、财政体制

（一）财政体制的概念

财政体制有广义和狭义之分。广义的财政体制是指处理政府间、政府与企业、政府与居民等方面财政关系的制度安排。狭义的财政体制是指处理政府间财政关系的制度安排和实施机制。其实质是处理政府间在事权与财权方面关系的划分。事权是指政府履行的公共职能——提供公共产品及服务的权力。按照受益范围的不同，公共产品及服务又可以分为全国性公共产品与地方性公共产品。前者的受益范围是全国，如国防；后者的受益范围相对限定在特定的地方。根据公共财政的受益原则，全国性公共产品因其受益方位覆盖全国，故由中央政府承担比较合适；地方公共产品因其受益范围局限在地方，由地方政府承担比较合适。

理论上，事权的划分要求有相应的财权即财政的收支权力与之相匹配。也就是说，某项公共产品和服务由哪一级政府来具体

① 黄霄雯：《发展我国高职教育的财税政策探讨》，西南财经大学硕士论文，2008年，第15页。

提供，哪一级政府就应该拥有相应的财权。各级政府的事权与财权相匹配后，提供公共产品和服务的决策责任就相应地固定下来。然而，决策责任划归某一级政府并不表明该项公共产品和服务的资金安排、日常管理和执行情况的监督责任必须划归该级政府。[①] 在许多情况下，决策责任、监督责任是由不同层级政府分担，并有可能吸收其他社会公共组织即私人部门参与其中。因此，各级政府之间的责任分担显得十分重要。

财政体制的基本框架覆盖两个层面：纵向财政关系和横向财政关系。纵向财政关系是指上下级政府间发生的财政关系，涉及四个核心内容：支出划分、收入划分（税收划分）、转移支付、地方债务，由这四项问题而引发的纵向财政关系，同时也出现在各级地方政府之间。横向财政关系是指平行级政府之间的财政关系，主要包括支出收益外溢、税负转移、税收竞争、财政协调等。财政体制中，中央和地方政府之间复杂而重要的财政关系构成了政府间纵向财政关系的主要方面。[②]

（二）财政的分权与集权

处理财政集权与分权是政府间财政关系的中心议题。我国从新中国成立以来，经历了长时间的统收统支的高度集权制。20世纪80年代以后，我们逐步开始了财政分权的改革，如何在集权与分权之间谋求最佳的结合一直是一个在不断探索的问题。一般来讲，最优的集权与分权，主要取决于地方政府受托责任的强弱和决策能力的高低。受托责任指政府向其负责提供服务的纳税人承担的责任，以及政府内部下级向上级承担的责任。在其他因

---

① 栗玉香：《教育财政学》，北京：经济科学出版社，2009年，第202页。

② 王雍君：《公共经济学》，北京：高等教育出版社，2008年，第208—216页。

素既定的情况下，较强的受托责任能够支持较高程度的分权；同样，较高的决策能力也能支持较高程度的分权。在受托责任脆弱和决策能力低下的情况下，针对地方政府的分权很容易产生种种问题，分权体制本身所具有的内在优势无法发挥出来。

我国现有的分权制存在的最大问题就是地方受托责任脆弱和决策能力的低下，这主要是由于地方政府的财权比较脆弱。财政的本质是“以政控财，以财行政”，没有充足的财力保证，事权的实施势必受影响。1994 年的分税制改革，建立了中央和地方的分税制体系，但这个体系并不是严格意义上的分税制，而是中央和地方的税收分成制，地方政府并没有自己的主体税种，仅仅依靠与中央分享一些税种来获得相应的财力。长此下去，地方的财政支付能力会不断减弱，何况地方政府要提供的公共产品和服务的数量在不断地增加。

二、职业型高等教育财政体制

（一）高等教育财政体制的含义

高等教育财政体制是处理政府间教育财政关系的制度安排和实施机制。为了提供满足社会公共需要的教育服务，所需的经费必须在各级政府之间进行合理的安排。具体而言，提供高等教育公共服务，应该由哪一级政府举办、哪一级政府筹资、哪一级政府管理，涉及各级政府之间对高等教育事权与财权的划分与分担问题，这也是高等教育财政体制的基本内容所在。对于一个国家而言，高等教育财政体制要通过宪法及相关法律做出明确的规定，其核心问题是必须把责权明确到具体的政府，以有效避免不同层级政府之间对高等教育事务的过度干预和相互推诿。

（二）职业型高等教育财政的转移支付

财政转移支付是职业型高等教育财政体制的重要组成部分。财政转移支付是以实现各地公共服务水平均等化为根本目标，以政府之间存在的财政能力、收支差异为基础，实行的一种财政资金的相互转移或财政平衡制度。高等教育财政转移支付是上级政府为确保各地区之间教育支出与教育发展水平大体平衡，将自己的财政资金转作下级政府教育收入来源的一种经费援助制度。这一制度的基本目的和功能在于，对落后地区的高等教育财政和教育资源进行补助，以促进教育均衡发展，实现教育公平。

高等教育财政转移支付模式主要有三种。一是纵向转移支付。即上下级政府之间教育财政资金的转移。这种转移支付的理论基础在于弥补政府纵向财政缺口。这种纵向财政缺口是指由“税收相对集权，支出相对分权”而导致高级别政府形成财政盈余，低级别政府形成财政赤字的情况。二是横向转移支付。即同级政府之间的教育财政资金的转移，这种转移支付的理论基础是为了弥补横向财政缺口，即某些地方政府有财政盈余，而其他地区有财政赤字。三是纵向和横向结合的转移支付。在实际操作中，第三种转移支付模式是通过纵向转移支付实现的。

职业型高等教育是准公共产品，具有正的外部性。也就是说，受教育者的边际收益小于社会总收益，当收益超出受教育者本人时，本人之外的一部分人受益，而不必支付费用。对于一个地区，上面的情况同样适用。由于我国东部地区经济社会发展水平高，吸引了大批西部的学子流向东部地区，而东部地区并没有支付培养这些人才所花费的成本，而作为支出的主要承担者，西部并没有从培养的人才中获益，相当是为别人做了嫁衣。为了消除这种不合理的现象，一定要在资源流入省和资源流出省之间建立有效的转移机制，使流出省能够得到成本补偿，否则它投资高等教育的积极性和能力都将受到巨大的影响。因此，中央政府要借助财政再分配手段，实现资源由经济发达地区向经济落后地区的横向转移，实现利益共享，减轻地方财政负担。

（三）职业型高等教育财政体制的类型

1. 分权型财政体制

分权型财政体制是地方政府在管理教育中占统治地位，中央政府没有直接领导或干涉地方教育的权利，对地方教育发展计划也不作指令性规定，中央政府只处于指导、监督和财政拨款的资助地位，中央和地方的教育行政部门之间的关系不是领导与被领导的隶属关系。美国是分权型财政体制的代表。

分权型财政体制的优点是：有利于调动地方政府高等教育支出的积极性，不会因中央教育决策失误，造成全国各地区教育的受损；因地制宜地发展地方高等教育，能够更好地发挥教育投资的效益。分权制的缺点是：地方政府的经费负担过重，经费很难得到保证。

2. 集权型财政体制

集权型教育财政体制是指中央政府在高等教育的提供中占据主导地位，对高等教育经费在全国范围内进行分配，并负责具体的管理。法国是集权型财政体制的代表。集权型财政体制的优点是：统一分配教育资源，提高宏观调控的力度和效益，有利于高等教育事业的均衡发展。缺点是：教育经费的来源过于单一，不利于调动地方政府和私人办学的积极性，容易导致教育经费使用的低效率。

3. 集权与分权结合型财政体制

集权与分权结合的财政体制，就是由中央政府和地方政府共同负担高等教育经费，明确二者的支出责任和管理责任。英国、德国是集权与分权结合型财政体制的代表。集权与分权结合型财政体制的优点是可以调动中央和地方办学的积极性，加强高等教育经费的宏观调控，促进高等教育区域之间均衡发展，提高教育经费使用效益。但中央政府和地方政府在具体的财政分担和管理权限上，还需要进一步划分责任。

通过以上的分析，我们可以看出，中国的高等教育财政体制是集权与分权结合型财政体制，需要调动两方面的共同力量，确保职业型高等教育的投入。

三、职业型高等教育财政体制的改革思路

（一）统一发展职业型高等教育的财权与事权

从职业型高等教育财政体制的改革趋势来看，政府间财权与事权的统一至关重要。财权如果不变，那么事权要进行调整以适应变化；如果事权不变，那么财权要进行调整以适应变化；如果事权、财权同时变化，二者要相互调整，彼此适应。

当前，我国的中央财政在职业型高等教育支出中承担宏观协调功能，主要是中央对地方的转移支付和学生的资助金体系。但从实际需要看，中央在高等教育领域的事权并没有完全行使。为完善我国的教育财政体制，有必要增加中央对职业型高等教育的投入，减少地方的财政投入压力。增加的投入一是要建立中央部委直属的100所示范性职业型高等学校，与重点建设的111所学术型高等学校齐头并进，在提供全国性高水平职业型人才方面作出贡献；二是要增加中央对地方财政职业型高等教育支出的转移支付款额；[①] 三是在条件允许的情况下，加强对职业型大学和职

① 邵学峰，王国兵：《我国高等教育财政拨款机制改革研究》，载《经济体制改革》2010年第1期，第127—130页。

业学院师资力量的培养。

合理划分各级政府在发展职业型高等教育中的责任。由于现行的分税制中，中央政府和省级政府占据了财权的大部分，所以，职业型教育的发展应突出中央和省级政府的投入责任，必须改变目前某些地方存在的把职业教育经费责任层层下放的做法，中央和省级财政应加大对职业教育经费的扶持力度。在此基础上，中央、省、地（市）及县政府，在职业教育方面的经费承担责任应进一步清晰化。①

（二）规范职业型高等教育的财政转移支付制度

规范转移支付制度的关键环节是求出转移支付的具体标准，并保证这个标准与实际情况的偏差不大。这个标准就是全国范围内的高校生均公用经费最低投入。由于存在经济发展水平的差异，人均国内生产总值不同，政府重视教育的程度不同导致了各地的最低投入标准不一，所以还必须求得调整系数，来对最低投入标准进行修正。

确立了最低投入标准是第一个步骤，接下来，我们还要看地方政府是否有能力承担生均公用经费最低投入。由于政府间财力差异体现在成本差异上，我们可以设定一个成本差异调整系数，用它乘以全国的生均公用经费，从而得该地区实际所能支付的生均公用经费。把实际生均经费与最低标准进行比较，差额部分就是要通过转移支付补足的部分。

（1）测算各地应承担的生均公用经费最低标准

记号注释：B = 生均公用经费最低标准；X = 全国地方高校生均公用经费；D = 最低标准调整系数；S_{GDP} = 某省人均 GDP；

---

① 郭扬、胡秀锦：《职业教育经费保障机制的构建与思考》，载《教育发展研究》2009 年第 1 期，第 63—67 页。

Q_{GDP} = 全国人均 GDP；T_i = 某省教育投入占本级财政支出比例；T = 全国教育投入均值。计算公式：$D = S_{GDP}/Q_{GDP} + T_i/T$；$B = X \cdot D$

（2）测算各地财力客观能承担的生均公用经费

记号注释：Z = 能承担的实际公用生均经费；K = 高校财政供养人口系数；M = 高校教职工工资差异系数；J = 地区差异系数；N_i = 各省高校教师数；N = 全国高校教师数；P_i = 各省生师比；P = 全国平均生师比；F_i = 各省在校大学生数；G_i = 各省高校教职工人均工资；G = 全国高校教职工人均工资；C_i = 各省人均财力；C = 全国人均财力；Y = 成本差异调整系数。

计算公式：$K = N_i \cdot P_i / N \cdot P$；$M = G_i / G$；$J = C_i / C$；$Y = K + M + J$；$Z = X?Y$；当 $Y - D < 0$ 时，需转移支付的人均支付量为：（D—Y）$\cdot X$①

（三）以法律形式明确职业型高等教育财政体制

通过对发达国家发展职业型高等教育的实践，我们不难看出，完备齐全的法律体系，不仅可以从宏观层面给予职业型高等教育必要的指导，还可以规定具体的经济手段来实现调控的目的。同时，法律对政府也具有强制性和约束力，促使其不断履行法律责任。职业型高等教育的法律制度建设应该包含两个方面，一个是立法工作，另一个是执法工作。

在立法工作中，首先要规范现有的法律，重新调整法律布局，形成与职业型高等教育有关的法律体系，以专门法的形式制定《教育投入法》，完善现有的《预算法》。通过这些法律，来强调以下内容：各级政府负有对教育财政投入的首要责任，在教

① 陈上仁、李兵：《高等教育财政转移支付政策研究》，载《教育发展研究》2002 第 7—8 期，第 59—63 页。

育经费中占据主导地位。政府要保证高等教育经费的持续增长，增长比例符合国家确立的总体要求。中央政府是进行转移支付的主体，需要支付相应的资金。地方政府应承担管辖区域内的高等教育发展经费，并对经费的使用过程进行监督。

执法工作的目的只有一个，就是能不能真正落实政府在发展高等教育中的责任，并对“不作为”行为予以纠正。具体来说，支持职业型高等教育发展的财政政策的决策过程应科学化，必要时应进行可行性论证。坚持各级人民代表大会对财政资金分配拥有最终的决定权。强化对各级地方政府的约束，把他们置于人大和法律的监督之下，出现问题，实行问责制。①

第三节　实施职业型高等教育绩效预算

进入21世纪以来，各国政府与高等教育之间的关系变化中体现了一个趋势，那就是各国政府，在越来越把高等教育的发展、革新和多样化的责任转移到各高等院校的同时，保留制定广泛的政策，特别是预算政策的特权。② 为此，通过预算，特别是绩效预算成为政府支持高等教育发展的必要手段。

① 刘天佐：《完善我国高等教育财政拨款体制的思考——基于美国与日本高等教育财政拨款体制的启示》，载《江苏高教》2006年第5期，第38—40页。

② ［荷兰］弗兰斯·F. 范富格特著，王承绪译：《国际高等教育政策比较研究》，杭州：浙江教育出版社，2001年，第1页。

一、绩效预算基本概念

（一）绩效预算的概念

绩效预算最初由美国人提出，旨在建立一种以提高政府长期计划效益和政府整体效率为目标的财政资金管理模式。20 世纪 80 年代后期，绩效预算在美国政府的“政府改革”中，发挥了核心作用。因此，绩效预算从表面上看是一场财政革命，但从根本意义上讲，它是一场针对政府管理体制的革命。

关于绩效预算的定义很多，其中，引用较多的是 20 世纪 50 年代初美国总统预算办公室的定义：“绩效预算是这样一种预算，它阐述了请求拨款是为了达到目标，为实现这些目标而拟定的计划需要花费多少钱，以及用哪些量化的指标来衡量其在实施每项计划的过程中取得的成绩和完成工作的情况。”

从上面的定义，我们可以得出如下结论。

1. 绩效预算的实质是一种投入产出分析。也就是说，政府提供的每项公共服务都是要投入的，不花钱办不成事情；政府花费每一分钱都应该有效果，这些效果最终体现为相应的公共产品或公共服务；花了钱而未获得公共产品，或获得的产品与支出不对称时，就产生了浪费；制造浪费的部门和个人应该问责。

2. 绩效预算要求政府的每一笔支出都必须包含绩、预算、效这三个要素。所谓绩，就是指业绩目标，即请求财政拨款是为了达到某一具体目标或计划，这些目标应当尽量指标化，以便考核效果；所谓预算，就是指达到这一业绩所需的拨款额，即公共产品的成本；所谓效，就是指业绩的考核和业绩与预算的挂钩方式。对“效”的考核指标设计包括定量指标和定性指标两部分。通常，对于绩效的考核由审计部门或委托社会公证机构来进行，财政部门采用考核结构与经费挂钩的方式拨款。

因此，可以这样理解：绩效预算实际上就是建立在绩、预算、效这三要素基础上的政府财务收支计划。[①]

（二）绩效预算的内涵

1. 绩效预算以结果为引导

这里讲的“结果”是指在对过程实施有效监控后取得的成果，可以是政策实施的效果，可以是人民收入水平的提高，可以是企业经营质量的提升，还可以是学校培养人才后获得的社会声誉，表现形式多样化。政府引入以结果为导向的预算管理方式，是顺应了市场经济发展的趋势，从而实现政府与公共需求衔接。

2. 绩效预算是激励与约束并存

传统的预算侧重点放在约束行为上，绩效预算在继续强化约束行为的基础上，更强调预算本身的激励行为。一方面，绩效预算强调：政府提供的每项公共产品和服务都是有成本的；而投入成本就应当取得效益，因此政府预算应当取得相应的公共产品和服务。成本约束的目的就是提高政府履行职能的效率和效益；通过绩效评估成果的应用，对成本的使用者形成约束。另一方面，绩效预算不具体干涉公共产品的提供，由政府部门自行确定，这有利于激发政府职能部门的积极性和主动性，寻找最佳的生产方式。

3. 绩效预算是短期预算与中长期预算相结合的预算

绩效预算如果要取得良好的效果，必然关注经济的长期行为，指标体系的设计要符合政府的总体规划和远期目标，然后在把这个总体目标分解到每一个具体的年份，以过去一年的绩效预算结果来指导下一年度的预算，出现偏差时，要及时进行调整。

---

① 孔志峰等著：《绩效预算论》，北京：经济科学出版社，2007年，第5页。

这样从根本上保证了每个政府部门工作的连续性，有效地规避了政府的短视行为。

二、职业型高等教育的绩效预算

职业型高等教育的发展离不开政府的教育支出，支出的方式应该采取绩效预算。绩效预算在高等教育财政支出的应用过程应当包括以下三个基本步骤：一是绩效目标设定。给每个支出项目设定若干绩效目标指标，并评价指标的合理性，为确定项目拨款额以及事后评价提供依据。二是绩效拨款。根据确定的绩效目标和成本，计算预定拨款额度，将实施环节委托给有关行政部门。三是绩效评价。评价绩效目标达成情况，为结算提供依据，根据目标的完成程度，以增减财政支出的方式进行奖励或惩罚。同时，分析单位未达到目标指标的原因，提出意见和建议。①

（一）绩效目标

1. 教育资源的有效配置

实施绩效预算的根本目标是保证财政资金在教育领域的有效配置，并发挥最佳的效益。首先，从总量上来说，中央和地方政府的预算内教育支出应该可以保证职业型高等教育的正常发展，并随着财政收入的增加而不断增长；其次，从区域分布来看，各地区的教育支出要能够满足本地区教育发展的需要，这种需要有适度的前瞻性，但不是区域之间的盲目攀比，也就是选择适合自己的支出总量。

---

① 姚莱：《广东省高等教育财政支出预算管理制度改革的探讨》，载《会计之友》2009年第5期，第45—46页。

2. 职业型高等教育的发展

通过绩效预算的有效资源配置，能够协调好政府在学术型高等教育与职业型高等教育之间的资金分配比例，通过对普通高等学校职业学院的改造和职业型大学的建立，使得职业型大学生的数量和质量都有很大的提高，能够满足经济发展对职业型人才的需要。

3. 提高教育质量

什么是质量？质量这个概念本身是多维的，它一方面与结果有关，另一方面又与达到这些结果的目标和组成部分有关。教育质量的概念随着时间而发生变化，它在任何特定的时间内都是不相同的，它的易变性又与目标以及人的主观思考相联系，也就是说，它随着情境发生变化，也随着人们的需要、兴趣以及不同群体的信念发生变化。

根据联合国教科文组织第 47 届国际教育会议研讨会的文献资料，通常有两种方法来定义教育质量。

第一种方法是使用一种体系框架，从输入、过程和输出三方面来评估教育质量，这是一个非常有效的模式。在这个模式中，假定目标和利益都是没有异议的，质量问题仅仅是关于它需要多少输入、哪些过程对于取得令人满意的输出是必要的。

第二种方法是使用一个部门框架来给教育质量下定义，它把教育看作是一个与社会其他部门相互紧密联系的部门。这种方法与构成教育质量的三个主要环节有关：相关性、有效性和效能。所谓相关性是指教育的目标和内容要考虑学习者的需要或社区乃至整个社会的价值观和期望，离开了这些，我们是不能谈什么有质量的教育的，同时我们也承认教育设定的目标和内容是可以有争议的；有效性是关于设定的目的和目标在什么程度上可以被实现的问题。一种有质量的教育必须实现自己的目标，这正是通过把有效性作为一个质量手段来评估的；效能是指以什么途径来达到有质量的教育的目标，它指的是，是否可以通过同样的资源来不断达到结果，是否可以通过较少的资源来达到现在的结果。换句话说，效能作为有质量的教育的测量手段，它与资源的充足以及有效配置有关。

（二）绩效拨款

1. 预算管理改革目标：单列教育经费

在我国现有的预算编制体系中，包含类、款、项、目四个级别。和发展教育有关的预算主要是教育事业费和教育基本建设费，二者分列在不同类下的不同款级，教育事业费属于文教科学卫生事业费类中的款级，教育基本建设费属于基本建设类中社会文教费款级。这样的列支方法无法保证政府对教育的充足投入，解决不了教育发展与政府拨款相脱节的矛盾，也不能最大化地发挥教育投资的效益。为此，笔者认为应该在各级政府的预算中对教育经费实施单列，从目前的款级升级为类级，把教育事业费和教育基建费在同类级中分配，真正实现教育经费事权和财权的统一。这样做还有助于减少教育经费拨付过程中的随意行为，根据教育发展的轻重缓急和自身规律来核拨经费，兼顾公平与重点，更好地行使财政的宏观调控权力。

2. 构建“政府—中介—学校”三方协调拨款模式

当前，我国的高等教育拨款方式先由财政部向教育部拨款，教育部再向各个高校拨款。归属中央部委的高校，也是在主管的部委从财政部获得拨款后，再得到自己的拨款。拨款由纯政府部门来完成，且不说这里存在的漏出行为，就是行政式拨款方式本身也是不合理的，由于拨款的数量和程序受到政府部门的严格控制，人为因素的影响一定很大，也缺乏透明度。政府的插手使拨款难逃“被领导”的地位，政府自身又直接干预了生产的过程，这就回到了计划体制时期的老路上。为了和绩效预算总体目标保持一致，在拨款机构的选择上我们应该引入拨款（评估）中介机构。

拨款中介机构连接着政府和高校，省略了拨款的中间环节。这样做可以增加拨款的透明度，纠正高校的成本最大化行为，提高财政资金的使用效益，保证高等教育发展的质量。通过中介机构的专业化运作，克服了政府对高校缺乏具体控制的弊端，中介机构可以把高校的评估结果与下一步的拨款联系起来。这样政府可以专心于经济发展和社会进步事业，中介机构可以有效地配置资源，高校也可以通过较高的绩效评价结果获得更多的资源。中介机构的种类有很多，它们的共同目的就是协调高校与政府、市场之间的关系，最终确立政府—中介—学校的三方拨款模式。我国职业型高等教育拨款中介机构的基本设想是这样的：它是一个准官方机构，有较大的独立性；它具有双重特征：一方面，它是政府的助手，协助政府把相应的责任施加给高等学校；另一方面，它又是高等学校的代言人，帮助学校向政府提出要求。中介机构的主要任务是执行政府的高等教育发展规划，强化高校在发展教育中的责任，更好地分配教育资源。中介机构应接受政府部门和社会公众的监督。①

3. 拨款组织形式改革：设立高等教育拨款委员会

既然我们提倡确立政府—中介—学校的三方拨款模式，就需要有固定的组织来履行中介机构的职能，而高等教育拨款委员会是一种不错的选择。高等教育拨款委员会具有中介结构的典型特征，拥有很高的社会公信力，能够广泛参与资源的分配。拨款委员会是准官方机构，组织对高校进行具体的评估，根据评估结

---

① 罗晓华，陈工：《我国高等教育财政绩效拨款模式改革的思考》，载《当代财经》2008 年第 4 期，第 27—30 页。

果，提出资源分配的方案。拨款委员会的工作程序和过程要公开，接受公众的监督和质询。拨款委员会代替政府对高校拨款使用情况进行全程监督（具体组织运作模式见图 7－1）。

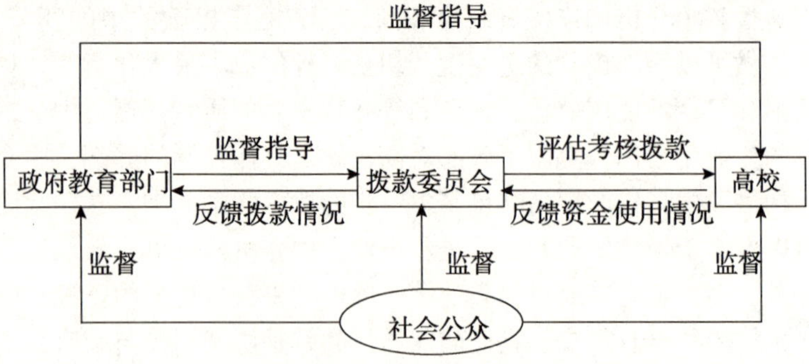

图 7－1　高等教育拨款委员会的运作模式构想

资料来源：吴国生：经济发展中的高等教育财政：国际比较及基于中国的分析［D］. 中国人民大学，2008：83.

4. 拨款方法改革

（1）提倡“公式加合同”复合模式

公式拨款法是通过对影响财政拨款因素的分析和整理，建立包含权重因素的拨款公式。公式随客观条件不同而变化，充分考虑各类、各地区大学的特点，能够减少决策中的不确定性，做到有的放矢。它的缺点是要以前期数据为参考，缺乏对新因素的考虑。

合同拨款法主要采取与高校签订合同，然后通过拨款项目的招标和投标这一方式来完成对高校的拨款。这种拨款方式鼓励高校之间的竞争，能够充分利用社会与高校两个资源市场，逐步扩大高校的办学自主权。这种方法容易引起高校之间的无序竞争，造成资源浪费现象，为了争取更多的拨款，而忽视基础学科和基础项目的规划和研究。

公式加合同模式可以最大化地发挥他们的优点，不断改善各自的缺点。

（2）设立多项政策参数，不以学生数为唯一标准

过去，我国高等教育拨款通常采用生均经费的标准，这一标准的优点是计算方便，标准统一；缺点也十分明显，是缺乏效率。绩效拨款部分主要采用多项政策参数拨款公式，将教育规模、质量、效益、结构等四方面指标全部纳入，各项指标之间是相乘的关系，而不是简单的相加关系，这样才能实现总体的效益。

（3）绩效拨款公式

一般来说，绩效拨款由普通拨款和提高拨款组成。普通拨款包括基本部分和奖励部分。基本拨款部分占据了财政拨款的70%—80%，通过计算生均成本与教学规模的乘积得出。基本拨款对高校来说起到的是成本补偿作用，无法体现激励作用。奖励部分的拨款是为了提高效率，注重效益，占财政拨款的20%—30%。[①]

普通拨款公式：

拨款额 = 基本部分 + 奖励部分

基本部分 = 人员经费 + 公用经费

人员经费 = 在校学生数 ×（生师比 + 学生教辅行政管理人员之比）× 人平均工资

公用经费 = 在校学生数 ×（人平均办公费 + 人平均业务费 + 人平均仪器设备费 + 人平均基建修缮费）

奖励部分 =（就业率 + 升学率 + 创业率）× 在校生数 ×（奖励经费总额/全国在校学生数）

---

① 罗晓华，陈工：《我国高等教育财政绩效拨款模式改革的思考》，载《当代财经》2008 年第 4 期，第 27—30 页。

提高拨款公式：

A. 各地应承担的生均公用经费最低标准：

生均公用经费最低标准＝全国地方高校生均公用经费×最低标准调整系数

最低标准调整系数＝该省人均GDP/全国人均GDP＋该省教育投入占本级财政支出之比/全国教育投入平均值（T_i/T）

B. 各地财力客观能承担的生均公用经费：

该省能承担的实际生均公用经费＝全国地方高校生均公用成本×成本差异调整系数

成本差异调整系数＝高校财政供养教职员工系数＋高校教职员工工资差异系数＋地区差异系数

高校财政供养教职员工系数＝全省高校在校学生×全省生师比/全国高校在校学生数×全国生师比

高校教职员工工资差异系数＝该省高校教职员工人均工资/全国高校教职员工人均工资

地区差异系数＝某省人均财力/全国人均财力

C. 当成本差异调整系数－最低标准调整系数＜0时，需转移支付的人均支付量为：|成本差异调整系数－最低标准调整系数|×全国地方高校生均公用经费

但是公式中的该省教育投入占本级财政支出之比例/全国教育投入平均值（T_i/T）这一激励机制对最贫困的那部分地区效应不大，为了弥补这部分地区的外溢收益和提高拨款效率，促进高等教育公平，需要在（成本差异调整系数－最低标准调整系数）的绝对值上加上一个配套拨款系数。即需转移支付的人均支付量为：（|成本差异调整系数－最低标准调整系数|＋配套拨款系数）×全国地方高校生均公用经费。

（三）绩效评价

绩效评价的根本目的就是通过对公共财政资源的有效配置和使用，为社会提供优质的公共产品和公共服务，以最大限度地增进公共福利。这就要求政府在对公共财政资源进行管理的过程中，不但要关注过程是否合规合理，还必须关注结果是否达到预期的目标以及预期影响，这就与绩效管理的理念不谋而合。绩效评价关系到绩效目标的结果是否实现，同时也是绩效拨款的依据和前提，所以很重要。绩效评价的关键是绩效评价指标体系的建立，全方位、多角度的指标选择，有助于提高评价的完整性和准确性。

1. 绩效评价的理论框架

政府的职业型高等教育支出是政府公共支出的重要组成部分，它既能带来经济效益，也能带来社会效益，直接关系到国家的发展。教育支出的绩效状况，取决于外部的资源总量和内部的合理配置，呈现出多样性的特点。

职业型高等教育支出的绩效主要划分为投入绩效、耗用绩效、产出绩效、成果绩效，四种绩效形成系统的绩效评价体系，如图 7－2 所示。①

（1）投入绩效

教育支出的投入绩效，是指财政高等教育支出所提供的公共产品和服务是否能够满足人民的整体需要，资源的配置是否实现了最优，并带来最大的利益。财政对高等教育的投入主要包含三层含义。一是财政高等教育支出在国民经济整体发展规划中居于何种地位。不同的历史时期，教育的地位是不断变化的，是综合

---

① 王敏：《政府财政教育支出绩效评价研究》，北京：经济科学出版社，2008 年，第 182 页。

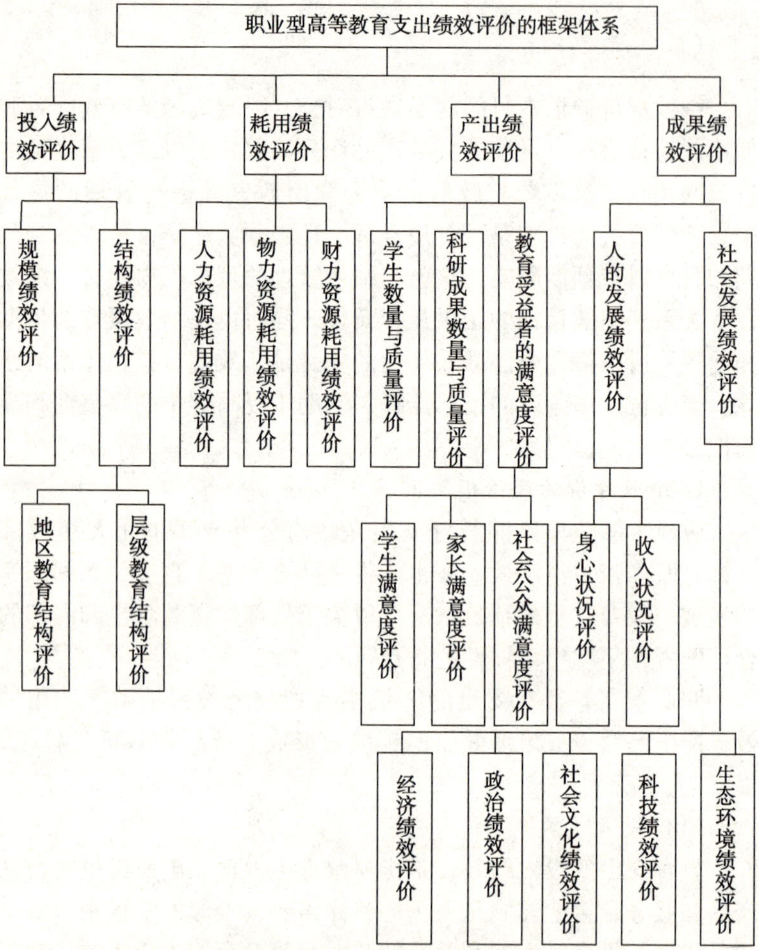

图7-2 职业型高等教育支出绩效评价的框架体系

权衡的结果，这个结果直接关系政府财政投入高等教育的总量。二是财政高等教育支出在各地区之间的投入情况，主要表现为东中西部地区政府财政高等教育支出存在很大的不平衡性。三是财政高等教育支出在不同层级（专科、本科、研究生）学校之间的投入情况。

投入绩效具体分为规模绩效和结构绩效。规模绩效是指从数量上来考察教育的支出情况，一般通过绝对量和相对量两类指标来反映。绝对量是指在一定时期内，高等教育支出的总量；相对量是指在一定时期内，财政高等教育支出与其他相关指标的比率，如职业型高等教育支出占当年 GDP 的比重、职业型高等教育支出占财政总支出的比重等。结构绩效评价源于我国几十年的经济发展实践，过分地注重经济总量的变化，而忽视效益水平的提升和结构的优化，使得高等教育培养的毕业生存在严重的结构性失衡问题。因此，结构绩效评价显得尤其必要，具体包括：①东中西部地区间结构绩效。第四章第四节中我们论述了我国东、中、西三大地区高等教育支出的不平衡性，要想实现高等教育的均衡发展，必须完善政府间的转移支付制度，并对具体的转移支付额进行绩效评价；②职业型高等教育各层级间的绩效评价。高等教育的内部结构合理与否不仅关系到教育资源的合理配置，更关系优秀人力资本的培养。职业型高等教育内部在专科、本科、研究生三个层面到底如何分配比例关系，直接关系财政支出的投入绩效。

（2）耗用绩效

政府的高等教育财政支出是有限的，如何提高投入的使用效率，把资源合理地分配在人力、物力、财力三个方面，也是绩效评价的内容之一。人力资源耗用主要表现在教职员工的规模、结构及其效率状况，通过师生比、专职教师的比重、教师人均经费等指标反映；物力资源耗用主要反映教学单位固定资产的耗用状况，教室、实验室、图书馆、实验实习基地、设备等的利用情况；财力资源耗用绩效包括生均经常费、教学性开支占经常费用的比例、人员性开支占经常费用的比例等。

（3）产出绩效

职业型高等教育的产出往往是最直观的绩效指标体系，它反映高等教育培养的学生数量与质量、科研成果数量与质量以及教育的相关受益者对教育的评价，产出绩效的好坏有时直接决定了财政高等教育支出的数量和结构。

（4）成果绩效

财政高等教育支出是高等教育事业发展的物质前提，其最终目标是满足高等教育事业发展的需求，高等教育事业成果的好坏、多寡，就成为评价高等教育支出的深层次指标。教育发展的最终目的是促进人的全面发展和社会的不断进步，它们具体表现在人的身心健康、收入水平的提高、经济、社会、文化的协调进步、科技水平的提升、生态环境的改善这些长远成果的实现等方面。

2. 绩效评价的指标体系

前一部分提出了较为系统的绩效评价理论框架，下面将列举出财政高等教育支出的指标体系，参见表7—1。

表7—1　职业型高等教育绩效评价指标体系

评价内容		评价指标
投入绩效	规模绩效	绝对量：职业型高等教育支出数额；财政职业型高等教育支出增长率；创收能力 相对量：财政高等教育支出占GDP比率；财政高等教育支出占财政总支出的比率；生均高等教育经费；生均高等教育经费指数；生均高等教育经费与人均GDP的比值；教学业务费与基本建设费比例
	结构绩效	地区结构：转移支付支出（纵向转移支付、横向转移支付） 层级结构：专科、本科、研究生生均教育经费及其相对倍率

续表

评价内容		评价指标
耗用绩效	人力资源耗用绩效	师生比；专职教师比例；专职教师人均科研经费数
	物力资源耗用绩效	固定资产利用率；教室利用率；实验室利用率；实践、实习基地利用率；图书馆利用率；设备利用率
	财力资源耗用绩效	生均经常费；教学性开支占经常费的比例；人员性开支占经常费的比例
产出绩效	学生数量与质量	招生数；转学数；毕业数（升学数）；在校生总数；理论学习与职业实践天数；专业对口率；学分规定；毕业生的工作效率；毕业生发展潜力
	科研数量与质量	论文、专著、研究报告的数量；科技成果转化率；技术发明数量；科研成果获奖情况及等级；学生的科技成果及其产生的经济效益
	教育受益者的满意度	学生满意度；家长满意度；社会公众满意度；用人单位满意度
成果绩效	人的发展绩效	毕业生的身体、心智提升状况；个人收入和生活质量的提高情况
	社会发展绩效	经济绩效：经济发展的贡献率；资源配置优化的提高度；收入分配差距的缩小；就业率的提升；人力资本结构的改善；产业结构的优化度 政治绩效：政治参与率的提高；民主决策、管理和参与程度的提高 社会绩效：社会环境的改良程度；文化价值的改变程度；思想道德水平的提升；法制观念的增强 科技绩效：自主创新能力的提高；科技贡献率的提高 生态环境绩效：生态环境的保护意识提高

3. 职业型高等教育支出绩效评价的流程

绩效评价离不开针对性和适用性强、科学合理的指标体系，这是绩效评价工作能否获得客观、公正、科学结论的前提保证。职业型高等教育支出绩效评价的工作流程主要有以下几个程序：一是制订工作计划，确定评价对象，并下发绩效评价通知；二是组建评价队伍；三是设计评价方法，确定绩效评价工作方案；四是搜集整理数据资料；五是实施具体评价，并形成评价报告；六是反馈评价结果，并向社会公布。[①] 图 7－3 描述了具体的流程情况。

从职业型高等教育目前的情况看，对高校实行完全的预算经费与绩效指标挂钩的绩效预算制度是不现实的，原因在于：一方面，高等教育的大部分开支相对比较稳定，而绩效预算相对波动性较大，立即实行完全的绩效拨款机制在实际运作中阻力较大；另一方面，对高等教育财政支出绩效的度量存在难度。例如经济效益、社会文化进步，等等。作为绩效指标在客观性、代表性和可操作性等方面很难兼顾，有待于在实践中不断检验和求证。因此，从可行性的角度来说，可以先实行部分绩效拨款制度。[②]

① 张小萍：《公共财政体制下中国高等教育财政投入优化研究》，北京：中国市场出版社，2009 年，第 192 页。

② 姚荣：《广东省高等教育财政支出预算管理制度改革的探讨》，载《会计之友》2009 年第 5 期，第 45—46 页。

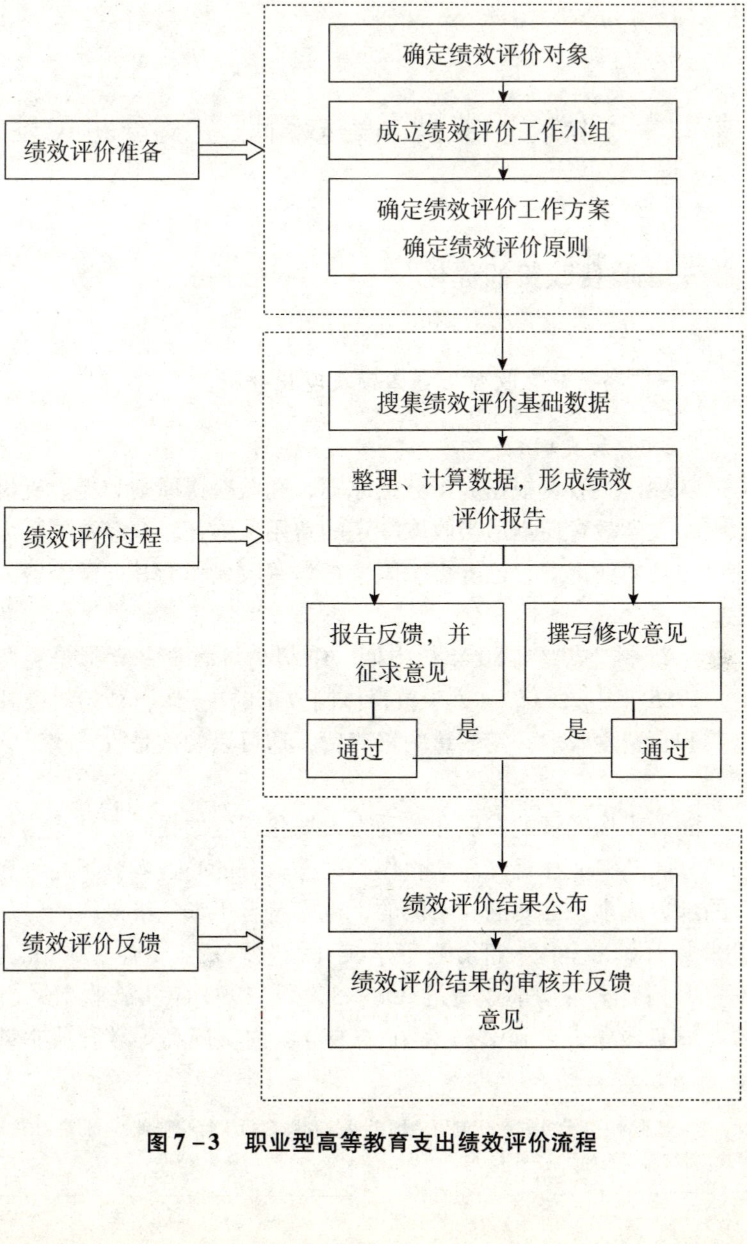

图 7－3　职业型高等教育支出绩效评价流程

第四节　优化职业型高等教育收费及资助政策

一、收费政策的优化

（一）高等教育收费历史回顾及现状分析

1. 收费历史回顾

从理论上看，根据成本分担原则、利益获得原则和能力支付原则，大学教育应当适当收取一定的费用，弥补教育经费的巨大缺口。从实践上看，已有多个国家把学费收入作为其办学经费的主要渠道之一。

从新中国成立到80年代中期，中国高等教育一直都是免费的。1985年中央颁布《关于教育体制改革的决定》，开始对委托培养和自费生收取一定数量的培养费，这可以看做是收费政策的开始。

随着市场经济的发展和劳动力市场化程度的提高，高等教育的私人收益率明显提高。学生作为高等教育的受益者分担高等教育的部分成本是必要的和可能的，也是符合市场经济规律的。从1989年开始，全国大部分高等学校开始收取每年100—300元的学费，相当于生均事业费的3%—8%。[①] 1993年实施收费"并轨"试点改革，再到1997年在全国范围内实施高等教育成本补

① 张小萍：《公共财政体制下中国高等教育财政投入优化研究》，北京：中国市场出版社，2009年，第243页。

偿，中国高等教育实行了全面收费制度，1998 年通过的《高等教育法》规定：接受高等教育的学生有缴纳学费的义务。收费制度首次在我国的法律上得到了确认。2000 年，由财政部、国家计划委员会、教育部联合下发的《关于 2000 年高等学校招生收费工作若干意见的通知》进一步明确了高等学校的收费政策："学费应根据高等教育年生均日常运行费用、财政拨款、当地经济发展水平和居民承受能力等情况确定。高等学校的学费占其年生均日常运行费用的比例仍按 25% 掌握。"经过十多年的努力，高等教育收费制度已被广泛接受，学费水平逐渐提高，并成为高等教育经费来源中除国家财政拨款以外最主要的经费来源。这对增加教育经费、改善办学条件、扩大教育供给、促进教育发展有着积极的意义。

2. 职业型高等教育收费的现状分析

从 20 世纪 80 年代初期，高等教育经费全部由国家财政负担，到 1997 年高等学校全面收费的展开，高等教育快速发展的 20 多年中，中国高等教育收费也经历了从无到有、从低到高的变化过程。随着学费标准的不断提高，个人负担的高等教育成本比例迅速提高，经济困难的大学生人数也在不断增加。

图 7 – 4 描述了 1990—2007 年中国高校学费增长变化与城乡居民家庭可支配收入的变化情况。由图 7—4 可知，如果按照每人每年 4774 元的标准计算，2007 年，高等职业学校学费占城乡居民家庭人均可支配收入的比例分别为 34. 63% 和 115. 31% 。可见，高等职业教育收费已经达到了相当高的水平，已经超出了农村居民家庭的支付能力。

图 7 – 5 描述了 1990—2007 年中国高校学费增长变化与人均国内生产总值的变化情况。由图 7—5 可知，2007 年，高等职业学校学费占人均国内生产总值的比例为 24. 45% 。可见，高等职业教育收费在人均国内生产总值也占据了较大的比例。

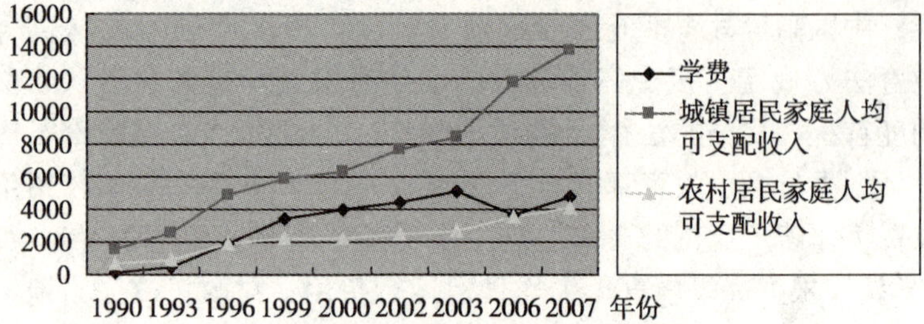

图 7—4　1990—2007 年高校学费变化与中国家庭可支配收入

数据来源：1990—2003 年学费数据参见《公共财政体制下中国高等教育财政投入优化研究》一书（张小苹著，北京：中国市场出版社，2009：246）；2006、2007 年数据专指高等职业学校学费数，根据中国教育经费统计年鉴 2007—2008、中国教育统计年鉴 2007—2008 计算得出；城乡居民家庭可支配收入来源于中国财政年鉴 2008。

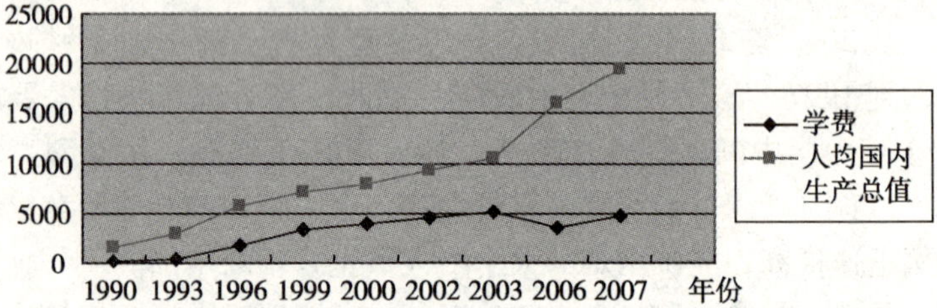

图 7－5　1990—2007 年高校学费变化与人均国内生产总值

数据来源：1990—2003 年学费数据参见《公共财政体制下中国高等教育财政投入优化研究》一书（张小萍著，中国市场出版社出版，2009：246）；2006、2007 年数据专指高等职业学校学费数，根据中国教育经费统计年鉴 2007—2008、中国教育统计年鉴 2007—2008 计算得出；人均国内生产总值来源于中国统计年鉴 2009。

通过表 7－4、表 7－5 对近几年的数据分析，我们看出，高等职业学校向学生收取的学费在高等教育总经费中所占比例呈增长的趋势，已经远远超出了 2000 年规定的 25% 水平，到 2008 年占到总经费比例的46.20%（见图7—6）。

表7－4　2004—2008年全国高等职业学校经费收入来源情况

（单位：亿元）

年份	总投入	财政性教育经费	预算内教育经费	社会团体和个人办学	社会捐赠	事业收入	学杂费	其他收入
2004	2257.65	1009.84	965.83	130.92	21.63	960.16	693.87	135.10
2005	370.54	118.62	110.32	60.35	1.24	176.04	147.28	14.28
2006	489.09	157.59	144.79	83.93	0.92	226.11	189.44	20.54
2007	552.21	195.52	181.05	14.98	2.42	314.06	274.42	31.74
2008	694.43	278.41	250.03	20.80	2.45	364.76	320.80	36.17

注：2004年数据为普通高等学校数据。

数据来源：中国教育经费统计年鉴2005—2009。

表7－5　2004—2008年全国高等职业学校经费收入来源构成情况（%）

年份	总投入	财政性教育经费	预算内教育经费	社会团体和个人办学	社会捐赠	事业收入	学杂费	其他收入
2004	100	44.73	42.78	5.80	0.96	42.53	30.73	5.98
2005	100	32.01	29.77	16.29	0.33	47.51	39.75	3.85
2006	100	32.22	29.60	17.16	0.19	46.23	38.73	4.20
2007	100	35.41	32.79	2.71	0.44	56.87	49.69	5.75
2008	100	40.09	36.00	3.00	0.35	52.53	46.20	5.21

注：2004年数据为普通高等学校数据。

数据来源：中国教育经费统计年鉴2005—2009计算得出。

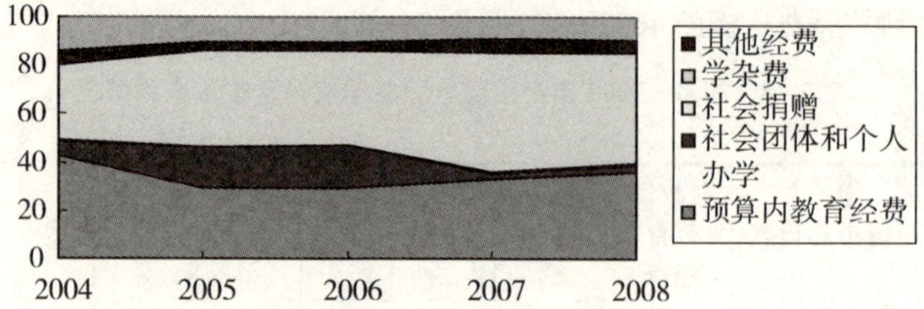

图7—6 我国高等职业教育经费构成比例2004—2008（%）

数据来源：中国教育经费统计年鉴2005—2009计算得出。

通过以上的数据分析，我们不难看出，职业型高等教育的学费收入在总经费中已经占有相当大的比例，同时占据了居民可支配收入的绝大部分，已经不可能再有提高学费的上升空间，况且接受职业型高等教育的学生多来自中低收入家庭，学费的负担对于他们的家庭来说已经很沉重。

（二）收费政策的优化

职业型高等学校制定学费标准时，应综合考虑高等教育成本、居民承受能力、职业型高等教育的需求和供给、教育收益率等相关因素，从而实现高等教育学费水平的合理化与科学化。

一是要参考以下因素制定高等学校学费标准。①高等教育成本水平。确定一个合理的个人分担高等教育成本的比例，按照此比例根据实际培养成本水平的情况确定高等学校的学费水平，这种方法可以称之为成本决定法。②高等教育经费供求矛盾。在当前我国高等教育体系中，学费收入可以看作是用来弥补高等学校经费来源与经费需求之间缺口的经费来源渠道，因此学费水平应当根据高等学校经费供需关系来确定。③高等教育的市场需求。根据居民对高等教育的需求以及劳动力市场需求来确定市场化的高等教育价格。④高等教育的个人收益水平。成本分担格局的变化将影响到个人的高等教育收益率，学费水平的上限应当保证个人高等教育收益率处于合理的水平。⑤居民的经济承受能力和社会的心理承受能力。一个可行的高等学校学费水平应当是使大多数居民有能力支付，而且应当推行辅助政策来确保低收入者接受高等教育的机会。高等教育学费水平的变化历程会影响人们对这一措施的态度，渐进式地提高高等教育成本补偿水平比跳跃式地提高学费水平更容易被社会接受。

二是职业型高等教育学费定价采取政府定价与市场调节相结合原则。这样的定价原则保证了高等教育的公平，实现了社会教育资源的有效配置。公立职业型高校和民办职业型高校坚持不同的学费定价标准，公立高校依据学校所在地区、层次提出学费的上限和下限，学校在区间内进行市场化选择。民办高校要设立学费的上限，加强对学费的监管，每个学校在不超过学费上限的情况下依据市场化原则自由定价。学费定价机制的根本目标是使学费成为反映高校质量的信号，建立和完善高等教育市场的竞争机制。

三是职业型高等教育的学费定价应该坚持“利益获得原则”，按照个人收益和社会收益数量的多少对高等教育的学费进行定价。我国目前的学费标准是依据生均的培养成本并兼顾学生和家庭的支付能力后确立的，不对个人和社会收益率进行比较，对学费定价时，不参考这两个因素。这样便导致热门专业的整体需求过热，社会资源没有达到有效配置。所以，应根据不同专业的回报率实行不同的收费，用学费进行同等教育内部学生资源的合理配置，通过学费来平衡社会需要、国家意志与专业回报率的反差。允许鼓励各类学校在这些专业方面开展公开竞争，刺激和扩大供给，这也会抑制这些专业的学费上涨过快。而对那些外部性较强（社会效率较高而私人收益率相对较低）的冷门专业，如基础理论学科、部分人文学科和社会学科、师范教育等，可以少收费、不收费、甚至进行补贴。①

四是要在充分考虑学生及家庭的支付能力、高等教育的个人收益率和社会收益率、供求关系等参数的基础上，按照生均标准成本确定学费的上限和下限。我国现行的高等教育学费是以生均培养成本的一定比例确定的，比例最高不得超过25%。生均标准成本是指培养一个接受职业型高等教育的学生所必需耗费的教育资源的价值，由教职工人员成本、日常教学维持成本、学校学生资助成本、土地和固定资产使用成本四部分组成。生均标准成本不同意味着不同的收费，只有切实在高等教育收费上将不同层次的大学拉开距离，通过收费的不同充分体现教育质量的差距，使高等教育的收费显性化、等级化，才能真正使高等教育市场形成重点发展和共同提高的全面进步。

五是建立职业型高等教育学费听证和公示制度。高等教育具有较强的外部性特征，是企业和个人关注的焦点，与他们的切身利益息息相关。为此，学费的制定和变更要以听证会的形式，获得来自政府部门、企业、学生和家长、研究人员等各方面的意见。政府要定期公布生均标准成本以及由此确定的学费价格。还要监管高等学校学费的收取和运用，建立市场竞争机制。②

二、资助政策的优化

（一）家庭经济困难学生资助政策体系的构成

为了弥补大学教育经费的不足，从1987年开始，当时的国

① 张小萍：《公共财政体制下中国高等教育财政投入优化研究》，北京：中国市场出版社，2009年，第262页。

② 胡茂波、沈红：《高等教育学费定价的论争及启示》，载《教育发展研究》2008第13—14期，第19页。

家教委和财政部相继制定了一系列旨在资助高校经济困难学生的政策和措施，主要包括奖学金、贷款、勤工助学、特困补助、学费减免五项内容。自 1998 年以来，中国人民银行、财政部、教育部等部门又相继建立了国家助学贷款、教育储蓄和教育保险制度。从 2002 年 9 月 1 日起，又推出国家奖学金制度。2007 年，《国务院关于建立健全普通本科学校、高等职业学校、和中等职业学校家庭经济困难学生资助政策体系的意见》（国发〔2007〕13 号）及其配套办法的颁布实施，最终形成了由国家奖学金、国家励志奖学金、国家助学金、师范生免费教育、国家助学贷款、勤工助学、学费减免等多种形式组成的高校家庭经济困难学生资助政策体系。

同时，各高校根据自身资金情况，设立学校内部的奖学金、助学金，并积极吸收社会团体、企业和个人的资金，面向高等学校学生设立奖学金、助学金，一定程度上缓解了经济困难学生的上学难问题。

1. 国家奖学金

2007 年，教育部、财政部联合下发了《普通本科高校、高等职业学校国家奖学金管理暂行办法》的通知。通知指出，为激励普通本科高校、高等职业学校学生勤奋学习、努力进取，在德、智、体、美等方面得到全面发展，特设立国家奖学金。国家奖学金由中央政府出资设立，奖励高校全日制本专科学生中的特别优秀者。中央高校国家奖学金的名额由财政部会商有关部门确定。地方高校的国家奖学金名额由各省（自治区、直辖市）根据财政部、教育部确定的总人数，以及高校数量、类别、办学层次、办学质量、在校本专科生人数等因素确定。国家奖学金的奖励标准为每人每年 8000 元，一年评审一次。同一学年内，获得国家奖学金的家庭经济困难学生可以同时申请并获得国家助学金，但不能同时获得国家励志奖学金。对国家奖学金实行分账核算，专款专用。

2. 国家励志奖学金

为了激励普通本科高校、高等职业学校家庭经济困难学生勤奋学习、努力进取，在德、智、体、美等方面得到全面发展，国家于2007年设立了国家励志奖学金。国家励志奖学金用于奖励资助高校全日制本专科（含高职、第二学士学位）学生中品学兼优的家庭经济困难学生。奖励标准为每人每年5000元，一年评审一次。中央高校国家励志奖学金的奖励资助名额由财政部会商有关部门确定。地方高校国家励志奖学金的奖励资助名额由各省、自治区、直辖市根据财政部、教育部确定的总人数，以及高校数量、类别、办学层次、办学质量、在校本专科生人数和生源结构等因素确定。在分配国家励志奖学金名额时，对办学水平较高的高校，以农林水地矿油核等国家需要的特殊学科专业为主的高校予以适当倾斜。国家励志奖学金实行分账核算，专款专用。

中央部门所属高等学校国家励志奖学金所需资金由中央负担。地方所属高等学校国家励志奖学金所需资金根据财力及生源状况由中央与地方按比例分担。其中，西部地区，不分生源，中央与地方的分担比例为8∶2；中部地区，生源为西部地区的，中央与地方的分担比例为8∶2，生源为其他地区的，中央与地方的分担比例为6∶4；东部地区，生源为西部地区和中部地区的，中央与地方分担比例分别为8∶2和6∶4，生源为东部地区的，中央与地方分担比例根据财力及生源状况等因素分省确定。

3. 国家助学金

国家助学金是为资助高校全日制本专科（含高职、第二学士学位）在校生中的家庭经济困难学生而设立的助学金。中央部门所属高校国家助学金所需资金由中央财政负担。地方所属高校国家助学金所需资金根据各地财力及生源状况由中央与地方财政按比例分担。国家助学金的资助比例大约占本科高等学校和高等职业学校在校生总数的20%。财政部、教育部根据生源情况、平均生活费用、院校类别等因素综合确定各省资助面。平均资助标准从最初的每生每年2000元提升为2010年的每生每年3000元，具体标准由各地根据实际情况在每生每年2000—4000元范围内确定，可以分为2—3档，一年评定一次。国家助学金主要资助家庭经济困难学生的生活费用开支。

4. 师范生免费教育

为了进一步形成尊师重教的浓厚氛围，让教育成为全社会最受尊重的事业；为了培养大批优秀的教师；为了提倡教育家办学，鼓励更多的优秀青年终身做教育工作者，2007年5月，国家推出了师范生教育免费政策。从具体实施看，从2007年秋季入学的新生起，国家在北京师范大学、华东师范大学、东北师范大学、华中师范大学、陕西师范大学和西南大学六所部属师范大学实行师范生免费教育。由中央财政负责安排免费师范生在校期间的学费、住宿费，并发放生活补贴；在相关省级政府统筹下，由省级教育行政部门落实免费师范生的教师岗位，免费师范生四年毕业以后必须到中小学任教，到中小学任教的每一位免费师范生都有编有岗；免费师范生在协议规定的服务期内可以在学校之间进行流动，有到教育管理岗位工作的机会；为免费师范生继续深造提供好的条件保障，免费师范生经考核符合要求的，学校可以录取他们为教育硕士研究生，可以在职学习专业课程。免费师范生入学前要与学校和生源所在地省级教育行政部门签订协议，承诺毕业后从事中小学教育10年以上。到城镇学校工作的免费师范毕业生，应先到农村义务教育学校任教服务2年。国家鼓励免费师范毕业生长期从教、终身从教。

5. 国家助学贷款

国家助学贷款是由政府主导、财政贴息，银行、教育行政部门与高校共同操作的专门帮助高校贫困家庭学生的银行贷款。借款学生不需要办理贷款担保或抵押，但需要承诺按期还款，并承担相关的法律责任。借款学生通过学校向银行申请贷款，用于弥补在校学习期间学费、住宿费和生活费的不足，毕业后分期偿还。

1999年，国家助学贷款试点工作正式在北京、上海、天津、重庆、武汉、沈阳、西安、南京等8个城市试点。2002年2月和8月，国家对该政策进行了两次调整，将贷款范围扩大到全国所有的高等学校，承办银行扩大到工、农、中、建4家国有独资商业银行，贷款对象扩大到研究生和攻读双学位的全日制学生，并将担保贷款改为信用贷款。2003年下半年，国家助学贷款出现了下滑现象，面临停顿的危险。教育部、财政部、中国人民银行、银监会4部门对国家助学贷款政策和机制进行了重大改革，建立了以风险补偿机制为核心的新政策、新机制。2004年6月28日，新机制颁布实施后，实行贷款学生在校期间贷款利息全部由财政补贴、还款年限延长至毕业后6年以及2006年9月初步启动的国家助学贷款代偿机制等，为完善国家助学贷款体系奠定了良好的基础。

现有的国家助学贷款政策是：学生在新学年开学后通过学校向银行提出贷款申请。学校负责贷款学生的申请材料，银行负责最终审批学生的贷款申请。国家助学贷款实行一次申请、一次授信、分期发放的方式，一个学年内的学费、住宿费贷款，银行应一次性发放；一个学年内的生活费贷款，银行（或学校）按10个月逐月发放给学生。贷款学生在校学习期间的助学贷款利息全部由财政补贴，并由有关部门直接支付给经办银行，贷款学生毕业后的利息由贷款本人全额支付。如出现还款违约行为，由此发生的罚息必须由贷款本人全部承担。生源地助学贷款的利息由财政全部补贴，毕业后的利息由学生和家长（或其他法定监护人）共同负担。对于国家助学贷款的违约情况，银行可以将违约记录录入中国人民银行的个人诚信系统，严重违约的可以追究法律责任。

6. 勤工助学

2007 年，教育部、财政部颁布的《高等学校学生勤工助学管理办法》规定，勤工助学是指学生在学校的组织下利用课余时间，通过劳动取得合法报酬，用于改善学习和生活条件的社会实践活动。勤工助学活动必须坚持“立足校园、服务社会”的宗旨，按照学有余力、自愿申请、信息公开、扶困优先、竞争上岗、遵纪守法的原则，由学校在不影响正常教学秩序和学生正常学习的前提下有组织地开展。勤工助学有校内岗位和校外岗位之分。校内岗位又有固定岗位和临时岗位之分。无论是固定岗还是临时岗，劳动报酬原则上不低于当地政府或有关部门制定的最低工资标准或居民最低生活保障标准，可以适当上下浮动。学生参加勤工助学原则上每周不超过 8 小时，每月不超过 40 小时。临时岗位的勤工助学，其报酬由学校按小时计算，每小时酬金原则上不低于 8 元人民币。学生在开始勤工助学前应当与有关单位签订协议，保护自身的合法权益。

（二）构建新型的资助政策体系

职业型高等教育的资助政策应该在现有政策基础上，坚持“突出重点，公平优先”的原则，不要采取一种“撒盐”的方式进行资助，而要确实做到在合适的时间、地点将合适的资助分配给合适的人群，否则又要形成一种全民皆需要资助的平均分配局面，从而降低高等教育资源的配置效率。

1. 政府应更多地担负起资助责任

政府要逐步加大职业型高等教育的经费投入和资助力度，经费投入的方式不仅包含财政拨款，还有各项专门资助费用的投入，只有这样才能保障公民受教育权的实现。具体应在以下几个方面下工夫：一是针对贫困生不断增加的趋势，提高专项资助经费的比例，设置新的资助项目，优化支出结构，实现绩效拨款的目标；二是政府以财政贴息和代偿制为突破口，增加学生获得国家助学贷款的数量，保障高等教育资助资金的供给；三是建立信用档案，完善监督机制，减少学生，特别是贫困学生的违约现象；四是推动教育资助的专门法立法工作，为高等教育资助体系的优化提供良好的政策环境。①

2. 构建个人信用管理体系

建立全国联网的个人信用管理体系，实现对个人信用状况的随时随地查阅，提高违约行为的成本，有效地强化失信的制约机制。

加快全国个人诚信征询系统建设，防范银行风险。国家助学贷款经办银行要建立有效的还贷监测系统，并做好相关工作。要对借款学生积极开展还贷宣传工作，及时为贷款学生办理还贷确认手续；对没有按期足额偿还贷款的学生，处以罚息，并记录违约行为，禁止其在一切金融机构办理新的贷款和其他授信业务。金融机构将有严重违约行为的毕业生的基本信息报送国家助学贷款管理中心，该中心再通过核实、记录信息，加强对贷款学生的跟踪管理，并将违约学生的信息在新闻媒体或学历查询系统予以公布。各高校要强化学生的诚信教育，建立借款学生的信息查询管理系统，及时向经办银行和国家助学贷款管理中心提供学生的信息。

3. 完善国家助学贷款政策

目前，我国助学贷款的主要资金提供者是商业银行，商业银行本身是企业化运作，讲求资金的效益最大，同时又迫于政府的

① 吉宏、刘静、韩玉冰·《中外高等教育资助体系比较》，载《江苏社会科学》2008年教育文化版，第124—125页。

压力不得不提供足够贷款给学生，这样的矛盾心理不利于助学贷款的长远发展。为此，我们要建立由政府、商业银行、社会捐助共同组成的贷款基金，它既可以实现资金的有效供给，又避免了银行的“惜贷”现象。如果再加上透明的管理制度、完善的还款约束机制，这些措施的合力使国家助学贷款能够实现持续性的发展。

第二，在贷款方式的选择上，今后要更多地采取生源地信用助学贷款形式。与国家助学贷款相比，生源地贷款的主要特点表现在：一是学生在当地贷款，银行比较容易调查学生家庭经济困难情况，操作比较方便，成本较低；二是学生在入学前就可以取得贷款，不会影响入学；三是由于贷款发生在生源地，学生还款便于跟踪和管理。但是，生源地贷款要克服区域经济差异导致的银行贷款能力的强弱所带来的负面影响，也就是说，往往越贫困的地方学生越需要贷款，但银行贷款的能力和意愿往往是有限的。

第三，在国家助学贷款的具体设计中，需要考虑调整的因素主要有：目标群体、贷款额度、贷款利率等。鉴于我国国情，国家助学贷款的资助对象仅局限于家庭经济困难的学生，因此，对申请贷款的学生必须经过严格的家庭收入状况审核，具体的困难标准可由地方和中央国家助学贷款管理中心根据各学校收费标准与学生家庭所在地的收入状况自行确定。在贷款额度方面，原则上要求各地方和中央国家助学贷款管理中心以各学校收费标准和学校所在地平均生活标准为依据，保证贷款学生顺利完成学业。就贷款利率而言，按照国际惯例，国家政策性贷款利率一般小于市场利率。

第四，为了鼓励银行积极开展国家助学贷款业务，应按照“风险分担”原则，建立国家助学贷款风险补偿机制。补偿机制的核心是设立风险补偿专项基金，由财政和高校共同承担。财政部门在制定年度预算时，要列支这部分费用，在向高校返还学费时，一并划拨给高校，高校再将这部分资金汇集到国家助学贷款管理中心。当发生违约行为时，由各级国家助学贷款管理中心将补偿基金拨付给银行。①

第五，针对我国现在国民收入差距过大的局面，政府应该加大学生资助力度和广度，给予民办高校的学生办理国家助学贷款。另外，高校助学贷款应该根据学生毕业后的收益确定还款年限和额度，毕业后的收益没有达到一定标准的学生要进行适当的减免或延长还款的期限。

4. 建立特困生补助制度

特困生补助制度以学生的家庭收入为标准，对低收入家庭的学生进行资助。特困生补助制度的优点十分明显：能使贫困生获得急需的教育资金，具有对贫困居民的转移支付性质，体现社会正义。对于一些来自贫困地区和下岗职工家庭的孩子，极端贫困的家庭状况使高等教育经费不啻于一笔天文数字，其他形式的教育资助制度很难使贫困生获得足够的教育资金，与其他人一样享有平等的接受高等教育的机会。在现代社会，教育被认为是改变个人和家庭命运的主要手段，因此，在我国贫富差距日益加大的情况下，推行特困生补助制度，帮助尽可能多的贫困生接受高等教育，有利于缩小我国社会的贫富差距，实现建立公平社会的目标。②

---

① 张小萍：《公共财政体制下中国高等教育财政投入优化研究》，北京：中国市场出版社，2009 年，第 274 页。

② 王晟，陈松，《高等教育资助制度的经济学比较分析》，载《经济社会体制比较》2007 年第 4 期，第 135 页。

第五节　制定发展职业型高等教育的税收政策

税收政策是财政调控经济的必要手段，通过税收的政策导向功能，引导纳税人和政府的行为，能够更有针对性地引导财政资金的流向和社会资金的配置。税收政策加速职业型高等教育的发展主要通过两条途径实现，其一是职业型高校作为纳税主体，根据它的非营利性质，能够适用的税收优惠政策；其二是社会力量，包括企业、个人支持职业型高等教育发展的税收政策。恰当的税收政策既可以促进职业型高等教育的发展，又不会影响国家的税收收入。

一、职业型大学的税收政策

（一）学校的税收政策

职业型高等学校是否为纳税主体取决于职业型高等学校营利与否。营利高校和非营利高校的划分并不难：不把扣除成本之后净收入分给机构成员的是非营利高校，不受这一限制的是营利高校。从中国目前的情况来看，高等学校大多数是由政府出资举办的，培养国家建设所需要的各方面人才，学校本身不具有营利的特点，即使是民办高校，它的营利性也表现得不十分明显，并且学校的收入不会分给机构里的工作人员。

在美国，非营利学校可以得到多种经济优惠。其中最重要的有三个方面：免除联邦收入税，免除州、县、市财产税，向免税学校等机构捐赠的组织和个人捐出的资金免除联邦收入税。美国《国内税收法》第501条规定：专门以宗教、慈善、科学或教育等活动为目的的组织免交联邦收入税，条件是："其收入的任何部分都不能用于增加任何股票持有者和个人的利益。"①

因此，对于不具有营利性的职业型高校减免必要的税收，不仅可以鼓励这类高校的快速发展，还可以间接为学校提供发展所需要的经费支持，收的少了，留下来的自然就多了。

（二）学生个人的税收政策

学费的收取是世界各国为了解决教育财政短缺所作的重要抉择，是世界范围内的普遍现象。我国最初只对计划外学生收费，到1998年扩展到全部的学生。如今，学费已经成为高等教育财政资金筹措的重要组成部分。

教育作为提高国民素质的重要手段，具有明显的外部效应；同时，我国目前接受职业型高等教育的学生中来自中低收入家庭的学生占有相当大的比例，他们对于学费的承受能力较低。而对于教育费用给予税收优惠同样是世界范围内的普遍现象，这种优惠支持并刺激教育支出，是税收政策的合理选择。对于支付了教育费用的个人，可以家庭为单位，从家庭应纳个人所得税额中扣除。

美国是实行教育费用税收抵免比较普遍的国家，包括希望抵免和终身学习抵免。希望抵免的对象一般是在校的学生，终身学习抵免的对象是在职工作人员。二者都是以家庭为单位核算抵免的额度。②

此外，如果职业型高校的学生在校期间办理的国家助学贷

① 袁征：《美国营利和非营利学校的分界》，载《教育发展研究》2010年第10期，第35—41页。

② 梁俊娇：《促进教育发展的财税政策选择》，载《经济与管理研究》2004年第4期，第35—38页。

款，除了享受国家的贴息优惠外。应该按照贷款还本付息总额从毕业学生的个人应纳税所得额中给予扣除。①

二、企业、个人的税收政策

企业、个人的税收政策主要是指企业、个人向职业型高等学校进行捐赠时，捐赠额依法从企业和个人的应纳税所得额中扣除的比例及相关规定。

（一）企业、个人税收政策现状

1. 企业向高等教育捐赠税收政策

根据税收优惠程度的差别，我国企业捐赠的税收政策大致分为三个时期。②

第一时期是在2004年之前。按照法律规定，不管企业给予高等学校的捐赠支出为多少，它可以从应纳税所得额中抵扣的上限比例为3%（适用于一般企业）和1.5%（适用于金融类企业）。

2004年到2007年是第二阶段。在《关于教育税收政策的通知》中明文指出，如果企业纳税人向教育事业进行捐赠，将按照捐赠数额抵扣相应的应纳税所得额，这里有一个前提条件，捐赠不是直接对学校的，而是通过本国范围内的非营利社会团体、国家机关才可以。能够有资格接受捐赠的非营利社会团体须由财政部或国家税务总局以通知的形式明确。到了2007年，非营利

① 张旺：《美国联邦政府高等教育税收优惠政策及借鉴》，载《涉外税务》2005年第9期，第36—39页。

② 谢珊珊：《论高等教育捐赠所得税税收立法》，载《会计之友》2008年第6期，第54—55页。

社会团体和国家机关具体包括国务院民政部门和省级人民政府批准成立的非营利公益性社会团体，以及县及县以上人民政府及其组成部门。

2008年以后，新《企业所得税法》规定："企业发生的公益性捐赠支出，在年度利润总额12%以内的部分，准予在计算应纳税所得额时扣除。"由于《企业所得税法》的法律效力高于规章层次的《关于教育税收政策的通知》，企业捐赠的税收优惠就按照最新的标准执行。

2. 个人向高等教育捐赠税收政策

在最初的《个人所得税法》的规定中，个人对高等教育的捐赠支出可以从应纳税所得额中抵扣不超过30%的部分。2004年发布的《关于教育税收政策的通知》中，将抵扣的比例提高到了100%。2007年我国公布了修订后的《个人所得税法》，要求参照国务院的相关规定对个人的高等教育捐赠进行抵扣。那就是说，维持100%的抵扣比例不变。

（二）企业、个人税收政策的完善

1. 扩大接受教育捐赠的机构范围，对直接捐赠给予税收优惠

尽管在2007年，国家将可以接受高等教育捐赠的非营利社会团体和国家机关扩展至国务院民政部门和省级人民政府批准成立的非营利公益性社会团体，以及县及县以上人民政府及其组成部门，但范围还是有限的，应该继续扩大。在下一步的政策制定中，我们还应该推进由机构捐赠向直接捐赠过渡。只要捐赠的事实是清楚的，就可以享受相应的税收优惠政策。而要达到这一目标，对捐赠税前扣除程序的简化势在必行。

2. 确定非货币资产捐赠价值的计算方法，鼓励实物捐赠

新的《〈企业所得税法〉实施条例》中列举了捐赠的生产性

资产、固定资产以及无形资产的计算方法，把公允价值和税费总和作为计税基础。但公允价值如何确定和由谁来确定的问题并没有解决，需要法律给出进一步的规定。按照目前的税法规定，如果企业向高等教育捐赠了实物资产，必须先为这些实物资产缴纳增值税，然后再谈税前抵扣问题。这同样是不合理的，因为如果可以证明企业的实物资产捐赠不是转嫁税收的行为，而是对弱势群体的资助，那企业并没有取得增值收入，也没有出售产品的销售行为，当然可以免除增值税。[①]

以上的税收政策都是从减税的角度来支持职业型高等教育的发展，为了保持政策的全面性，有减有增的税收政策也显得很必要。马国贤教授认为应该对企业实行“不接受实训就出钱”的政策，具体设想为：①提高教育费附加征收率，由3%提高到5%，专项用于职业教育；②企业可选择以下方式参与国家职业教育计划：A. 不参与实训，但缴税；B. 参加实训计划，免费提供职业教育实训场地和设备，可免税；③参与职业教育计划，但主要培训企业员工，其总费用的40%可抵免教育费附加。[②]

第六节　引导社会捐赠收入

发展我国职业型高等教育，离不开社会捐赠事业的进步。一方面，社会捐赠在高校经费中比重不断攀升，在发达经济国家，社会捐赠无一例外地成为公立高校和私立高校共同的经费来源渠

① 谢珊珊：《论高等教育捐赠所得税税收立法》，载《会计之友》2008年第6期，第54—55页。

② 马国贤：《职业教育全覆盖战略下的财政政策》，载《铜陵职业技术学院学报》2008年第2期，第1—5页。

道。随着捐赠文化的兴起、社会观念的转变和人民富裕程度的提高，社会捐赠在我国高等教育经费的比例仍将上升，空间很大。另一方面，社会捐赠可以有效地介入高等教育的生产过程，推动高校治理结构的优化。一般来说，靠财政拨款存活的高校，充满着惰性，成本约束机制欠缺，人浮于事、权责不明，最终导致效率低下，资源浪费。社会捐赠收入不同于财政资金，捐赠者有权跟踪资金的使用过程，背离捐赠者意愿的现象能得到遏制。

一、我国高等教育捐赠收入及税收激励现状分析

（一）我国高等教育捐赠现状分析

2007 年，我国社会捐赠经费总额共计 93.06 亿元，普通高等教育捐赠经费总额 27.18 亿元，其中高等职业学校捐赠额为 2.42 亿元，占普通高校捐赠额的 8.90%；高等职业学校捐赠经费占其总经费的比例仅为 0.44%，低于普通高校的平均水平（0.75%）。2008 年，我国社会捐赠经费总额共计 102.67 亿元，比 2007 年增长了 10.33%；普通高等教育捐赠经费总额 28.63 亿元，其中高等职业学校捐赠额为 2.45 亿元，占普通高校捐赠额的 8.56%，虽然绝对量上二者都有增长，但相对量上高等职业教育的比例下降了；高等职业学校捐赠经费占其总经费的比例更是下降为 0.35%，低于普通高校 0.68% 的平均水平（参见表7—2）。从前两年的趋势看，捐赠经费在普通高等学校和高等职业学校总经费中的比例不但非常小，而且呈现下降趋势，社会捐赠在支持高等教育事业发展方面和发达国家比还有很大的差距。

表 7－2　2007—2008 年捐赠经费统计

（单位：亿元）

	2007 年	2008 年
社会捐赠经费总额	93.06	102.67
普通高等教育经费总计	3634.19	4210.24
普通高等学校社会捐赠经费	27.18	28.63
普通高等学校捐赠经费占总经费的比例（%）	0.75	0.68
普通高等学校捐赠经费占总捐赠经费的比例（%）	29.21	27.89
高等职业学校经费总计	552.20	694.43
高等职业学校捐赠经费	2.42	2.45
高等职业学校捐赠经费占总经费的比例（%）	0.44	0.35
高等职业学校捐赠经费占总捐赠经费的比例（%）	2.60	2.39
高等职业学校捐赠经费占普通高等学校捐赠经费的比例（%）	8.90	8.56

数据来源：中国教育经费统计年鉴 2008—2009。

通过前面的数据分析，我们发现高等教育捐赠不仅在绝对数量上不足，而且结构也不合理。造成捐赠不足的原因有四点：一是当前的捐赠者基本是企业或企业家，家庭和个人短时间内很难对捐赠有所贡献；二是我国高等教育获得的捐赠收入以金钱为主，形式单一，不利于长远发展；三是高校内部缺乏管理捐赠收入的专门机构，即使存在也很不完善，具体运作中还有许多缺点；四是我国高校争取捐赠收入的主动性和能动性差，仍然需要转变思维。

（二）我国高等教育捐赠税收激励政策

我国对高等教育捐赠的税收激励政策主要分布在《企业所

得税法》《个人所得税法》及其具体的实施条例中（参见表7－3）。这些激励政策鼓励了社会捐赠行为，但效果十分有限，需要不断的完善。这些政策的不足之处包括：个人所得税的激励效应不明显，财产税与赠与税尚未开征，不能够很好地激励纳税人将财产或遗产向高校捐赠。直接捐赠行为不受法律保护，不能享受任何税前扣除。税法中仅规定了现金和实物资产捐赠的税收优惠政策，其他社会捐赠形式没有法律保障。

表7－3　高等教育捐赠的税收激励政策

	税收激励政策
捐赠方	1. 新《企业所得税法》规定：企业发生的公益性捐赠支出。在年度利润总额12%以内的部分，准予在计算应纳税所得额时扣除 2.《中华人民共和国个人所得税法实施条例》规定，个人通过非营利性团体和政府机关捐赠给教育的支出，可以按照不超过应纳税所得额30%的部分给予扣除 3.《关于公益救济性捐赠税前扣除政策及相关管理问题的通知》规定，企业法人或个人经民政部门批准成立的非营利社会团体用于公益救济性的捐赠，可按现行税收法律法规及相关政策规定，准予在缴纳企业和个人所得税时实施税前扣除 4.《关于教育税收政策的通知》规定，对财产所有人将财产赠给国家拨付事业经费和企业办的各类学校所立的书据，免征印花税
接受捐赠方	1.《关于教育税收政策的通知》规定，对境外捐赠人无偿捐赠的直接用于各类学校的教学仪器、图书、资料接受和捐赠方一般学习用品，免征进口关税和进口环节增值税 2.《关于教育税收政策的通知》规定，国家机关、事业单位、社会团体、军事单位承受土地房屋权属用于教学、科研的，免征契税

资料来源：郭月梅、陈远燕：《我国高等教育捐赠的税收激励机制探讨》，载《税务研究》2009年第10期，第92—96页。

二、国外的高等教育捐赠现状

在美国，政府的拨款、学费收入、学校销售及服务收入、教育捐赠收入、附属企业收入构成了高等学校经费的总来源。由于学校的所有制形式不同，不同渠道的资金在办学总经费中所占比例存在着一定的差异。但不论是公立大学还是私立大学，捐款收入都是美国大学重要的经费来源。美国是世界上捐赠收入最大的国家。1970 年，捐赠收入占美国大学收入总额的 7.64%，达到 16.45 亿美元。到了 1996 年，捐赠收入占美国大学收入总额的 8.31%，达到 164.65 亿美元。无论是在绝对量还是相对量上都呈现出上升趋势。通过近 30 年的数据看出，捐赠收入占美国大学收入总额的比例始终维持在 8% 左右。[①] 当然，并不是所有大学获得的捐赠都是充足的，这和大学本身的法人性质、影响力还有很大的关系，比如说，2006 年，美国私立院校获得的平均捐赠收入最多，达到 1.9 亿美元；公立两年制院校获得 160.01 万美元，排在最后。从捐赠收入的来源看，美国大学 2006 年得到的 297.5 亿美元捐赠中，基金会的贡献最大，占 28.6%。校友捐赠也占有 27.8% 的份额，最少的是宗教组织的捐赠。[②]

美国政府制定了完备的法律法规支持和鼓励个人、企业及非营利组织向大学踊跃捐款。比如，不动产捐赠和捐赠中的个人所得税优惠政策适用的是 2002 年制定的“财经法案”。向学校、研究所、图书馆等享有免税待遇并获得免税代码的非营利机构捐款，可以享受税收优惠政策。由于美国实行的是六级累进的个人

① 周保利、刘国学：《美国大学教育捐赠制度的特点》，载《教育与经济》2009 年第 1 期，第 68—70 页。

② 同上。

所得税制度，个人捐赠数额越多从应纳税所得额中扣除的比例越高，扣减后的纳税基数越少，从而适用的税率越低。与此同时，美国还是一个征收高额遗产税的国家，这种税收政策提倡的就是财产的所有者要积极参与慈善活动，不断回报社会，而最大限度地防止财产的代代相传。为了提高捐赠人的积极性，增强捐赠人的荣誉感，政府对个人捐赠提供一定比例的配套资金，配套资金算在个人捐赠者名下。这些政策的出台，使教育捐赠成为重要的经费来源，有效缓解了教育经费的紧张。

受美国大学的影响，英国政府提出了新的捐赠政策，无论个人或企业通过任意方式对大学的捐赠，一律免除税收，而且政府将给予一定的配套资金。捐赠者可以提出对捐赠资金的具体使用方法。政府专门成立了一个特别行动办公室来处理对大学的捐赠事宜，目的是建立长效的、可持续发展的高等教育资助基金。

三、增加职业型高等教育捐赠收入的政策选择

D. B. 约翰斯通2002年提出，从以下四个方面入手，可以帮助大学筹集到足够的捐赠收入。一是要精心培养富有的捐赠者，激发他们向高等教育捐赠的热情。二是要大力宣传捐赠文化，提升毕业生对母校的认同感，愿意捐资。三是要发挥校友会在取得捐赠收入中的作用，和校友保持经常性的联系。四是对捐赠者实施税收优惠激励政策。[①] 下面我们就结合我国的国情来看如何增加教育捐赠收入。

---

① ［美］D. B. 约翰斯通著，沈红，李红桃译.《高等教育财政：问题与出路》，北京：人民教育出版社，2003年，第166页。

（一）国家应加大捐赠法律制度建设的力度

我们要从制定税收政策入手。首先，改革个人所得税优惠政策。建议将个人进行公益性捐赠时准予从应纳税所得额中扣除的比例由现在的30%上调为50%；[①] 同时，加快个人所得税制度从分类征收模式向综合与分类相结合的模式过渡，综合地考虑家庭负担状况，使应纳税额的抵扣更加合理。

其次，扩大可以享受税收优惠政策的捐赠种类，捐赠资产的形式不同所适用的优惠政策自然不同，这样做使得捐赠者可以选择自己喜欢的捐赠方式。合理地简化免税程序，降低因程序烦琐导致的效率损失，提高纳税人捐赠的积极性。

最后，在时机成熟时，我国要开征遗产税和赠与税。遗产税与赠与税将强有力地推动捐赠文化的形成。总之，通过税收这一有力杠杆，实施对捐赠者的税收优惠，表面上看，损失了一定数量的公共资源，实际上这些政策必定可以从私有企业、跨国公司和富裕阶层中为高校筹集更多资金。[②]

（二）完善教育捐赠机构的资金管理运营机制

大学的捐赠收入如果缺乏有效的资金运营机制，会降低资金使用额和受益规模的数量。目前我国多数高校接受的捐赠收入以存款的形式存在，靠可怜的银行利息实现增值。银行利息的投资收益率相对较低，要想提高捐赠收入的收益率，必须进行投资。美国哈佛大学聘请金融方面的专家来运作捐赠基金，向这些专门

---

① 郭月梅、陈远燕：《我国高等教育捐赠的税收激励机制探讨》，载《税务研究》2009年第10页，第92—96页。

② 陆晓燕、张万朋：《教育捐赠：高等教育融资的重要渠道》，载《江苏高教》2007年第3期，第40—41页。

的投资部门支付报酬，但它获得的投资收益远远大于它支付的报酬，2004年哈佛大学的捐赠投资回报率达到21.1%。[①] 我国正在蓬勃发展的资本市场为大学捐赠基金投资管理提供了施展才能的更大舞台。国外大学常使用直接管理、委托管理和公司管理三种模式来进行捐赠基金的投资管理。直接管理型投资收益率高，但存在较大风险；委托管理型或公司管理投资风险较小，收益率相对较低。

（三）政府应对捐赠收入给予配套资金

为了鼓励捐赠行为，增加捐赠收入，许多国家和地区给予捐赠收入一定数量的配套资金。在新加坡，最初为了鼓励私人捐赠，政府按照3∶1的比例提供配套资金给捐赠收入，即每1元捐赠资金政府再配给3元钱。由于政府资金的巨大吸引力，带来捐赠收入的不断增加，于是政府将配比调整为1∶1，且以法律的形式永久固定下来。[②] 随着我国中央政府财政实力的增强，我们完全有能力提供充足的配比资金，更好地吸引来自社会富裕阶层对高等教育的捐赠投入。

（四）注重高等教育捐赠的监督工作

高等教育捐赠的收入和支出情况必须接受法律和社会机构的监督，通过对捐赠经费支出进行必要的审计和评价，形成资金筹集、运作、增值、使用的良性循环。捐赠收入的监督主要由政府部门（财政部）、中介机构和捐赠者代表共同来完成。

---

① 鲁小双、顾玉林：《大学教育捐赠管理模式探析——浙江大学的实践与思考》，载《湘潮·理论》2007年第1期，第48—49页。

② 程介明：《高等教育发展的新趋势：公私合作的政策选择》，载《教育发展研究》2009年第11期，第5页。

第七节　鼓励以产学研结合的方式发展职业型高等教育

职业型高校，应以提高学生全面素质、综合能力和就业竞争力为出发点，由学校与用人单位有机结合、共同培养，充分利用学校和社会两种不同教育环境和资源优势，把以获取实际经验和实践能力为主的生产实践、科学研究、技术开发有机地融于学生培养的过程中，走产学研合作之路。

一、我国职业型高校产学研结合的新探索

（一）产学研结合的模式选择

1. 职业型高校与企业联合建立学生实习基地

职业型高校的学生在具体的学习过程中，表现出与学术型高校不同的特点，除了强调基础理论部分的学习，还要安排一定的时间进行实践学习，通常不少于1年。实践活动对以技术见长的工程类学科和专业显得尤为必要，也直接决定了这些专业学生培养的成败。如果依靠高校自身建立实习基地，花费时间长，投入巨大，专业性方面存在不足。这就要求高校从现有的企业或科研机构中寻找固定的合作伙伴，进行实践教学环节。在这一环节中，学校的教师和企业中的具体工作人员同时给予学生以必要的指导，借此机会，校企之间的合作关系不断深入。国外许多职业

技术学院更进一步，实施工学交替的“三明制”学生培养模式；[①] 反过来，企业有对职工进行培训的愿望，他们希望有高校代为进行。因此，企业同样愿意与高校合作，在高校或企业内建立职工培训基地，提高职工的科学文化素质。

2. 定向、订单式培养

这种培养方式是在高等职业学校中首先兴起的，我国发展职业型高等教育时可以稳步推进。订单式培养使得企业与学校之间的联系更加紧密，企业将用人单位的要求传达给学校，学校按照这一要求来培养人才，最后由企业来负责安排所有学生的就业问题。订单式培养不仅可以满足企业的人才需求，而且通过“订单”，企业可以参与学校的人才生产过程，制定人才的培养标准，进而实施考核，对学生的职业责任感进行有针对性的培养，确保人才培养与社会需求同步。

3. 专业学位

专业学位是国家为了更好地培养高层次职业型人才，在学术型教育的基础上建立起来，我国目前共设立了38种专业学位，包含博生、硕士和本科层次，以硕士学位为主。从长远的发展看，专业学位将为职业技术学位所代替，摆脱依附于学术型教育的地位。短期来看，专业学位为职业型人才的培养作出了应有的贡献。比如，工程硕士是由大中型企事业单位与高校或研发机构对学生实施联合培养，突出学生的工程素质和工程实践能力，学生的就业去向是企业。工程硕士专业学位的毕业设计要求是具体的工程实验项目，最终成果具有投入生产的可能性。总之，专业硕士学位的研究生既具有深厚的理论功底，又具有很强的实践和动手能力。

---

① 马陆亭：《我国产学研结合的实践探索与展望》，载《国家教育行政学院学报》2010年第2期，第24—31页。

4. 高校与企业联合建立博士后工作站

这种模式主要是为了满足国家对尖端职业型人才培养的需要，数量不宜太多，否则就会出现培养方向的偏差或过度培养现象。博士后工作站设在企业，围绕企业的生产设立项目，经费由企业支付，研究工作在企业内部进行。

5. 大学生教学实习与社会实践基地

这是目前高等职业学校培养人才的一种成功做法。根据政府的统筹安排将大学生教学实习与社会实践基地建立在技术先进、管理科学、具有优秀企业文化的国有大型企业中。中国长江三峡工程开发总公司是第一批试点企业，目前正逐步推开。大学生教学实训基地通常设立在建筑技术、计算机应用与软件技术、汽车维修技术、数控技术、电工电子技术等专业领域，由地方教育部门主管，吸引多方投资，服务于职业型高校的在校生。

（二）产学研结合面临的主要问题

职业型高等学校的产学研结合既能够为自身的发展寻找到足够的资金支持，也能够满足企业和社会对职业型人才的需求，但问题的存在影响了产学研合作的效果，这些问题分为两个层面，深层次的问题是产学研结合过程中普遍存在的问题，各个阶段、每个国家都会遇到；具体的问题就是我国所面对的特殊情况。

第一类问题主要表现在三个方面：一是利益分配关系的问题，目前高校与企业合作的利益分配机制尚未完全理顺，也不太规范；二是合作的目标问题，教育行为的动机和目标与企业行为的动机和目标不完全趋同，学校的目标是培养高级职业型、技能型、技术型人才，而企业的目标是生存、发展和盈利；三是文化差异的问题，大学文化追求的是学术探索的特殊的校园文化，而企业文化往往是一种以功利性为内涵的价值观。①

我国产学研面临的具体情况是，政府已经认识到这样做的必要性，但支持其发展的手段还比较有限。特别是在实施分税制财政管理体制中，突出省级政府的管理责任，如果省级政府不能有效参与和干预，职业型高等学校参与企业、行业的研究、生产、管理工作就很困难。在我国目前的情况下，政府参与必不可少，但不能使用简单的行政命令手段，而应是政府有效调控下的市场有效机制的运用。

二、鼓励产学研结合的财政政策

既然职业型高校的产学研合作离不开政府的参与，那么政府就应该承担起这份责任。各级政府的参与主要是以政策和财政投入的方式进行，具体的分工如下：中央政府制定高等学校与产业企业合作的基本政策，实施宏观指导。地方政府负责与本地经济相关的合作平台建设，建立有效运作的产学研联盟，以此实现对高等教育资源配置的优化。②

这方面，西方发达国家有成功的经验可供我们借鉴。在德国，政府通过调控手段，推动高校与企业的相互合作、利益共享，同时进行制度化安排。具体操作中，企业提供给学校资金而获得相应的人才回报，学校接受企业的资金，按要求培养人才。同时，德国通过设立“产业合作委员会”实施对企业和学校的监督，以此促进产学之间的互动合作。在英国，政府建立了20

---

① 潘耀芳、季沛、冯照坤：《高等教育产学合作的现状及对策探索》，载《长春理工大学学报》（高教版）2010年第1期，第75—77页。

② 马陆亭：《我国产学研结合的实践探索与展望》，载《国家教育行政学院学报》2010年第2期，第24—31页。

个“知识交流中心”（Knowledge Exchanges），每个“知识交换中心”将得到连续5年每年50万英镑的拨款，在知识交流中心主要是高等教育向工商企业提供咨询、培训员工技能、促进产品升级，而不是发明创造和申请专利。这样政府就把传播知识和技术的重任交给了职业型大学，让这些大学发挥传播知识技术的职能，把创新、发明的职能交给了像牛津、剑桥那样的学术型大学，从而完成了从整体上改革高等教育层次结构和功能定位的问题以及下层越演越烈的“学术漂移”问题。

在政策的制定上，财政政策要做好以下四个方面的工作。一是允许企业加倍扣除用于职工职业培训方面的投入。不仅可以全额在缴纳企业所得税前扣除，还可以设置一定的上限，允许其加倍扣除。二是对大规模开展产学研合作而且取得良好效果的企业，允许其享受国家相关的税收优惠政策。三是为了提高社会团体和个人向职业技能培训机构捐赠的积极性，对于这部分捐赠，国家应允许税前扣除，这种扣除对于捐赠者来说是全额的，如果接受捐赠收入的职业技能培训机构能够有效地利用这部分资金，而不挪作他用的话，同样可以免除纳税义务。[①] 四是通过出台优惠政策、增加财政拨款、设立税收优惠政策等措施加快职业型高校实习实训基地建设，这对于产学研合作的深入和实际效果的取得具有重大意义。适当的时候，国家还应鼓励企业创建技术创新风险投资基金，更多地获得资源。

---

① 马蔡琛：《公共财政视野中的高等职业教育人才发展》，载《河北学刊》2008年第1期，第150—155页。

第八节　鼓励发展民办职业型高等教育

从前面的分析我们知道，真正的学术型高等教育在高等教育中所占比例很小，所支出的经费也是巨额的，是实现创新型国家的基础和决定性力量，为此需要中央和地方财政百分之百的投入，企业和私人在学术型高等教育中发挥的作用有限；而职业型高等教育恰恰相反，由于具有较高的个人收益性和满足经济社会发展对人才的硬性需求的要求，所以财政经费只是其中的一个重要来源，还需要动员社会各方面的力量，特别是企业投身高等教育事业。《关于开展国家教育体制改革试点的通知》（国办发〔2010〕48 号）中提出今后 10 年各级政府要探索营利性和非营利性民办学校分类管理办法；清理并纠正对民办教育的各类歧视性政策，保障民办学校的办学自主权；完善支持民办教育发展的政策措施，探索公共财政资助民办教育具体政策，这为民办高等教育提供了历史机遇和广阔的舞台。

一、民办高等教育的发展历史回顾

（一）民办高等教育兴起的国内国际背景

1. 国内背景

世界私立高等教育发展史告诉我们，私立高等教育与私有制经济相联系，但它的发展与存在又不仅仅以私有经济为依托，同时要受政治、经济的综合影响和制约。

1982 年颁布的《中华人民共和国宪法》，第一次对民办教育作出规定，宪法原话是这样的，“国家鼓励集体经济组织、国家企事业组织和其他社会力量依照法律规定举办各种教育事业”。这一规定，无疑为民办高等教育在我国的发展奠定了政治基础。

1982 年，党的十二大召开，以个体经济为代表的私有制经济形式得到承认。十二大报告明确指出：由于我国生产力发展水平总的来说还比较低，而且很不平衡，在很长时期内需要多种经济形式并存。只有多种经济形式的合理配置和发展，才能繁荣城乡经济，方便人民生活。报告中尤其指出：“在农村和城市，都要鼓励劳动者个体经济在更加广大的范围内和工商行政管理下适当发展，作为公有制经济的必要的、有益的补充。”这为个人和企业投资民办高等教育提供了坚实的经济基础。

2. 国际背景

20 世纪 70 年代末 80 年代初，我国民办高等教育复兴之际，正值“新自由主义”经济思想在世界主要资本主义国家盛行之时。“新自由主义”的经济思想影响着经济社会发展的方方面面，对高等教育的影响也是极其深刻的，具体表现在两方面：一是要求市场力量直接介入高等教育的生产过程，并充当主要决定力量；二是突破传统的由国家一手包揽教育的局面，提倡教育所有制的多元化，大力发展私立教育。

“新自由主义”经济思想是由美国经济学家米尔顿·弗里德曼于 20 世纪 50 年代提出的，其中心思想是“利用市场机制经营公共服务”。[①] 他极力主张将市场这只“看不见的手”伸到社会生活的各个领域；主张应尽可能地依靠私有机制，用私人的办法来解决公共问题；主张以市场为导向来进行教育改革，以市场为导向来进行资源配置。

在“新自由主义”的影响下，1981 年美国总统里根上台后，

① 中国高等教育学会组编：《改革开放 30 年中国高等教育发展经验专题研究》，北京：教育科学出版社，2008 年，第 590 页。

对高等教育领域进行了改革。主要内容有：推进高等教育的市场化进程，提倡公立大学与私立大学共存，并竞争发展；增加高等教育的学校类型，拓宽学校办学的层次；政府对高等教育发展的宏观调控水平要下降，让位给市场机制。为了保证上述政策的实施，制定了专门的法律进行约束。而在其他国家，也在寻找除政府财政以外的其他力量来支持高等教育的发展，以满足日益增多的社会需求。当时的日本、巴西、荷兰、比利时等国家，私立高等学校的在校生总数均达到了高等教育学生总数的50%以上。[①]

上述国内和国际背景的共同影响推动了我国民办高等教育的发展。

（二）民办高等教育的发展脉络

我国的民办高等教育是伴随着国家立法的日趋完善发展起来的。1982年，五届全国人大五次会议通过的《中华人民共和国宪法》规定："国家鼓励集体经济组织、国家企业事业组织和其他社会力量依照法律法规举办各种教育事业。"这一规定无疑为民办高等教育在我国的发展奠定了政治基础。

1984年，我国第一所国家承认学历的民办高校——北京海淀走读大学终于诞生了，作为高等教育领域的新生事物，为高等教育的发展注入了新的活力，也极大地鼓舞了民间办学的热情。在之后的两年中，民办高校犹如雨后春笋般，迅速扩大到370所。[②] 在这期间，政府先后出台了《关于社会力量办学的若干暂行规定》《社会力量办学财务管理暂行规定》《社会力量办学教

---

① 中国高等教育学会组编：《改革开放30年中国高等教育发展经验专题研究》，北京：教育科学出版社，2008年，第591页。

② 国家教育发展研究中心：《2001年中国教育绿皮书》，北京：教育科学出版社，2001年，第134页。

学管理暂行规定》等制度为民办高校提供保障。

邓小平于1992年发表了“南巡”讲话，这个讲话不仅拉开了中国建设社会主义市场经济体制的大幕，进一步解放了全社会的思想观念，也极大地推动了民办高等教育的发展。1993年颁布的《中国教育改革和发展纲要》，明确提出针对民办高等教育的“积极鼓励、大力支持、正确引导、加强管理”16字方针。

1997年，国务院发布《社会力量办学条例》，这是新中国成立后第一部民办教育行政法规。《社会力量办学条例》的颁布，标志着我国民办高等教育进入了规范化发展时期。

2002年，在经过了长时间的调研和讨论后，《中华人民共和国民办教育促进法》最终出台，之后还制定了《中华人民共和国民办教育促进法实施条例》，使得民办高等教育真正实现了有法可依，也要求民办高校在法律许可的范围内发展教育。《民办教育促进法》特别规定了举办民办高校的个人和企业可以适当取得合理回报，这无疑是对我国传统高等教育办学理念的一次重大突破。

在法律的强有力支持和社会团体、个人的积极参与下，我国的民办高等教育机构（包括学历和非学历高校在内）从1982年的30多所跃升至2007的1828所。① 26年间，增长了60倍，年平均增长60余所。在增速最快的1993—1995年，共增加了709所，年平均增加236所。② 就民办普通高校而言，到2007年，已经发展到了640所，在校生人数达4012486人。③

---

① 韩进主编：《中国教育统计年鉴2008》，北京：人民教育出版社，2009年，第20页。

② 中国高等教育学会组编：《改革开放30年中国高等教育发展经验专题研究》，北京：教育科学出版社，2008年，第596页。

③ 韩进主编：《中国教育统计年鉴2008》，北京：人民教育出版社，2009年，第23页。

二、民办高等教育的问题分析

看到民办高等教育蓬勃发展的同时，我国仍然存在制约其发展的瓶颈因素，这些因素主要有：

（一）资金来源渠道单一，缺乏后劲

当前，民办高等学校主要靠两方面的资金支持，一是举办者前期的原始投资以及由这些投资引发的投资收益；二是收取学生的学费。在需求日盛的条件下，民办高校已经无力扩大规模，进而提高质量，资金是它们发展的瓶颈。

对于新设立的民办高校，设立成本与早期的民办高校相比，有大幅度的提高，靠自身经济实力或仰仗投资收益办学，已经行不通。如果政府没有足够的支持（这种支持不一定表现为资金的形式），而捐赠又没有着落的情况下，举办者只能依靠社会力量，实施股份制办学。股份制办学的前提，就是要产权清晰，责权明确。而国家没有专门的法律来对此进行规定，这使得投资又走进了死胡同。在资金受限的情况下，民办高校的盈利水平不会很高，无形中为投资者的持续投资设置了障碍。现实中，存在很多投资者对投资半途而废的情况。

再从学费的角度考察。民办高校要想获得足够的学费，必须有充足的生源。在国民观念未发生根本改变，公立高校还居于主导地位的情况下，民办高校注定会在同公立高校抢夺生源的竞争中败下阵来。生源不足，民办高校的发展就失去了生命线。进一步说，即使民办高校可以维持固定的生源，那么教育质量的提高，师资队伍水平的提高，无一不需要资金，这些都要求增加教育成本。由于资金来源渠道单一，这些问题都不可能马上解决，

何况目前的民办高校多数是坚持非营利性原则的。[①]

（二）缺乏公平竞争

市场经济在本质上是竞争经济，而有效率的竞争必须建立在一套公平、公正、公信的竞争游戏规则基础上。虽然《民办教育促进法》对公平问题作了明确的规定，但是，由于民办普通高校与公办高校在计划和公有制度安排下的观念定式，也由于民办高等教育创新不足、制度缺位以及管理失范等原因，因此，当民办普通高校被推向市场的时候，面临的仍是一个发育不完善与非公平竞争的市场体系。公办高校在市场上享有的特权，民办高校没有。

公平有起点公平、过程公平和结果公平之分，民办高等学校要求的是起点的公平，现实中公办与民办高校之间起点的不公平，加重了民办高校的生存危机。《民办教育促进法》第五条明确规定，民办学校与公办学校具有同等的法律地位。但事实上，无论是从立法上、执法上，还是某些政策的制定上，民办高校的“同等的法律地位”并没有得到有效的保障，已经严重制约了民办高等教育的发展。民办高校与公办高校起点的不公平具体包含以下几方面。

第一，招生权的不平等。国家的现行法律强调各类高校具有同等的招生自主权，而潜在的“公立高校优先，民办高校最后”的规则代替了法律的规定，民办高校也无力解决这个问题，他们招到的往往是“二流”学生。第二，待遇的不公平。《民办教育促进法》指出：“民办学校的受教育者在升学、就业、社会优待以及参加评选等方面享有与同级同类公办学校的受教育者同等权

① 中国高等教育学会组编：《改革开放30年中国高等教育发展经验专题研究》，北京：教育科学出版社，2008年，第616页。

利。”实际情况远没有这么乐观，对于民办高校和学生本人的歧视政策短期内很难改变，这种歧视体现在毕业证书的有效性、贫困生的资助体系、户籍限制、政策的区别对待等多方面。第三，制度设计的不公平。如果说招生、学生待遇的不公平是制度实施上的不公平，是终点的不公平，那么，《民办教育促进法实施条例》第六条关于“公办学校参与举办民办学校”，即关于独立学院的规定，则是起点上的不公平。独立学院凭借母体的良好声誉，凭借民办高校灵活的办学机制，自然非纯粹民办高校所能匹敌。因此，有关独立学院的设置规定，从起点上，从制度设计上就为民办高校设置了不公平。

（三）政策落实不力

中国民办高等教育的发展得益于改革开放的大环境，得益于计划经济向市场经济的转轨，得益于政府的政策。如果民办高等教育发展初期没有政府的“默许政策”，就不会有民办高等教育后期的不断壮大和发展；如果没有政策的支持，就不会有民办高等教育今天的规模和局面。因此，政策所发挥的促进作用是毋庸置疑的。客观地说，民办高等教育发展初期，我国民办高等教育政策十分匮乏，且极不稳定。随着民办高等教育的发展，国家关于发展民办高等教育的政策逐步得到了健全和完善。时至今日，问题的关键已经不是政策本身的问题，而是在国家既定的各项民办教育政策中，许多政策并没有得到真正地落实。①

比如税收政策，《民办教育促进法》第四十六条规定：民办学校享受国家规定的税收优惠政策。《民办教育促进法实施条例》第三十八条规定：捐资举办的民办学校和出资人不要求取

① 中国高等教育学会组编：《改革开放30年中国高等教育发展经验专题研究》，北京：教育科学出版社，2008年，第620页。

得合理回报的民办学校，依法享受与公办学校同等的税收及其他优惠政策。出资人要求取得合理回报的民办学校享受的税收优惠政策，由国务院财政部门、税务主管部门会同国务院有关行政部门制定。此外，各地税收的政策也不一致，国家税务总局的税收规定与《民办教育促进法》的规定不一致，财政部、国家税务总局《关于教育税收的通知》第10款规定：对学校经批准收取并纳入财政预算管理的或财政预算外资金专户管理的收费不征收企业所得税。然而，有的省、直辖市的有的税务部门对实施学历教育的民办学校不予纳入财政预算外资金专户管理，这就意味着对这些民办学校要征收企业所得税。①

三、鼓励民办高等教育发展的政策措施

民办高等教育的办学定位和人才培养目标都是建立在满足社会经济发展对人才的迫切需求上，以培养理论与实践能力并重的职业型人才为主。促进民办高等教育发展的政策措施可以更好地解决职业型人才培养的"缺位"问题，不断提高我国人力资本的数量和质量。

（一）政策扶持和法律保障

在高等教育资源配置上，对民办高校应给予一定的政策扶持，诸如赠与土地、批租土地、发放低息贷款、对投资兴办学校免征个人所得税、减轻民办高校和独立学院收益所得部分的税率、对向民办高校捐赠货币和实物资产的捐赠企业和个人实行免税或扣除部分所得金额等优惠政策。

---

① 朱小蔓：《对策与建议：2005—2006年教育热点、难点问题分析》，北京：教育科学出版社，2006年，第183页。

我国现行的法律法规不利于民办高校的投资与融资。具体表现是，没有法律保护的产权制度降低了民众对民办高校投资的热情。狭窄的筹资渠道缩小了民办高校筹资的平台。由于法律法规的不完备，民办高校接受捐赠获得收入的途径是不畅通的。①

在未来的法律制定中，国家一定要着力推进对民办高校扶持的法律化，走规范化道路。政府应建立对民办高校的监督、评估体系，把它纳入公办高校的绩效评价中，做到公办高校与民办的同事同权，中央政府和地方政府政策的协调一致。

（二）增加国家财政经费投入，减轻民办高校的财政压力

目前，我国民办高校和独立学院的资金来源单一，90%以上的资金都是来自学生的学费，资金的难题成为许多民办高校和独立学院可持续发展的重要“瓶颈”。国家财政经费投入可以改善其办学条件，使之集中精力搞好教学和科研。国家应将民办高校纳入教育事业发展的总体规划，建立国家政府和社会的资金投入机制，通过扶持使民办高校发展壮大，增强民办高校发展的主体性和独立性。

应该加大对优秀民办高校及贫困学生的经费投入力度。通过吸收政府资金、社会团体资金来组建民办高等教育发展基金，建立绩效资助制度。② 财政性经费投入可以采取合同拨款的方式，由所有公立和私立大学通过竞争后，以签订合同的形式来获得财政资金。这种投入方式为民办高校和独立学院提供了一个与公立高校公平竞争的机会，让民办高校能够与公立高校一样通过自己

① 贾东荣：《民办教育的资金问题与对策思考》，载《教育发展研究》2005年第10期，第40—45页。

② 张小萍：《公共财政体制下中国高等教育财政投入优化研究》，北京：中国市场出版社，2008年，第241页。

的实力获得政府的资助。

（三）改革投资体制，突破单一资金渠道

经费是影响世界各国私立高等教育发展的关键因素之一。对于主要依靠学费生存的我国民办高校而言，尤其如此。因此，寻求多种资金来源渠道，突破目前民办高校资金渠道单一的局面，无疑是今后民办高校减少动荡、稳定发展的必然选择。

从国外看，对民办高校进行必要的资助是西方国家发展民办高等教育的主要措施之一。通过资助，政府可以实现三个目的，一是缓解民办高校的资金压力，使它集中精力发展教学，提升教育质量。二是降低民办高校的学费标准，维持不同受教育主体之间的教育公平。三是通过财政资金的运用，监督资金的使用过程和程序，提高民办高校的经营管理水平。

在美国，1965 年实施的《高等教育法》首次确立了联邦政府长期资助私立高校的计划。1970 年政府拨款占私立高校总经费的 18.8%，90 年代以后一直维持在 15% 左右。[①] 在日本，根据私立高等教育具有公益性的理念，为了解决私立大学的经费不足问题，提高私立大学的办学水平与教育质量，日本政府自 20 世纪 70 年代开始着手解决资助私立大学的问题，并先后制定了《日本私学振兴财团法》和《私立学校振兴助成法》等法律。从 1970 年开始，40 余年来日本政府对于私立大学日常经费的资助一直没有间断，只是近年来，由于受经济不景气等因素影响，补助金的年增长率有所降低，但补助金占私立大学日常经费总额的比例仍然维持在 10% 以上。

政府除直接捐助私立大学以外，还通过减免税收来对私立大

① 中国高等教育学会组编：《改革开放 30 年中国高等教育发展经验专题研究》，北京：教育科学出版社，2008 年，第 626 页。

学进行间接资助。如日本对私立大学在税收上有很多优惠政策。一是免税。学校法人经营非营利事业时，免除法人税；学校法人的资产收益免除所得税；学校法人获得捐赠财产时，免除赠与税。二是减税或降低税率。如在日本所有以营利为目的的企业法人都必须缴纳37.5%的法人税，而学校法人经营盈利事业时，享受法人税的减免，由一般法人税的37.5%的税率减为27%。同时日本还根据不同情况，实施不同的税率。如学校法人的盈利事业，年收益350万日元以下时，税率为6%，年收益超过350万日元而低于700万日元的时候，税率为9%，年收益超过700万日元时，税率为12%。三是允许税前捐赠后，享受优惠税收政策。如果学校法人盈利事业的收益用于所从事的公益事业，可视为捐赠，将该盈利事业全年所得的50%计入成本费用，不算入法人税的税基，从而免除一部分法人税。①

与此同时，有些国家允许私立大学举办营利性事业，以解决资金不足的问题。如《日本私立学校法》第二十六条规定：学校法人可在不影响所设私立学校教学的情况下，从事以获得盈利为目的的事业。而在美国虽然没有类似的规定，但是，允许私立大学运用基金上市交易增加学校的收入。

上述这些做法，尤其是政府对私立大学的资助政策，特别值得我国借鉴。但是，在我国，由于民办高校大都为企业或私人投资举办，类似于美国的营利性大学，所以，政府出资对民办高校进行资助，还需要突破传统观念的束缚，进一步解放思想。事实上，在美国，即使是营利性私立大学，只要经过认证，也可以获得政府对学生的直接资助。美国有3/4的州对进入营利性私立高

---

① 天津市教育科学研究院：《重点课题研究成果集》，天津：天津人民出版社，2005年，第272页。

等教育的学生提供资助。①

此外，政府尚需加强宏观管理力度，政府可以制定获取资助的相关条件，加强对民办高校和独立学院的管理。也可通过由专家、学者、用人单位等有关人士组成的中介评估机构，制定评估标准，量化评估指标，对民办高校和独立学院的师资水平、学生质量、办学条件等有关问题进行科学评估，并将评估结果向社会公布，让市场与社会对其质量及文凭含金量进行检验。②

（四）鼓励“校董制”模式

1. 校董制的现状

民办学校和职业学校可建立理事会或董事会制度最早出现在《民办教育促进法》和《2003—2007 教育振兴行动计划》等法律中。2010 年制定颁布的《国家中长期教育改革和发展规划纲要（2010—2020）》明确提出：“完善中国特色现代大学制度……扩大社会合作。探索建立高等学校理事会或董事会，健全社会支持和监督学校发展的长效机制。”这一提法为民办高等教育指明了发展的方向。

目前，我国公立高校陆续开始了董事会的实践工作，但并不是出于改善大学治理结构的考虑，设立董事会的目的非常明确：主要是筹措资金，从而对各大学目前正大张其鼓进行的教学及基础设施建设提供支持，并加强学校和董事单位在科研、培训、实习及就业方面的合作。③ 一句话就是，追求资本贡献，忽视良性

① 高晓杰：《营利性私立高等教育机构进入资本市场研究》，厦门大学硕士，2004 年，第 36 页。

② 韩习祥、唐兴华：《我国高等教育的投入机制与绩效管理》，武汉：湖北人民出版社，2009 年，第 150—151 页。

③ 赵文莉：《对我国高校董事会的定位及职能的思考》，载《中华女子学院学报》2009 年第 1 期，第 109 页。

发展，有董事会的“形”而无董事会的“神”。

至于民办高校，董圣足、黄清云（2010）通过对全国45所民办高校进行的问卷调查表明，我国现阶段民办高校的董事会制度还很不健全、很不完善，业已成为制约民办高等教育健康发展的“瓶颈”因素之一，亟待通过制度安排，加以调整和重构。①

2. 实施校董制的建议

既然校董会的现状是不能令我们满意的，那么对于发展职业型高等教育有利的校董会又是什么样的呢？鉴于校董会的建设是一个系统工程，本书重点对校董会的决策机制和运行机制进行探讨。

从决策机制来说，如果校董会全面负责学校的管理，绝大多数校董由选民投票产生或由政府官员及机构任命，该校便是公立学校。我国公立高校实行的是党委领导下的校长负责制，校长是由上级任命的，负责管理学校的全部，因此，公立高校没有校董会行使权责的空间。

但民办职业型高等学校则不同。民办高校本来是市场化改革中产生的，类似于企业法人，有明确的产权划分，应明确董事会法人资格，实行董事会领导下的校长（院长）负责制。同时，民办高校具有非国家性和非营利性的特点，非营利性使之不同于企业，非国家性使之不同于公办高校。民办高校作为私营非营利性教育机构不同于政府部门和公立高校需要公共治理来实现集体决策，它注重促进高校董事会与利益相关者———主要是其委托人和代理人之间缔结有效契约并使这些契约可以低成本地自我执

① 董圣足、黄清云：《我国民办高校董事会制度的重构》，载《黄河科技大学学报》2010年第4期，第8页。

行，而不必求助于其他成本更高的治理机制，比如法院。[①] 由此可见，民办高校校董会的决策机制可以节约大量的交易成本。

为了增强决策的灵活性和合理性，校董会的成员应多元化。美国私立高校校董会成员中工商界人士占绝大多数，此外，还有律师、政府官员、教师、学校管理人员及学生等。这有效地避免了高校内部利益群体对高校事务的控制，使高校成为对社会而不是仅仅对内部人利益负责的机构。[②]

从运行机制来说，校董会应科学管理学校事务，不能出现随意性和不确定性行为，尊重教育发展的规律，不能利用国家对教育的各种优惠政策为企业谋取暴利。在国家、企业、个人三主体的校董会运行模式中，企业提供的是资金、技术、实习实践条件，中央和地方政府除了主导的财政资金注入和给予优惠额税收政策外，主要从间接调控的角度，采取政策入股的方式参与董事会的决策和运作，这样做既满足了政府对经济的主导，又实现了企业获得专业人才的目的，还实现学生的充分就业，从而兼顾了国家、企业和学生三方的利益。

当前，中国有实力投资举办职业型高校的企业家不在少数，但创办的初衷还停留在获得利益上。对于民办职业型高等教育而言，董事会不仅应该干预学校的教学科研等具体环节工作，还应该按照“谁出钱，谁受益”的原则允许企业有权利优先选择自己培养的职业型人才，借此培养中国企业家的“只赚人，不赚钱”的精神。

---

① 王绽蕊：《系统性：美国高校董事会制度的基本特征》，载《比较教育研究》2010 年第 8 期，第 27 页。

② 王志勇：《美国私立高校董事会制度的启示》，载《理工高教研究》2010 年第 4 期，第 87 页。

第九节　传统学术型大学创建职业学院的政策选择

在第六章中，我们谈到了职业学院的设立通常通过四种途径，即独立设置的学院；以学校原来的某个机构为基础，与地方合作共同组建新的职业学院；由大学与企业合作办学，组建具有民营运行机制或混合所有制的职业学院；在原有的成人教育学院基础上通过机构合并、人员扩充组建的职业学院。无论是哪一种发展模式，都不可能像过去那样靠向国家伸手要钱来获得自身的发展，而是在师资队伍、学生培养、实习实训基地的建设方面，都要发挥财政的“汲水”功能，开辟多元化的筹资道路，从而促进职业学院的快速发展。

当前，有些国家的政府已经把财政的责任和控制从中央转移到地方层次。在院校的层次，令人感兴趣的是，在一些地方，似乎也在发生着同样的事情，即校级行政正在把预算责任转移到院系。有的院校甚至走得更远，引进内部市场，各系彼此买卖服务，并和校部实行买卖服务。可以指出，不管我们看中央政府层次的责任的转移，或者看院校层次的责任的转移，基本原理是相同的：如果主要负责支出的人也就是负责分配的人，那么预算就管理得更加有力和高效率。[①] 为了使职业学院能够真正成为预算主体，就需要使用财政贴息，教育基金，教育储蓄等手段。

---

① ［荷兰］弗兰斯·F. 范富格特主编，王承绪等译：《国际高等教育政策比较研究》，杭州：浙江教育出版社，2001 年，第 427 页。

一、以财政贴息方式申请银行贷款

在财政高等教育支出增加有限、学费收入已近临界点的背景下，职业学院要积极适应市场机制的要求，充分利用银行信贷资金，拓宽自身的融资渠道，财政可以对使用银行资金效率高的高校给予财政贴息的优惠政策。银行信贷资金是指商业银行以负债形式把居民手中的剩余资金集中起来，再通过贷款给高校，并约定按一定利率归还的资金。银行信贷资金运用的基本原则是安全性、流动性和盈利性。

1999 年，为了支持高校扩招，迅速实现高等教育的大众化，中国的银行与高等学校在国家政策的鼓励下开始了积极的银校合作历程，开始发放银行信贷资金。截至 2005 年末，全部金融机构对高校贷款余额为 2001.07 亿元，其中，工、中、农、建四家国有商业银行对高校贷款余额共计 1361.9 亿元，占全部高校贷款余额的 68%。[①] 经过近十年的发展，中国高校投资扩张给自身的投资管理和投资风险控制带来挑战，在目前扩招的大背景下，缓解高校事业发展与经费短缺的矛盾、实施超常规发展战略的需要，高校普遍谋求与银行合作并进行大量贷款。由于高校良好的信用程度和较低的还款风险，银行也乐于为高校提供贷款。高校将银行贷款用于购买土地、建设教学基础配套设施及师生生活保障设施所需资金投入。大量的贷款使得每年的利息成为高校财务上的重大负担，有的高校甚至到了资不抵债的地步。

为了避免财务危机、提高信贷资金的使用效率，职业学院的贷款应注意以下事项：一是利用信贷资金规模要与办学规模相适

① 韩习祥、唐兴华：《我国高等教育的投入机制与绩效管理》，武汉：湖北人民出版社，2009 年，第 165 页。

应；二是合理确定资金使用结构与方向，提高资金使用效益；三是处理好事业发展需要与实际承受能力的关系。尤其是在当前形势下，不能忽视自我发展欲望过高而失去自我约束的倾向，造成大量超前投入、过度负债。职业学院的银行贷款必须注意使用方向的明确和审批上的严格。财政补贴支付利息要经过严格的审批，或要求职业型高校以承担社会责任为条件来申请。贷款的依据一定是以促进职业型人才培养质量的提高为出发点和落脚点的，贷款的使用方向应该主要集中在教学基础配套设施的建设、师资力量的培养和研究项目的开发等；如果有产学研合作项目，可以考虑由企业单位和职业学院共同向银行申请贷款，或以企业担保的形式向银行借贷，这样就可以约束学校和企业的行为，使二者成为紧密相连的利益共同体，共同进退，共谋发展。同时，职业学院的贷款审批程序要严格，手续齐全，且有详细的还款计划，使贷款真正为职业学院的发展解决关键问题。

二、建立财政主导的教育基金

职业型高校基金会的资金来源于慈善捐赠、校友捐助、企业赞助、财政拨款等渠道。对资金进行有效的管理和实现资金的保值增值，是大学教育基金会彰显组织机构公正、公平的性质与宗旨所在，基金会始终强调财政的主导和监督作用。职业学院通过上述方式获得基金后，由基金托管人托管，由基金管理人管理和运用资金，从事股票、债券等金融工具投资。创立高等教育基金，将暂时不用的教育经费进行投资，由专业的基金管理公司来运作管理；基金管理公司的管理人员一般都受过高等教育和专业训练，具有丰富的证券投资实践经验，信息资料齐全，分析手段先进，可以提高资产的运作效率，取得比银行利息更高的经济效益，实现资本增值。许多国家的公益机构都拥有自己的投资项目，比如诺贝尔基金会，其成功运作除了诺贝尔本人在1896年逝世时捐献的3100多万瑞典克朗中的2800万用作奖金基金之外，更要归功于诺贝尔基金会的理财有方。近年来，它的奖金和运营支出几乎全部来自股息和红利收入，而基金会的总资产也达到了22亿瑞典克朗。①

三、发行教育证券

教育证券是以发展教育事业为发行目的的有价证券，如教育债券、教育彩票和教育股票等。教育证券的共同特征就是集资，它可以聚集社会闲散资金，缓解各国财政压力，弥补社会公益事业资金不足。

发行债券目前已经成为美国大学的普遍做法。发行债券获得的资金主要用于基础设施的建设。美国的很多民办大学还通过发行股票的办法，来筹集资金。凤凰大学就是通过这种办法，成为美国最大的私立大学。美国政府还主导发行彩票来收集社会闲散资金，哈佛大学、耶鲁大学、普林斯顿大学和哥伦比亚大学都曾得益于教育彩票。②

从我国的现实条件看，发行教育股票和教育债券的机会尚不成熟，但发行教育彩票的时机已经成熟。教育彩票作为一种特殊的金融工具，可以持续、反复地筹措社会闲散资金。相比债券和股票，教育彩票的特点有：它不能交易或随时赎回；它不反映股权、债权关系，只反映彩票购买人和彩票发行人之间潜在的可能

---

① 陈秀峰、郑杭生：《公益与效益的平衡：透视大学教育基金会的资金运作机制》，载《教育与经济》2008年第1期，第55—59页。

② 柯森：《90年代以来美国高等教育的主要改革及其启示》，载《高教探索》1997年第2期，第69—72页。

的资金分配关系；它对购买人的回报是建立在概率的基础上，而不是经济效益之上。

目前，我国凡是公益性较强的事业都发行过彩票，如福利彩票、体育彩票等，而同样是准公共产品，且具有较强公益性质的职业型高等教育，至今尚未通过发行教育彩票的方式来筹集资金，已经显得不合时宜。为此，我国应参照福利彩票、体育彩票的发行制度和有关规定来制定教育彩票的发行制度，从而聚集更广泛的社会闲散资金，扶持高等教育事业的发展。

四、发展股份制职业学院

从高等教育资源配置最优化的原则出发，财政应该在提供高等教育公共物品的领域发挥作用。在竞争性领域，应鼓励股份所有制的发展，积极探索高等学校的多种经营方式和实现形式，使政府和民间力量在高等教育领域各有用武之地。具体来说，对于具有较强外部性、社会公共受益大、人才培养有迫切要求的学术型高等教育，应该采取“公办”模式，完全由政府出资兴办；对于那些社会公共受益相对较强，私人收益更突出的职业型高等教育，应根据其具体的资源配置情况分别采取“公办民助”或“民办公助”模式，前者以政府出资为主，吸引一定民间力量投资办学，后者以民间投资为主，政府补贴为辅。[①] 无论是“公办民助”还是“民办公助”都要以入股集资取得社会资本的使用权，以持股份额分配股息和承担有限风险。职业学院可以成立由出资方组成的董事会，在管理上实行院董事会领导下的院长负责制，将学院的所有权与管理权分离开来。

---

① 计斌、朱文琮、施文艺：《论高等教育投入的“国退民进”与“抓大放小”——基于江西省情的分析》，载《教育学术月刊》2009 年第 3 期，第 56—59 页。

参考文献

著作：

1. ［美］阿尔巴赫等：《21 世纪美国高等教育：社会、政治、经济的挑战》，杨耕、周作宇译，北京：北京师范大学出版社，2005 年。

2. ［美］阿特金森，斯蒂格利茨：《公共经济学》，纪沫等译，上海：上海三联书店，上海人民出版社，1994 年。

3. ［美］保罗·萨缪尔森：《经济学》（第十六版），萧琛等译，北京：华夏出版社，2000 年。

4. ［美］鲍尔森：《高等教育财政：理论、研究、政策与实践》，孙志军等译，北京：北京师范大学出版社，2008 年。

5. ［美］伯顿·克拉克：《高等教育新论——多学科的研究》，王承绪等译，杭州：浙江教育出版社，2001 年。

6. ［法］布尔迪厄：《国家精英》，杨亚平译，北京：商务印书馆，2004 年。

7. ［英］C. V. 布朗等：《公共部门经济学》（第四版），张馨主译，北京：中国人民大学出版社，2000 年。

8. 陈宝森：《当代美国经济》，北京：社会科学文献出版社，2001 年。

9. 陈佳贵、黄群慧、钟宏武、王延中等：《中国工业化进程报告》，北京：中国社会科学出版社，2007 年。

10. ［南斯拉夫］德拉高尔朱布·纳伊曼：《世界高等教育探讨》，令华等译，北京：教育科学出版社，1982 年。

11. ［美］德雷克·博克：《回归大学之道——对美国大学本科教育的反思与展望》，侯定凯、梁爽、陈琼琼译，上海：华东师范大学出版社，2008 年。

12. 范文曜、马陆亭：《国际视角下的高等教育质量评估与财政拨款》，北京：教育科学出版社，2004 年。

13. 范先佐：《教育经济学》，北京：人民教育出版社，1999 年。

14. ［荷兰］弗兰斯·F. 范富格特主编：《国际高等教育政策比较研究》，王承绪等译，杭州：浙江教育出版社，2001 年。

15. 国家教育发展研究中心：《2001 年中国教育绿皮书》，北京：教育科学出版社，2001 年。

16. 郭扬：《中国高等职业教育史纲》，北京：科学普及出版社，2010 年。

17. ［美］哈维·S. 罗森、特德·盖亚：《财政学》，郭庆旺、赵志耘译，北京：中国人民大学出版社，2009 年。

18. 韩习祥、唐兴华：《我国高等教育的投入机制与绩效管理》，武汉：湖北人民出版社，2009 年。

19. ［美］亨利·罗索夫斯基：《美国校园文化——学生·教授·管理》，谢宗仙等译，济南：山东人民出版社，1996 年。

20. 纪秩尚、郭齐家、余博主编：《中华人民共和国职业教育法实务全书》，北京：北京广播学院出版社，1996 年。

21. 金耀基：《大学之理念》（增订版），北京：生活·读书·新知三联书店，2008 年。

22. 靳希斌：《教育经济学》（第四版），北京：人民教育出版社，2009 年。

23. 康宁：《中国经济转型中高等教育资源配置的制度创新》，北京：教育科学出版社，2005 年。

24. 孔志峰等著：《绩效预算论》，北京：经济科学出版社，2007 年。

25. 匡瑛：《比较高等职业教育：发展与变革》，上海：上海教育出版社，2006 年。

26. 赖得胜：《教育与收入分配》，北京：北京师范大学出版社，2000 年。

27. ［德］李斯特：《政治经济学的国民体系》，陈万煦译，北京：商务印书馆，1961 年。

28. 李文利：《从稀缺走向充足——高等教育的需求与供给研究》，北京：教育科学出版社，2008 年。

29. 栗玉香：《教育财政学》，北京：经济科学出版社，2009 年。

30. 厉以宁：《教育经济学研究》，上海：上海人民出版社，1988 年。

31. 廖楚晖：《教育财政学》，北京：北京大学出版社，2006 年。

32. 林荣日：《教育经济学》，上海：复旦大学出版社，2001 年。

33. 刘志民：《教育经济学》，北京：北京大学出版社，2007 年。

34. 卢现祥、朱巧玲：《新制度经济学》，北京：北京大学出版社，2007 年。

35. ［美］罗宾斯、库尔特：《管理学》（第 9 版），孙健敏等译，北京：中国人民大学出版社，2008 年。

36. 吕炜等著：《高等教育财政：国际经验与中国道路选择》，大连：东北财经大学出版社，200 年。

37. 中央编译局马克思恩格斯著作编译室编译：《马克思恩格斯全集》第44卷，北京：人民出版社，2001年。

38. 中央编译局马克思恩格斯著作编译室编译：《马克思恩格斯全集》第49卷，北京：人民出版社，1982年。

39. 中央编译局马克思恩格斯著作编译室编译：《马克思恩格斯全集》第26卷第1册，北京：人民出版社，1972年。

40. ［德］马克思：《政治经济学批判大纲（草稿）》第3分册，刘潇然译，北京：人民出版社，1963年。

41. 中央编译局马克思恩格斯著作编译室编译：《马克思恩格斯全集》第31卷，北京：人民出版社，1998年。

42. 中央编译局马克思恩格斯著作编译室编译：《马克思恩格斯全集》第1卷，北京：人民出版社，1995年。

43. 中共中央马克思恩格斯列宁斯大林著作编译：《马克思恩格斯全集》第1卷，北京：人民出版社，1995年。

44. 马丁·特罗：《从精英向大众高等教育转变中的问题》，王香丽译，谢作栩校，《外国高等教育资料》1999年，第1期。

45. 麦可思中国大学生就业研究课题组：《2009年中国大学生就业报告》，北京：社会科学文献出版社，2009年。

46. 闵维方等著：《教育投入、资源配置与人力资本收益：中国教育与人力资源问题研究》，北京：经济科学出版社，2009年。

47. ［美］欧内斯特·L. 博耶：《关于美国教育改革的演讲》，涂艳国、方彤译，北京：教育科学出版社，2002年。

48. 潘懋元：《高等教育学》（上册），北京：人民教育出版社，1984年。

49. 曲恒昌、曾晓东：《西方教育经济学研究》，北京：北京师范大学出版社，2000年。

50. 沈超：《就业·收入·和谐——职业教育与经济社会协

调发展》，北京：中国经济出版社，2006 年。

51. 孙百才：《教育扩展与收入分配：中国的经验研究》，北京：北京师范大学出版社，2009 年。

52. ［英］阿什比：《科技发达时代的大学教育》，滕大春译，北京：人民教育出版社，1983 年。

53. 滕大春：《美国教育史》（第二版），北京：人民教育出版社，2001 年。

54. 王敏：《政府财政教育支出绩效评价研究》，北京：经济科学出版社，2008 年。

55. 王千弓主编，张薇之副主编：《高等职业技术教育之探索》，长沙：湖南教育出版社，1991 年。

56. 王绍光：《安邦之道——国家转型的目标与途径》，北京：生活·读书·新知三联书店，2007 年。

57. 王绍光：《美国进步时代的启示》，北京：中国财政经济出版社，2002 年。

58. 王英杰、刘宝存：《中国教育改革 30 年：高等教育卷》，北京：北京师范大学出版社，2009 年。

59. 王雍君：《公共经济学》，北京：高等教育出版社，2008 年。

60. 魏后凯：《现代区域经济学》，北京：经济管理出版社，2007 年。

61. ［美］希拉·斯劳特、拉里·莱斯利：《学术资本主义——政治、政策和创业型大学》，梁骁、黎丽译，北京：北京大学出版社，2008 年。

62. 薛涌：《北大批判》，南京：江苏文艺出版社，2009 年。

63. 闫燕：《执行力》，南昌：江西科学技术出版社，2010 年。

64. 颜加斌：《高等职业教育建设与区域经济协调发展关系的研究》，昆明：云南省高等教育学会高职高专教育分会 2008 年优秀论文集，2008 年。

65. ［英］亚当·斯密：《国富论》（上卷），杨敬年译，西安：陕西人民出版社，2001 年。

66. ［英］亚当·斯密：《国富论》（下卷），杨敬年译，西安：陕西人民出版社，2001 年。

67. 杨明：《政府与市场——高等教育财政政策研究》，杭州：浙江教育出版社，2007 年。

68. 袁韶莹：《当代日本高等教育》，长春：吉林教育出版社，1993 年。

69. ［美］约翰·S. 布鲁贝克：《高等教育哲学》，王承绪等译，杭州：浙江教育出版社，2001 年。

70. ［美］D·B. 约翰斯通：《高等教育财政：问题与出路》，沈红、李红桃译，北京：人民教育出版社，2003 年。

71. 詹姆斯·M. 布坎南：《公共财政》，北京：中国财政经济出版社，1991 年。

72. 张秀兰：《中国教育发展与政策 30 年》，北京：社会科学文献出版社，2008 年。

73. 张馨：《公共财政论纲》，北京：经济科学出版社，1999 年。

74. 张小萍：《公共财政体制下中国高等教育财政投入优化研究》，北京：中国市场出版社，2009 年。

75. 浙江大学课题组：《中国高等学校的分类问题》，北京：高等教育出版社，2009 年。

76. 中共中央马克思恩格斯列宁斯大林著作编译局：《马克思恩格斯选集》第二卷，北京：人民出版社，1995 年。

77. 中华人民共和国财政部：《中国财政基本情况》（2008），北京：经济科学出版社，2009 年。

78. 中国高等教育学会组编：《改革开放 30 年中国高等教育

发展经验专题研究》，北京：教育科学出版社，2008 年。

79. 周雪光：《组织社会学十讲》，北京：社会科学文献出版社，2003 年。

80. 朱小蔓：《对策与建议：2005—2006 年教育热点、难点问题分析》，北京：教育科学出版社，2006 年。

论文：

81. 毕鹤霞：《高等教育财政模式与高等教育体制模式关系研究——兼论政府与高校间的经济关系》，载《清华大学教育研究》2008 年第 4 期。

82. 曹必文、刘青：《欧美高等职业教育的学位授予及其启示》，载《中国高教研究》2010 年第 9 期。

83. 曹正汉：《无形的观念如何塑造有形的组织——对组织社会学新制度学派的一个回顾》，载《社会》2005 年第 3 期。

84. 陈上仁、李兵：《高等教育财政转移支付政策研究》，载《教育发展研究》2002 年第 7—8 期。

85. 陈伟：《论省域高等教育的发展模式创新：以广东为例》，载《高等教育研究》2010 年第 1 期。

86. 陈秀峰、郑杭生：《公益与效益的平衡：透视大学教育基金会的资金运作机制》，载《教育与经济》2008 年第 1 期。

87. 程介明：《高等教育发展的新趋势：公私合作的政策选择》，载《教育发展研究》2009 年第 11 期。

88. 丁笑炯：《高等教育规模扩张带来的新挑战：OECD 国家的经验》，载《教育发展研究》2009 年第 11 期。

89. 东北财经大学完善体制阶段的和谐社会建设与公共财政安排课题组：《论我国高等教育财政拨款制度的完善》，载《财政研究》2008 年第 11 期。

90. 董圣足，黄清云：《我国民办高校董事会制度的重构》，载《黄河科技大学学报》2010 年第 4 期。

91. 冯福林：《美国高等教育和企业的融合与创新给我们的启示》，载《内蒙古师范大学学报》（教育科学版）2007 年第 9 期。

92. 付斌：《我国普通高等教育外部性的经济学分析》，载《中国教育财政评论》2008 年第 1 期。

93. 高晓杰：《营利性私立高等教育机构进入资本市场研究》，厦门大学硕士论文，2004 年。

94. 郭扬、胡秀锦：《职业教育经费保障机制的构建与思考》，载《教育发展研究》2009 年第 1 期。

95. 郭月梅、陈远燕：《我国高等教育捐赠的税收激励机制探讨》，载《税务研究》2009 年第 10 期。

96. 国家教委教育管理信息中心：《教育参考资料》，第 15—16 期。

97. 国务院发展研究中心：《我国产业结构升级面临的风险及对策》，载《经济研究参考》2010 年第 13 期。

98. 何万宁：《试析专业学位教育与高等职业教育的对接》，载《高教探索》2002 年第 4 期。

99. 和震：《技能提升与知识、素质的复合——职校毕业生升学与职业发展的思考》，载《教育发展研究》，2010 年第 3 期。

100. 胡茂波、沈红：《高等教育学费定价的论争及启示》，载《教育发展研究》2008 年第 13—14 期。

101. 胡晓：《职业教育人才培养模式的现状及趋势探讨》，载《天府新论》2009 年第 1 期。

102. 黄家泉、吴开俊：《日本高等职业教育财政初探》，载《广州大学学报》（综合版）1999 年第 3 期。

103. 黄小平、刘郎：《从高教发展史看我国大众化高等教育的质量观》，载《中国电力教育》2007 年第 7 期。

104. 黄霄雯：《发展我国高职教育的财税政策探讨》，西南财经大学硕士论文，2008 年。

105. 吉宏、刘静、韩玉冰：《中外高等教育资助体系比较》，载《江苏社会科学》2008 年教育文化版。

106. 纪宝成：《中国高等教育结构的战略性转变》，载《三江学院学报》2006 年第 6 期。

107. 计斌、朱文珍、施文艺：《论高等教育投入的“国退民进”与“抓大放小”——基于江西省情的分析》，载《教育学术月刊》2009 年第 3 期。

108. 贾东荣：《民办教育的资金问题与对策思考》，载《教育发展研究》2005 年第 10 期。

109. 阚阅：《金融危机中的美国高等教育财政》，载《教育发展研究》2009 年第 9 期。

110. 柯森：《90 年代以来美国高等教育的主要改革及其启示》，载《高教探索》1997 年第 2 期。

111. 柯佑祥：《日本高等教育财政研究》，载《江苏高教》1998 年第 2 期。

112. 李新民、黄慧丹：《法国职业教育改革及对我国的启示》，载《宁波职业技术学院学报》2004 年第 4 期。

113. 李永久：《高等职业教育专业的设置与管理研究》，载《辽宁高职学报》2003 年第 10 期。

114. 厉以宁：《关于教育产品的性质和对教育经营的若干思考》，载《教育科学研究》1999 年第 3 期。

115. 梁俊娇：《促进教育发展的财税政策选择》，载《经济与管理研究》2004 年第 4 期。

116. 刘大立：《高等职业教育国际比较研究的文献述评》，载《中国青年政治学院学报》2005 年第 2 期。

117. 刘海波：《我国高等教育财政思想变迁研究》，载《复旦教育论坛》2008 年第 2 期。

118. 刘金龙：《英、日、德高等教育财政拨款体制及其启示》，载《现代教育管理》2009 年第 12 期。

119. 刘天佐：《完善我国高等教育财政拨款体制的思考——基于美国与日本高等教育财政拨款体制的启示》，载《江苏高教》2006 年第 5 期。

120. 鲁小双、顾玉林：《大学教育捐赠管理模式探析——浙江大学的实践与思考》，载《湘潮 · 理论》2007 年第 1 期。

121. 陆晓燕、张万朋：《教育捐赠：高等教育融资的重要渠道》，载《江苏高教》2007 年第 3 期。

122. 罗公利：《高教成本分担制度中的社会捐赠》，载《中国海洋大学学报》（社会科学版）2004 年第 3 期。

123. 罗晓华，陈工：《我国高等教育财政绩效拨款模式改革的思考》，载《当代财经》2008 年第 4 期。

124. 马蔡琛：《公共财政视野中的高等职业教育人才发展》，载《河北学刊》2008 年第 1 期。

125. 马国贤：《职业教育全覆盖战略下的财政政策》，载《铜陵职业技术学院学报》2008 年第 2 期。

126. 马陆亭：《我国产学研结合的实践探索与展望》，载《国家教育行政学院学报》2010 年第 2 期。

127. 孟庆菊：《普通高等院校高职教育发展模式的研究——以石河子大学高职学院为例》，石河子大学硕士论文，2008 年。

128. ［俄］米歇尔 · 列申斯基：《德国高等教育中的财政和绩效导向预算：竞争激发效率》，载《北京大学教育评论》2008 年第 1 期。

129. 潘耀芳、季沛、冯照坤：《高等教育产学合作的现状及对策探索》，载《长春理工大学学报》（高教版）2010 年第 1 期。

130. 秦福利：《高等教育成本分担模式的国际经验借鉴与启

示》，载《江苏高教》2010 年第 1 期。

131. 邵学峰、王国兵：《我国高等教育财政拨款机制改革研究》，载《经济体制改革》2010 年第 1 期。

132. 宋湘绮：《论高职教育人才层次问题》，载《长沙铁道学院报》2002 年第 3 期。

133. 宋湘绮、刘松：《论高等职业技术教育的学位问题》，载《长沙民政职业技术学院学报》2008 年第 3 期。

134. 孙朝：《大众化高等教育发展中的结构矛盾及其变革》，载《北京大学教育评论》2005 年第 1 期。

135. 孙健夫、张俊峰：《以公共财政视角看我国高等教育大众化》，载《中国财政》2006 年第 8 期。

136. 汤晓蒙：《高等教育趋同现象探析：新制度学派理论的视角》，载《教育发展研究》2009 年第 3 期。

137. 天津市教育科学研究院：《重点课题研究成果集》，天津：天津人民出版社，2005 年。

138. 王广深、谭莹：《我国教育财政的地区差异及政策选择》，载《江西金融职工大学学报》2009 年第 2 期。

139. 王宏宇：《试论我国高等职业教育的现状及其发展对策》，载《山西广播电视大学学报》2009 年第 1 期。

140. 王建华：《高等教育的理想类型》，载《高等教育研究》2010 年第 1 期。

141. 王明伦：《高等职业教育发展错位分析及对策》，载《教育与职业》2007 年 12 期。

142. 王善迈：《关于教育产业化的讨论》，载《北京师范大学学报》（人文社会科学版）2000 年第 1 期。

143. 王晟、陈松：《高等教育资助制度的经济学比较分析》，载《经济社会体制比较》2007 年第 4 期。

144. 王守法、王云霞：《高等教育与区域经济发展关系的理论探讨》，载《北京工商大学学报》（社会科学版）2006 年第 3 期。

145. 王小军、赵函、黄日强：《政府拨款：德国职业教育经费的重要来源》，载《武汉职业技术学院学报》2010 年第 2 期。

146. 王绽蕊：《系统性：美国高校董事会制度的基本特征》，载《比较教育研究》2010 年第 8 期。

147. 王志勇：《美国私立高校董事会制度的启示》，载《理工高教研究》2010 年第 4 期。

148. 文玉春：《我国高等教育结构与就业结构关系研究》，载《石家庄经济学院学报》2008 年第 6 期。

149. 吴国生：《经济发展中的高等教育财政：国际比较及基于中国的分析》，中国人民大学博士论文，2008 年。

150. 吴国生：《高等教育资源配置的三种力量理论及对我国的现实意义》，载《中央财经大学学报》2008 年第 6 期。

151. 夏茂林：《国际高等教育融资比较与启示》，载《外国教育研究》2010 年第 5 期。

152. 谢虹：《高等职业教育财政支出的绩效评价体系研究》，载《教育与职业》2007 年第 14 期。

153. 谢珊珊：《论高等教育捐赠所得税税收立法》，载《会计之友》2008 年第 6 期。

154. 续润华：《五个重大法令对美国职业教育发展进程的影响》，载《河北师范大学学报》2009 年第 3 期。

155. 宣勇：《我们需要怎样的高等教育》，载《教育发展研究》2009 年第 7 期。

156. 杨明：《20 世纪 90 年代德国高等教育财政改革述评》，载《高等教育研究》2001 年第 4 期。

157. 杨小微：《从基础教育视角思考职业教育难题的破解》，载《教育发展研究》2010 年第 5 期。

158. 杨秀文:《日本高等教育的财政拨款与评估机制》，载《中国高教研究》2003 年第 7 期。

159. 姚荣:《广东省高等教育财政支出预算管理制度改革的探讨》，载《会计之友》2009 年第 5 期。

160. 叶华光:《我国高职教育发展的系统性冲突及其化解》，载《教育发展研究》2009 年第 11 期。

161. 叶小明:《新时期我国高等职业教育发展方向探讨》，载《教育与职业》2004 年第 5 期。

162. 俞仲文:《改革开放三十年我国高等职业教育跨越式发展的经验与启迪》，载《中国高教研究》2009 年第 1 期。

163. 袁征:《美国营利和非营利学校的分界》，载《教育发展研究》2010 年第 10 期。

164. 张春乐、黄海滨:《论当前高等职业教育管理体制改革》，载《中国电力教育》2010 年第 7 期。

165. 张丹、姜晓璐:《我国高等教育财政投入机制分析——基于教育部 76 所部属院校相关数据》，载《教育发展研究》2009 年第 7 期。

166. 张建新:《走向多元——英国高校分类与定位的发展历程》，载《比较教育研究》2005 年第 3 期。

167. 张少春:《发挥财政职能作用促进我国职业教育改革和发展》，载《中国职业技术教育》2004 年第 20 期。

168. 张旺:《美国联邦政府高等教育税收优惠政策及借鉴》，载《涉外税务》2005 年第 9 期。

169. 赵强:《中国高等教育哲学基础的批判与重建》，载《华北电力大学学报》(社会科学版) 2010 年第 2 期。

170. 赵善庆:《改进高等教育财政投资体制》，载《会计之友》2009 年第 9 期。

171. 赵文莉:《对我国高校董事会的定位及职能的思考》，

载《中华女子学院学报》2009 年第 1 期。

172. 赵祥、胡支军：《高等教育资源配置浅析》，载《高教与经济》2009 年第 2 期。

173. 郑晓凤：《美国高等教育绩效拨款特征——以田纳西州为例》，载《中国高等教育评估》2006 年第 2 期。

174. 周保利、刘国学：《美国大学教育捐赠制度的特点》，载《教育与经济》2009 年第 1 期。

175. 朱永东、叶玉嘉：《美国第一职业学位教育的研究》，载《学位与研究生教育》2008 年第 7 期。

176. 邹艳：《日本高等教育经费的研究及启示》，载《日本问题研究》2002 年第 4 期。

年鉴：

177. 傅东总编辑：《中国财政年鉴 2008》，北京：中国财政杂志社，2008 年。

178. 中华人民共和国国家统计局编：《中国统计年鉴 2009》，北京：中国统计出版社，2009 年。

179. 中华人民共和国国家教育委员会计划建设司编：《中国教育统计年鉴 1996》，北京：人民教育出版社，1997 年。

180. 牟阳春主编：《中国教育统计年鉴 2000》，北京：人民教育出版社，2001 年。

181. 韩进主编：《中国教育统计年鉴 2004—2008》，北京：人民教育出版社，2005—2009 年。

182. 杨周复主编：《中国教育经费统计年鉴 2000》，北京：中国统计出版社，2001 年。

183. 杨周复主编：《中国教育经费统计年鉴 2005—2006》，北京：中国统计出版社，2006—2007 年。

184. 陈伟光主编：《中国教育经费统计年鉴 2007—2009》，北京：中国统计出版社，2007—2009 年。

185. 牟阳春主编:《中国教育统计年鉴 2009》，北京：人民教育出版社，2009 年。

186. 马建堂主编:《国际统计年鉴 2009》，北京：中国统计出版社，2009 年。

187. 胡国成主编:《美国年鉴 2006》，北京：中国社会科学出版社，2006 年。

188. 国家统计局人口和就业统计司，人力资源和社会保障部规划财务司编:《中国劳动统计年鉴 2009》，北京：中国统计出版社，2009 年。

189. 国家统计局国民经济综合统计司编:《中国区域经济统计年鉴 2009》，北京：中国统计出版社，2010 年。

其他:

190. 马俊:《与世界 500 强收入差距缩小研发投入远低于世界 500 强企业》，载《市场报》，2008 年 9 月 1 日。

191. 王晔:《进一步完善高等教育财政拨款体制》，载《光明日报》，2009 年 7 月 7 日，第 11 版。

192. 张耘:《完善我国公共教育财政体制的几点思考》，载《中国教育报》，2007 年 10 月 10 日，第 3 版。

英文:

193. Burton R. Clark: The Higher Education System, University California Press, 1983.

194. Grubb, W. Norton: The Roles of Tertiary Colleges and Institutes: Trade – offsin RestructuringPostsecondaryEducation, A paper prepared for the OECD, unpublished, 2007.

195. OECD: Education at A Glance 2007, OECD Publishing, 2007.

196. OECD: Education at a Glance: OECD Indicators, Paris: OECD, 2008.

197. Vincent - Lancrin, Stéphan: What is the Impact of Demography on Higher Education Systems? A Forward - Looking Approach for OECD Countries [A]. In OECD, Higher Education to 2030 (Vol. 1): Demography [Z]. Paris: OECD.

198. OECD: Tertiary Education: Extending the Benefits of Growth to New Groups. Retrieved 24 February 2009 [EB/OL]. http: //www. oecd. org/dataoecd/0/32/35749334. pdf.

199. OECD: Responding to New Demand in Tertiary Education. Retrieved 24 February 2009 [EB/OL]. http: //www. oecd. org/dataoecd/63/54/35750159. pdf.

200. OECD: Redefining Tertiary Education, Paris: OECD, 1998.

201. OECD: OECD Thematic Review of Tertiary Education: Guidelines for Country Participationin the Review. Retrieved 14 January 2009 [EB/OL]. http: //www. oecd. org/dataoecd/24/15/35581914. pdf.

202. OECD: Alternatives to Universities Revisited, Paris: OECD, 2007.

203. UNNSCO: Education For The Twenty - First Century: Issues And Prospects, Paris, France, 1998.

204. W. pounds: "The Process of Problem Finding", in Industrial Management Review, Fall, 1969, pp. 1 - 19.

205. World Bank: "Higher Education in Developing Countries: Peril and Promise", in Washington, D. C, 2000.

攻读学位期间发表的与学位论文内容相关的学术论文

1. 《促进中国高等教育捐赠的财税政策选择》，载《经济研究导刊》2010 年第 33 期，第 23—25 页。

2. 《发展职业型高等教育的财政政策探讨》，载《职业技术教育》2010 年第 31 期，第 5—9 页。

3. 《高等教育财政政策的理论渊源探析》，载《经济中国》论文集，北京：中国经济出版社，2011 年 5 月。

后记

经过三年的学习与写作，学位论文即将完成。其中的酸甜苦辣，现在看来都是美好的。学位论文本身只是一个小结，而这个过程中学到的知识会让我受益终生。

衷心地感谢所有帮助、鼓励、支持我的老师、家人、领导和同学。特别是我的导师财政部财政科学研究所研究员、博士生导师杨照南先生。杨老师刻苦朴素的道德风范、一丝不苟的治学态度和渊博的专业知识，给予了我太多在为人和科学研究上的指导。在论文的写作过程中，他曾给予很多鼓励、指导和启迪，论文的完成离不开他的辛苦劳动。在论文完成之际，我要向杨照南老师表示深深的谢意！

感谢财政部财政科学研究所的各位任课教师，为期三年的学习生活，不仅使我能够聆听各位专家的教诲，也为我的研究直接或间接提供了全方位的帮助，在此一并向他们表示感谢。

感谢所有 2008 级财政学和会计学专业的兄弟姐妹们，和大家的共同学习始终是一件快乐的事情。

感谢我的工作单位中央民族大学文学与新闻传播学院的各位领导和同事，没有他们的关心、鼓励和帮助，我也很难取得这样的成绩。

最后，将我最诚挚的谢意献给我的家人：我的父母、我的岳父母、我的妻子和我的女儿。几十年来，父母在我的求学路上始终默默支持着我，他们给予我的力量将永远鼓励我前行；岳父母为了照顾我的小家庭，抛家舍业前来相助，为我解决了后顾之忧，谢谢这两位善良的老人。论文的最终完成更要归功于我的妻子和女儿，从读博开始，他们就一直支持我的学业，为我赢得了太多宝贵的时间。谢谢我的至亲们。

感谢本书所引用文献的各位作者。欢迎各位学者对本书提出批评意见。

张玉刚

2011 年 5 月 20 日